| 명문 동양문고 ❶ |

고대 중국의 제왕학

古代 中國 帝王學

장기근 저

明文堂

고대 중국의 제왕학

반고(盤古)

▲ 태호 복희씨(太昊 伏羲氏)

▲ 복희여와도(伏羲女媧圖)
당(唐)때 비단에 그려진 그림

고대 중국의 제왕학

▲ 탕왕상(湯王像)

▲ 요(堯)임금

▲ 하왕조 하우씨(夏王朝 夏后氏)

▲ 황제 헌원씨(黃帝 軒轅氏)

고대 중국의 제왕학

▲ 하왕조 걸왕(夏王朝 桀王)

▲ 주왕조 무왕(周王朝 武王)

▲ 해를 쏜 후예(后羿)

▲ 포사(褒姒)

고대 중국의 제왕학

古代 中國 帝王學

간행사

「명문문고 동양의 인간학」을 간행하는 취지를 아뢰어 올리겠습니다.

오늘의 인류는 총체적으로 위기에 빠졌으며, 지구촌 전체가 약육강식의 사냥터로 화했습니다. 그 근본 원인은 사람들이 숭고한 정신적 삶을 상실하고, 반대로 육체적 삶에만 골몰하고 있기 때문입니다. 이에 개인이나 국가가 「이기주의, 금전만능주의 및 무력팽창주의 및 관능적 쾌락주의」만을 추구하고 따라서 서로 싸우고 또 격렬하게 쟁탈하고 있기 때문입니다. 따라서 인류가 위기를 극복하고 세계가 진정한 평화를 구가하고 또 개개인이 선 가치적 삶을 누리기 위해서는 숭고한 정신과 윤리도덕을 되찾아야 합니다.

그러기 위해서 우리는 동양의 정신문화와 윤리 도덕 및 성현의 가르침을 선양해야 합니다. 그 일환으로 출간하게 된 것이 「동양의 인간학」입니다. 항목을 나누어 요점을 말하겠습니다.

① 한글판 명문문고는 즐거우면서도 유익한 책이 되고자 합니다.
② 인류의 역사 및 문화 발전의 핵심이 되는 동양의 정신문화를 선양하는 데 이바지하고자 합니다.

③ 사회생활의 핵심이 되는 「효도·윤리·도덕」의 실천을 생활화하고 아울러 「수신·제가·치국·평천하」에 기여하고자 합니다.
④ 국가적 차원에서는 민족의 자주성을 높이고 아울러 함께 잘사는 「인정덕치(仁政德治)」에 기여하고자 합니다.
⑤ 개인적 차원에서는 저마다의 심성을 함양하고 인격을 도야하고 학문지식을 선용하여 사회 및 문화 발전에 기여하는 착한 인격자 배양에 기여하고자 합니다.

착한 본성을 바탕으로 하늘의 도리를 행하면 좋은 사람이 되고 반대로 지능을 악용하여 동물적 탐욕을 채우면 나쁜 사람이 됩니다. 그러나 불행하게도 우리들 주변에는 탐욕을 채우기 위해 무력을 남용하는 악인들이 너무나 많습니다.

이 책 속에서 어질고 착한 사람들을 많이 만나고 벗하시기를 바랍니다.

명문당 대표 **김동구** 삼가 씀

머리말

　아득한 태고 때에 천지가 개벽했고 또 인류가 지상에 탄생했을 것이다. 신비로운 창조와 발전의 실상을 오늘의 과학도 설명하지 못하고 있다. 그러므로 태고 때의 옛사람들이 저마다의 신화를 만들어 나름대로 설명하려고 애를 쓴 것이다. 중국의 신화도 그 중의 하나다.

　중국의 신화나 전설 속에는 다른 나라와 크게 다른 특성이 있다. 그것은 인본주의적 덕치의식(德治意識)이 넘치고 있다는 사실이다. 이것은 중국사상의 특색이기도 하다. 삼황(三皇) 오제(五帝)를 무위자연(無爲自然)의 도덕정치를 실천하고 아울러 존엄한 임금 자리를 덕 있는 사람에게 선양(禪讓)한 위대한 성왕(聖王)으로 높이고 있다. 다시 말하면 중국인은 신화적 존재인 삼황과 오제를 역사적으로 실재했던 성왕으로 높임으로써 도덕정치의 구현을 염원했던 것이다.

　이러한 정신과 노력이 성현들에게 계승되고 마침내 유교의 「왕도 덕치사상」으로 승화되었다. 태고 때에는 사람들이 본연의 모습으로 절대선의 천도를 따라 무위자연의 소박한 삶을 살았다. 그래서 기준을 태고 때의 성왕에게 두었던 것이다.

　그러나 후세에 올수록 사람들이 동물적 이기적 탐욕을 채우기 위해 간악하고 교활한 술책으로 남을 속이거나 살상하고 남의 재물을 겁탈하게 되었다. 더욱 국가는 잔인한 폭력으로 남을 죽이고 남의 토지나 재물을 탈취하는 것을 당연시하기에 이르렀다.

그래서 예기(禮記)에서 인간 타락의 근원을 다음 같이 말했다. 「인간이 동물이나 물질적 존재로 전락하는 이유는 하늘의 도리를 무시하고 인간적 욕심만을 끝없이 추궁하기 때문이다.(人化物者 滅天理 而窮人欲者也)」

이 말은 바로 오늘의 세계인류에게 주는 경고라고 보아도 무방하다. 하늘의 도리를 무시하고 동물적 탐욕을 채우기 위해 서로 쟁탈하면 미구에 인류사회는 괴멸한다.

우리는 중국의 고대신화와 역사기록을 통해서 「하늘의 도리를 따르는 사람은 흥하고 하늘의 도리를 어기는 자는 망한다.(順天者存 逆天者亡)」는 역사적 교훈을 뼈저리게 배우고 또 알아야 한다.

불행하게도 서양의 강대국은 아직도 깨어나지를 못하고 있다. 그들은 지능과 과학을 악용한 무력전쟁으로 남을 정복하는 것을 승리이자 발전으로 착각하고 있다. 무력은 보다 큰 무력에 의해서 멸망하게 마련이다. 그것이 역사의 교훈이다. 그런데도 오늘의 강대국이 무력으로 세계를 정복하려는 탐욕을 바탕으로 온갖 악덕한 술수를 농하고 있다. 그래서 인류사회가 혹심한 위기에 함몰하게 된 것이다.

 인류위기의 극복은 개개인의 각성과 바른 삶을 바탕으로 해야 한다. 각성은 절대선(絕對善)의 천도(天道)를 깨닫고 아는 것이다. 바른 삶은 곧 인간의 착한 본성을 바탕으로 서로 사랑하고 협력하고 함께 잘사는 것이다. 그러기 위해서는 모든 사람들이 저마다 윤리 도덕 효도를 따르고 실천해야 한다.

 사람은 정신적 이성과 동물적 욕구를 다 지니고 있다. 천도를 깨닫고 실천하는 바탕이 정신적 이성이다. 식색(食色)을 취하는 바탕이 동물적 욕구다. 동양에서는 전자를 더 중시한다. 그러나 서양은 후자만을 중시한다. 그러므로 동물적 삶에서 벗어나지를 못하고 있으며 따라서 서양의 강대국이 지배하는 오늘의 세계가 위기에 빠지고 있는 것이다.

 거듭 말하겠다. 사람은 동물만의 존재가 아니다. 정신적 이성적으로 윤리 도덕을 실천하는 숭고한 존재다. 그러므로 사람은 누구나 하늘의 도리를 따라 애민이물(愛民利物)하고 인덕(仁德)을 베풀고 서로 사랑하고 함께 잘 살 수 있는 숭고하고 착한 존재가 되어야 한다. 사람은 절대로 사사로운 욕심을 채우기 위해 폭력으로 남을 살상하고 남의 재물을 탈취하는 악한 존재가 되어서는 안 된다. 악은 멸망하고 선은 흥한다.

 인류역사 속에 나타나는 여러 계층의 선악의 싸움은 결국 선인과 악인의 싸움이고 더 깊이 들어가면 마음속에 도사리고 있는 「착한 마음」과 「악한 마음」의 싸움이다.

우주 천지 만물을 창조하고 섭리하는 절대선의 하늘과 하늘의 도리는 반드시 선에 편들고 악을 응징한다. 그것이 절대선인 하늘의 뜻이자 동시에 하늘의 도리다.

동양사상의 특성은 곧 「천도를 따라 선 방향으로 역사와 문화가 발전한다」는 「역사적 발전관」과 일치한다. 이와는 반대로 서양의 악덕한 정치사상은 「무력으로 남을 제압하고 이기적 탐욕을 채우는 약육강식의 논리」를 강조한다.

일반적으로 서양 사람은 외형적 물질문화나 무력팽창을 높이고 동양 사람은 내면적 정신문화와 윤리 도덕의 실천을 중시한다. 서양은 인간의 본성과 삶의 가치를 동물적 차원에 두고 평가한다. 그러나 동양은 인간의 본성과 삶의 가치를 숭고한 정신과 윤리 도덕 실천에 둔다.

오랜 세월에 걸친 인류의 역사와 문화의 발전과정을 통해서 대국적으로 내다보자. 개인적으로나 국가적으로나 일시적으로는 악덕과 무력이 승리하는 수가 있다. 그러나 장기적으로 결산하면 악덕과 무력은 반드시 망하고 악덕한 이름만 남기게 되는 것을 알 수 있다.

그것이 바로 하늘의 뜻이고 하늘의 도리이다. 그러나 아직도 많은 사람들이 「서양의 무력적 패권주의」만을 알고 동양에서 높이는 「절대선인 하늘의 뜻과 하늘의 도리」를 깨닫지 못하고 있다. 그 결과 오늘의 인류사회를 혹심한 위기에 함몰케 하고 있는 것이다. 칼로 흥한 자는 칼로 망하고 무력으로 흥한 나라는 무력으로 멸망하게 마련이다.

이 책을 읽으면 참다운 삶의 도리와 길을 깨닫게 될 것이다. 또 국가적 차원에서도 무력에 의한 패권 침략보다 인애(仁愛)의 덕치가 진정한 인류대동(人類大同)의 평화세계 창건에 정도임을 터득하게 될 것이다. 사람이 착해야 가정도 국가도 세계도 착하게 된다. 사람이 악하면 가정도 국가도 세계도 악하게 된다. 옛사람들의 생활상 인간상을 통해서 바르고 착하고 슬기롭고 또 보람있는 삶의 도리와 태도를 배우고 따르고 실천하기를 바란다.

특히 정치인들은 동양의 제왕학을 배워야 한다.

2006년 7월 12일

현옥련제(玄玉蓮齋)에서 **장기근** 씀

차례

- 간행사 ·· 7
- 머리말 ·· 9

제1편 천지창조와 인류탄생 ···································· 21

1. 반고(盤古)의 천지 창조 ·· 23

2. 반호(槃瓠)와 공주(公主) ······································ 25
  (1) 용견(龍犬) 반호(槃瓠) ·· 25
  (2) 역적을 토벌한 용견 ·· 26
  (3) 인간으로 탈바꿈한 용견 ···································· 29
  (4) 반호와 결혼한 공주 ·· 32

3. 인류의 시조 : 복희(伏羲)와 여와(女媧) ················ 35
  (1) 인면사신(人面蛇身)의 오누이 ······························ 35
  (2) 지상에 온 천신(天神) ·· 37
  (3) 뇌신을 사로잡은 용감한 아버지 ·························· 40
  (4) 뇌신의 탈출 ·· 42
  (5) 홍수와 지상세계의 멸망 ····································· 44
  (6) 살아남은 오누이 ·· 47
  (7) 오누이의 결합과 인류탄생 ·································· 49

제2편 성제(聖帝)와 덕치(德治) ········· 52

1. 민족의 시조 : 황제(黃帝) ········· 54
  (1) 공동체의 수호신 황제 ········· 54
  (2) 황토문화(黃土文化)의 시조 ········· 56
  (3) 악신 치우(蚩尤)의 반란 ········· 58
  (4) 선(善)과 악(惡)의 싸움 ········· 61
  (5) 지남차(指南車)와 역전되는 전세 ········· 63
  (6) 탁록(涿鹿)의 결전과 최후의 승리 ········· 66

2. 과보족(夸父族)과 우공이산(愚公移山) ········· 73
  (1) 발(魃)의 후일담 ········· 73
  (2) 과보(夸父)의 최후 ········· 74
  (3) 태양과 경주한 과보 ········· 75
  (4) 우공이산(愚公移山) ········· 77

3. 요제(堯帝)의 덕치와 선양(禪讓) ········· 79
  (1) 요제의 덕성과 하늘의 감응 ········· 79
  (2) 태평성세를 구가한 격양가(擊壤歌) ········· 84
  (3) 허유(許由)와 소부(巢父) ········· 88
  (4) 요제의 후계자 물색 ········· 93

4. 순(舜)의 효성과 감화력 ········· 98
  (1) 순의 출생과 초년의 고생 ········· 98
  (2) 천자의 사위가 된 젊은이 ········· 103
  (3) 슬기로운 내조와 위기의 극복 ········· 107
  (4) 관문을 통과하고 선양을 받음 ········· 115
  (5) 순의 덕치와 선양 ········· 121

제3편 후예(后羿)와 우왕(禹王) ········· 125

1. 후예(后羿)와 항아(姮娥) ········· 127
  (1) 태양은 생명과 빛의 근원 ········· 127
  (2) 하늘의 무질서와 변고 ········· 131
  (3) 10개의 태양이 지구를 불태우다 ········· 135
  (4) 요임금의 청원과 후예의 하강(下降) ········· 140
  (5) 아홉 개의 태양을 쏜 후예(后羿) ········· 144
  (6) 하늘에서 추방된 후예의 비극 ········· 147
  (7) 후예(后羿)와 하백(河伯)의 결투 ········· 152
  (8) 달나라로 도망간 항아 ········· 156

2. 우(禹)의 치수(治水) ········· 166
  (1) 신화와 역사에 등장한 우 ········· 166
  (2) 홍수와 곤(鯀)의 실패 ········· 168
  (3) 순(舜)이 우(禹)에게 명함 ········· 172
  (4) 우의 하(夏)나라 창건 ········· 175
  (5) 곤(鯀)의 억울한 죽음 ········· 180
  (6) 우(禹)의 정성과 효성 ········· 185
  (7) 우의 결혼과 그의 아들 ········· 190

(8) 우(禹)의 보정(寶鼎) ·················· 195
(9) 왕조의 세습(世襲)의 시작 ············· 198

제4편 하(夏)의 세습과 찬탈 ············· 200

1. 하(夏)의 난맥상 ····················· 202
(1) 세습으로 인한 왕조의 타락 ············ 202
(2) 후예(后羿)의 반란 ··················· 204
(3) 무력과 무력의 싸움 ·················· 208
(4) 현처(玄妻)를 탐내는 찬탈자 ··········· 210
(5) 복수에 불타는 현처(玄妻) ············· 214
(6) 현처(玄妻)와 한착(寒浞)의 야합 ········ 216
(7) 봉몽(逢蒙)의 가담 ··················· 219
(8) 믿는 도끼에 발을 찍힌다 ·············· 221
(9) 한착(寒浞)의 멸망 ··················· 225

2. 하(夏)의 쇠퇴와 멸망 ················ 229
(1) 공갑(孔甲)과 걸(桀) ·················· 229
(2) 걸(桀)과 말희(末喜) ·················· 233
(3) 망국의 한을 품은 말희 ··············· 237
(4) 주지육림(酒池肉林)의 광란 ············ 240
(5) 폭군의 멸망 ······················· 242

제5편 은(殷) 왕조 편 ··················· 248

1. 「하·은·주(夏殷周)」 삼대(三代) ········ 250
(1) 악은 망하고 선이 이긴다 ············· 250

(2) 혁명(革命)과 방벌(放伐) ·················· 251
  (3) 「하·은·주」의 교체 ·················· 253

2. 은(殷)을 세운 탕왕(湯王) ·················· 255
  (1) 은의 시조(始祖) 설(契) ·················· 255
  (2) 설(契)의 출생과 공적 ·················· 258
  (3) 탁월한 은(殷) 민족 ·················· 261
  (4) 탕왕의 인덕(仁德) ·················· 263
  (5) 스스로 제물이 된 탕왕 ·················· 264
  (6) 이윤(伊尹)과의 만남 ·················· 266
  (7) 이윤의 출생과 만남의 뜻 ·················· 267
  (8) 탕왕이 갈(葛)을 치다 ·················· 271
  (9) 걸의 단말마적 발악 ·················· 273
  (10) 탕왕의 무력 토벌 ·················· 275
  (11) 명조(鳴條)의 결전 ·················· 276

3. 은(殷)나라의 임금들 ·················· 282
  (1) 태갑(太甲)과 이윤(伊尹) ·················· 282
  (2) 태무(太戊)와 이척(伊陟) ·················· 283
  (3) 형제 상속과 빈번한 천도 ·················· 284
  (4) 반경(盤庚)의 천도와 중흥 ·················· 285
  (5) 무정(武丁)과 부열(傅說) ·················· 286
  (6) 하늘을 모독한 무을(武乙) ·················· 287

4. 주(紂)와 은(殷)의 멸망 ·················· 288
  (1) 주(紂)의 탄생과 자질 ·················· 288
  (2) 선인(善人)과 악인(惡人) ·················· 288
  (3) 주(紂)와 달기(妲己) ·················· 290

(4) 사치와 낭비 ··· 291
(5) 주지육림(酒池肉林)의 광란 ······························ 292
(6) 참혹한 포락지형(炮烙之刑) ································ 294
(7) 「미자·비간·기자·태사」의 수난 ·················· 295
(8) 삼공(三公)의 수난(受難) ······································ 296
(9) 기자(箕子)의 맥수가(麥秀歌) ····························· 298
(10) 천명사상(天命思想) ·· 300

제6편 주(周) 왕조 편 ·· 301

1. 주(周)의 시조와 농업 진작 ································ 302
(1) 주나라 개요 ··· 302
(2) 시조 후직(后稷)의 탄생 ····································· 304
(3) 농업을 진작한 후직(后稷) ································· 305
(4) 불줄(不窋)과 공류(公劉) ···································· 307
(5) 탁월한 영도자 고공단보(古公亶父) ················· 308
(6) 태백(太伯)과 우중(虞仲) ···································· 310

2. 서백(西伯)과 태공망(太公望) ······························ 313
(1) 덕이 높은 서백(西伯) ··· 313
(2) 우예쟁전(虞芮爭田) ··· 314
(3) 복수난수(覆水難收) ··· 315
(4) 문왕과 여상의 만남 ··· 316

3. 무왕(武王)의 벌주(伐紂) ······································ 319
(1) 무왕(武王)의 무력시위 ······································· 319
(2) 은(殷)의 민심 이탈 ··· 321

(3) 목야(牧野)의 승리 ·········· 322
　　(4) 무왕의 뒤처리 ············ 324
　　(5) 백이(伯夷)와 숙제(叔齊) ······ 326
　　(6) 사마천(司馬遷)의 평어(評語) ··· 328

　4. 그 후의 임금들 ············· 330
　　(1) 주공(周公)의 동정(東征) ······ 330
　　(2) 성왕(成王) · 강왕(康王) ······ 332
　　(3) 백치(白雉)를 바치다 ········ 333
　　(4) 소왕(昭王) · 목왕(穆王) ······ 334

　5. 서주(西周)의 종말 ··········· 336
　　(1) 백성에게 쫓겨난 여왕(厲王) ··· 336
　　(2) 공화(共和)와 선왕(宣王)의 중흥 ·· 337
　　(3) 유왕(幽王)과 포사(褒姒) ····· 338
　　(4) 요녀(妖女) 포사(褒姒)의 출생 ·· 339
　　(5) 신후(申后)와 포사(褒姒) ····· 342
　　(6) 포사의 웃음과 신후(申侯)의 반격 · 345
　　(7) 평왕(平王)의 동천(東遷) ····· 347

부록 중국신화의 역사발전관 ······· 348

　(1) 서론 ···················· 348
　(2) 신화는 고대인의 우주해석 ····· 353
　(3) 인간승리의 예술적 표현 ······ 355
　(4) 성제(聖帝)의 출현 ·········· 356

후기 ······················· 358

제1편 천지창조와 인류탄생

 장구한 역사와 전통을 지닌 민족은 저마다의 건국신화가 있다. 그 속에는 우주 천지개벽과 인류의 탄생에 관한 신화 전설이 있게 마련이다.

 우리나라 삼국유사에 단군신화가 있다. 하늘의 아들 환웅(桓雄)이 홍익인간(弘益人間)하려는 뜻을 품고, 아버지 환인(桓因)의 허락을 받고 하늘의 신을 데리고 태백산(太白山) 신단수(神檀樹)에 하강했다.

 그리고 웅녀(熊女)로 하여금 단군(檀君) 왕검(王儉)을 낳게 했으니 왕검은 곧 하늘의 손자다. 왕검이 세운 나라가 옛날의 조선(朝鮮)이다. 결국 우리 한민족의 시조는 하늘의 직손(直孫)이다.

 구약성서에도 천지창조와 인류탄생이 자세히 적혀 있다. 여호와 하나님이 우주 천지 만물을 창조하고 「흙으로 사람을 지으시고 생기를 코에 불어넣으시니 사람이 생령이 되었다.」

 하나님은 「자기의 형상대로 사람을 창조하시되 남자와 여자를 창조하시고」 「생육하고 번식하여 땅에 충만 하라」는 축복을 주었다.

그래서 사람은 하나님을 대신하여 천지 자연 만물을 주관할 수 있게 되었다. 그러나 원죄(原罪)에 의한 타락으로 죄 많은 삶을 살고 동시에 속죄해야 한다.

다른 민족도 저마다의 천지개벽과 인류탄생에 관한 신화 전설이 있으며 공통된 특성이 있다. 즉 절대인 하늘이 우주 천지 자연 만물 및 인간을 창조했으며 인간은 하늘의 아들딸이며 만물의 영장이다. 고로 인간은 하늘을 닮은 영특한 존재로 선을 행하지만 동시에 원죄에 의해 악을 저지르기도 한다. 그러므로 인간에게는 선과 악이 혼재하게 되었다.

중국의 신화도 이와 같은 기본 특성을 갖추고 있다. 그러므로 중국의 신화를 통해서 한(漢) 민족의 발생과 특성 및 상고대의 역사적 발전과정을 살피고자 한다. 신화를 통해서 착한 삶의 길을 모색하기를 바란다.

1. 반고(盤古)의 천지 창조

헤아릴 수 없을 만큼 오랜 세월에 걸쳐 우주의 혼돈이 지속되었다. 그러다가 천산(天山)에 신조(神鳥)가 나타나면서 불[火]이 피어나기 시작했고 겹겹이 막혔던 어둠에 숨통이 트이면서 비로소 천지창조의 징조가 나타나게 되었다.

바로 이 무렵에 혼돈 속에서 천지를 개벽한 신, 반고가 나타났던 것이다.

반고는 혼돈을 태로 하고 출생했다. 외벽이 꽉 막힌 계란 같은 어둠 속에서 혼수상태에 빠졌던 반고는 1만 8천 년 만에 눈을 떴다. 밀폐된 계란 속은 암흑으로 숨통이 막힐 지경이었고, 방향도 때도 분간할 수가 없었다.

답답한 암흑 속에서 숨도 제대로 쉬지 못하던 반고는 「으악!」하고 소리를 지르면서 용을 썼다.

이에 바늘구멍 만한 사이로 한줄기 바람과 빛을 담은 신기(神氣)가 새어 들었으며 비로소 계란 속의 기가 상하로 갈라지기 시작했다.

맑고 가벼운 기는 하늘로 올라가고 탁하고 무거운 기는 아래로 처져 굳어져서 점차로 하늘과 땅이 갈라지기 시작했다.

반고는 두 손을 위로 치켜들고 하늘을 떠받치고 발로는 땅을 내리 찍어 눌렀다.

반고는 하루에 한 길씩 성장해 나갔다. 이에 따라 하늘과 땅 사이도 하루하루 벌어지게 되었으며 다시 1만 8천 년이 지나 마침내 하늘과 땅 사이가 9만 리로 벌어졌다.

뿐만 아니다. 시간의 흐름에 따라 하늘이 안정되고 땅도 굳어지고 비로소 하늘과 땅 사이가 분명하게 되었다.

한편 반고의 눈물이 바다가 되고, 토하는 입김은 바람이 되었다. 노하고 눈을 부라리고 소리를 지르면, 그 섬광이 번개가 되고, 그 소리가 천둥이 되었다.

반고의 미소가 곧 봄꽃을 피게 하는 훈훈한 춘풍이었다. 그가 죽자 두 눈은 해와 달이 되고, 골격은 산악과 산맥, 뼈는 금은보석, 피는 하천과 호수, 살은 흙으로 변했다.

반고(盤古)

2. 반호(槃瓠)와 공주(公主)

(1) 용견(龍犬) 반호(槃瓠)

아득한 옛날, 제곡(帝嚳)의 후예, 고신씨(高辛氏)가 다스리던 나라는 산물이 풍족하여 사람들이 잘살았다. 아울러 인자한 임금이 덕치를 펴고 또 백성들을 슬기롭게 감화했음으로 저마다 윤리 도덕을 돈독하게 실천했다. 따라서 상하가 화목하고 협동하여 온 국민이 태평성세를 구가했다.

제곡(帝嚳)의 고신씨(高辛氏)

어느 날 갑자기 황후마마의 귀가 아프기 시작했다. 연약한 황후가 통증에 시달리다 못해 기절을 하고 쓰러지자, 임금은 황급히 신하들을 어전에 불러 모으고 대책을 강구했다.

명의를 불러 보였고 심산유곡의 영험한 약초를 달여 병구완을 했다. 그러나 백방 명약이 무효라. 황후의 귓병은 3년을 끌었고 만 3년이 되는 날 아침에 황후는 귀에서 금빛 벌레를 끄집어냈다.

그 순간 귀의 통증이 말끔히 가셨다. 어찌나 벌레가 귀엽고 광채가 영롱한지 황후는 신통하게 여기고 금빛 벌레를 표주박 속에 넣어 키웠다. 벌레는 무럭무럭 자라 마침내 용견(龍犬)으로 변했다. 개는 온몸에 비단을 덮은 듯 오색이 영롱하고 찬란한 빛을 발했다. 임금님도 신비하게 태어난 용견을 귀엽게 여기고 반호라는 이름을 지어주었다.

(2) 역적을 토벌한 용견

그 무렵 서북방에 있는 오랑캐 나라의 두목 방왕(房王)이란 자가 반란을 일으키고 쳐들어올 것이라는 불길한 정보가 전해졌다. 이에 고신씨 나라의 임금은 신하들을 어전에 모아놓고 명을 내렸다.

"바야흐로 천하의 흥망을 가름할 위급한 때가 도래했다. 과인은 그대들의 충성과 용기를 믿어 의심치 않는다. 그러나 대대적인 전쟁을 하면 백성들이 많이 다치고 또 국가의 재물도 축날 것이다. 그러므로 누구든지 오랑캐 땅에 잠입해서 방왕의 목을 치면, 미연의 전쟁을 방지할 수 있을 것이다. 그와 같은 용사에게 과인은 공주와의 결혼을 허락할 것이다."

달덩이처럼 희맑고 꽃같이 아름답고 향기 높은 공주를 아내로 맞이할 수 있다는 말에 용사들은 귀가 솔깃했다. 그러나 단독으로 적국에 잠입해서 그 나라 임금을 아무도 모르게 죽이는 일은 쉬운 일이 아니다. 특히 방왕은 무술이 뛰어나고 또 성질이 포악했다. 그러므로 감히 나설 용사가 없었다. 이틀이 지나고 사흘이 되어도 역적을 치겠다고 나서는 용사가 없었다.

 한편 적의 군사들이 시시각각으로 국경 가까이 진격해 온다는 불길한 정보가 전해졌다. 이에 고신씨의 나라에는 먹구름이 덮인 듯 모든 백성들 가슴속에 조바심이 일기 시작했다.

 바로 그 무렵이었다. 임금이 애지중지하던 충성스런 용견 반호가 종적을 감추고 행방이 묘연해졌다. 대궐 안은 물론 전국에 영을 내리고 반호를 수소문하고 찾았으나 아무도 개의 행방을 아는 사람이 없었다. 임금은 더욱 우울해지고 수심에 싸이게 되었다.

 오랑캐 나라의 임금 방왕은 용견이 없어졌다는 소식을 듣고 통쾌하게 웃으며 술잔을 들고 쾌재를 부르며 호언했다.

 "고신씨의 나라는 반드시 망할 것이다. 용견 마저 도망을 쳤다고 하는구나. 승리는 우리의 것이다."

밤새도록 방왕은 부하들과 광란의 술잔치를 벌이고 좋아했다. 미녀들을 양쪽에 끼고 술을 퍼마시고 곤드라졌다. 바로 그 때였다. 고신씨의 궁전에서 자취를 감추었던 용견 반호가 방왕 곁에 나타나서 쿵쿵대며 꼬리를 쳤다. 만취한 방왕은 거슴츠레한 눈으로 개를 보고 더욱 흥이 나서 큰 소리로 외쳤다.

"자, 보아라. 이 개마저 자기 나라 임금을 버리고 나에게 왔구나. 자, 다시 함께 축하 술을 마시자."

미친 듯이 술을 연거푸 퍼마신 방왕은 비틀거리며 내전으로 돌아가 인사불성이 되어 침대에 쓰러졌다. 그러자 침대 밑에 숨어 있던 용견 반호가 나타나 덥석 방왕의 목을 물어 가지고 쏜살같이 어둠으로 사라졌다. 참으로 어처구니없는 일이었다. 무력을 자랑하던 한 나라의 임금이 깊은 밤에 끽소리도 못하고 비명횡사했던 것이다. 반호가 역적 방왕의 목을 물고 돌아온 것은 이튿날 새벽이었다. 밤새 잠도 못 자고 근심과 걱정으로 지새던 임금은 사라졌던 반호가 눈앞에 와 있는 것을 보고 어리둥절했다. 뿐만이 아니었다. 어찌된 영문인가? 놀랍게도 용견 반호가 적국의 임금 방왕의 목을 입에 물고 있는 것이 아닌가? 고신씨는 자기도 모르게 큰 소리로 외쳤다.

"오, 반호야! 네가 역적의 목을 따 왔구나! 이게 어찌된 영문이냐? 참으로 기적이로구나."

때를 같이하여, 자기 나라의 임금을 잃은 오랑캐 나라에서는 사신을 통해 싸움을 그만두겠다고 통보해 왔다. 전란을 모면한 고신씨 나라의 모든 국민은 환호하고 기뻐했다.

"충성스럽고 용맹한 반호가 홀로 적국에 들어가 역적 방왕의 목을 베어 물고 돌아왔다."

임금은 물론 온 백성들이 용견 반호를 칭찬했다. 그러나 공을 세운 용사가 사람이 아니고 동물인 개였다. 그러므로 어떻게 상을 내려야 할지 알 수가 없었다. 더욱이 약속한 공주와의 결혼을 거행할 도리가 없었으며 고작 반호가 좋아하는 음식을 마냥 먹여줄 뿐이었다.

(3) 인간으로 탈바꿈한 용견

그러나 반호는 아무 것도 먹지 않고 하루 종일 구석에 웅크리고만 있었다. 임금이 손수 쓰다듬고 음식을 손에 받쳐 주어도 꼬리만 칠 뿐, 통 먹으려 하지 않았다. 이렇게 사흘이 지나자, 심성이 어진 임금이 몹시 걱정을 하며 곰곰이 생각을 했다. 그러나 도저히 그 까닭을 헤아릴 수가 없었다.

오직 한 가지 마음에 걸리는 것은 약속한 공주와의 결혼이었다. 그렇다고 사람이 아닌 개에게 공주를 시집보낼 수 없지 않은가. 임금은 반호에게 타이르듯이 말했다.

"반호야, 전에 짐이 방왕의 목을 베어 오는 용사에게 공주를 내려 주어 장가를 들게 한다고 약속을 했다. 그러나 너는 사람이 아니고 개인걸 어떻게 하느냐?"

임금의 말이 미처 끝나기 전에, 용견 반호가 자세를 가다듬고 놀라울 만큼 또렷하게 사람의 음성으로 말하는 것이었다.

"폐하, 그 점은 염려 마십시오. 저를 금종(金鐘) 안에 넣고, 밤낮으로 7일 동안만 묻어 주십시오. 그러면 저는 훌륭한 사람으로 환생할 수 있습니다. 그 때에는 어엿한 용사로서 공주님을 맞이할 수 있을 것입니다. 그러나 7일 이전에는 절대로 금종을 열어보지 마십시오."

참으로 놀랍고 믿을 수 없는 노릇이었다. 그러나 신의가 두터운 임금은 충성스런 반호의 청탁을 들어주기로 했다. 즉시 금종 속에 반호를 묻어두고 그 결과를 살피기로 했다. 한편 이 소식을 전해들은 공주는 안절부절 못하고 초조하게 하루하루를 보내며 궁금하기 짝 없는 나날을 보냈다.

기한 안에는 절대로 열어보지 말라는 분부가 있었으므로 굳은 마음으로 사흘을 참고 견디었다. 허나 남달리 마음씨 곱고 인자한 공주는 몹시 걱정이 되었다. 벌써 여러 날, 한 모금의 물도, 한 줌의 먹이도 들지 않았으며, 더욱이 육중한 금종 속에 갇혀 있으니, 질식하지 않았나 겁이 났다.

강채(姜寨)·채도 조어문(鳥魚紋) 표주박형 병

공주는 몇 번이고 가냘픈 손을 뻗어 뚜껑을 열까 말까 망설이기도 했다. 그러면서도 잘 참고, 7일 낮을 무사히 넘겼다. 이제는 마지막 한 밤 만이 남았다. 그 간 공주는 불안과 궁금증에 시달려 얼굴이 초췌하고 또한 속이 타서, 제 정신을 잃은 듯했다. 드디어 공주는 야밤에 아무도 모르게 다가가 떨리는 손으로 조심조심 금종의 뚜껑을 살며시 열었던 것이다.

그 순간, 공주는 원망스런 눈초리로 자기를 쏘아보는 반호의 얼굴을 보고, 「아차!」하고 뉘우치며 기겁을 하고 금종 뚜껑을 도로 덮었다. 그러나 이미 때가 늦었다. 황금 표주박 안에서 반호의 울먹이는 절망의 소리가 들렸다.

"공주님, 마지막 한 밤, 최후의 몇 시간만 무사히 넘겼더라면 좋았을 것을 이제는 어쩔 도리가 없게 되었습니다. 저는 이 이상 더 사람의 몸으로 변신할 수가 없게 되었습니다. 보시다시피 전신은 다 사람의 몸으로 변했습니다. 그러나 아직 머리는 개의 모습 그대로입니다."

공주의 가슴이 덜컥 내려앉았다. 자신의 경솔을 크게 뉘우쳤다. 그러나 놀라고 뉘우친다고 사태를 되 돌이킬 수는 없다. 이에 공주는 비장한 결심을 했다.

『나라의 운명과 아버지의 생명을 구해준 충견 반호가 훌륭하게 인간으로 환생할 것을, 내가 잘못하여 완성 일보 직전에 망치고 말았구나. 그 허물과 책임은 바로 나에게 있다. 그러니 내가 마땅히 보상을 해야 한다. 그러기 위해서는 내가 반호에게 시집을 가자. 그래야 임금이신 아버지도 공약을 지킬 수 있고 또 나도 죄 값을 치를 수 있을 것이다.』

(4) 반호와 결혼한 공주

아득한 태고 때, 신화시대에는 인간과 동물이 뒤엉켜 살았다. 그러므로 아름다운 공주가 용맹한 충견과 짝을 지을 수도 있었다. 사람들도 나라를 구하고 임금에 충성한 반호와 마음이 어질고 착한 공주의 결혼을 충심으로 축복하고 경하했다.

견두인신(犬頭人身)의 반호는 머리에 관모를 쓰고 용사의 옷을 입었고 공주는 눈부시게 빛나는 금은보화로 꾸민 화려한 예복을 입고 성대하게 화촉을 밝혔다.

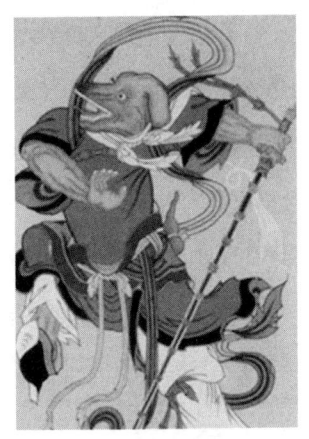

반호(槃瓠)

이들 신혼부부는 대궐을 하직하고 남산(南山) 깊은 산골에 들어가 살림을 차렸다. 반호는 지칠 줄 모르게 사냥을 했고 공주도 검소한 옷차림으로 논밭을 갈면서 내조의 공을 세웠다. 이렇게 하여 그들의 살림살이가 날로 번창했다. 하늘과 천지 자연 만물도 그들 부부의 돈독한 사랑을 반기고 축복을 내려 주었다. 남산 일대에는 항상 향기로운 꽃이 피어났고 숲에는 꾀꼬리가 즐겁게 우짖고 하늘에는 오색 무지개가 나부꼈다.

부부는 어느덧 3남 1녀를 키우는 어버이가 되었다. 소식을 들은 임금은 손자들에게 저마다 성(姓)을 지어주었다.

첫째는 쟁반에 낳았으므로 반(盤)이란 성을 내렸고, 둘째는 바구니 속에 낳았으므로 남(籃)이라 불렀고, 막내 손자는 우레 칠 때에 출생했으므로 뇌(雷)라고 불렀다.

그리고 막내둥이 손녀는 성장하여 씩씩한 병사를 사위로 맞이했으므로 종(鐘)이란 성을 따르게 했다. 이들 사 형제가 서로 성을 달리하여 저마다 집안을 이루었고 후에는 서로 통혼(通婚)을 함으로써 자손이 번창하게 되었다.

3. 인류의 시조 : 복희(伏羲)와 여와(女媧)

(1) 인면사신(人面蛇身)의 오누이

견두인신(犬頭人身)의 용견(龍犬)이 공주와 짝이 되어 인류를 번식했다는 신화는 인간의 자존심을 상하게 한다. 따라서 이러한 신화나 전설은 오래 전해지기가 어렵다.

인간의 자존심을 해치지 않고 또 정리(情理)에도 맞는 이야기는 천신(天神)을 아버지로 삼고 태어난 오누이 복희(伏羲)와 여와(女媧)를 주인공으로 한 신화다.

한대(漢代)의 석각(石刻)이나 전화(塼畵)에 그려진 복희와 여와는 인면사신(人面蛇身)의 부부상(夫婦像)이다. 둘이 다 상체는 인간의 모습을 하고 도포를 걸치고 관모(冠帽)를 쓰고 있다. 그 품이 제법 예절을 갖춘 인간상이다.

그러나 아랫도리는 뱀이나 용의 꼬리 모양을 하고 서로 엉키어 교

복희(伏羲)와 여와(女媧)

미하는 형상을 보이고 있다. 역시 인간과 동물이 함께 어울려 살던 태고 때의 흔적이 남아 있다고 생각된다.

서로 얼굴을 마주보고 있는 그림도 있고 반대로 서로 등을 돌리고 있는 화상도 있다. 남자는 손에 곡척(曲尺)을 가지고 있고 여자는 손에 컴퍼스[圓規]를 잡고 있다. 남녀가 저마다 기술과 직분을 가지고 노동하고 있음을 상징한다.

다른 그림에서는 남자는 두 손으로 태양을 받들고 있고, 그 태양 속에는 금 까마귀[金烏]가 한 마리 있다. 한편 여자는 두 손으로 달을 괴고 있고, 그 속에는 방아를 찧는 토끼와 옆에는 두꺼비가 엎드려 있다. 또 다른 화상에는 배경으로 구름이 그려졌고 공중에는 날개를 편 인두사신의 천사들이 떠 있기도 하다.

복희와 여와는 원래 오누이였다. 홍수에 의해 지상세계가 멸망하고 오직 둘만이 살아남았으므로 별 수 없이 부부가 되어 인류를 번식했다고 전한다. 이와 같은 인류 시조에 대한 신화는 다른 나라에도 유사한 것이 있다. 그러나 삼강오륜(三綱五倫)을 중시하는 중국에서 오누이의 결합으로 인류가 번식했다고 하는 발상은 특이하다. 허나 이론상 어쩔 수 없다. 유일무이한 절대인 하늘에서 인류의 시조 즉 인류의 아버지와 어머니가 나와야 하기 때문이다.

(2) 지상에 온 천신(天神)

지구상에 인류가 생존하지 않고 이따금 하늘나라에서 천인(天人 : 하늘 사람)이 찾아들던 때였다. 천인들에게는 단조로운 천국보다 삼라만상이 아름답게 조화되고 또 계절 따라 다양하게 변하는 지상세계가 훨씬 더 매력적이었을 것이다.

높은 산, 깊은 계곡과 울창한 숲, 맑은 강물과 검푸른 바다, 날고뛰는 금수와 꽃피고 열매 맺는 초목 등이 어우러지고 저마다 살아 날뛰는 생동감 넘치는 지상세계가 천인들에게는 가볼 만한 곳이기도 했을 것이다.

천신 중에 한 사나이가 있었다. 그는 동방의 샛별의 후손이었다. 목성(木姓)을 가진 그는 인자하면서도 용감했으며 전부터 자주 아름다운 지상세계를 오갔으며 특히 최근에는 땅 한 구석에 별장을 지어놓고 이따금 어린 아들과 딸을 데리고 내려와 며칠씩 아름다운 풍경을 즐기며 사냥도 하고 또 산에서 약초를 따기도 했다. 그는 지상세계에 함빡 정이 들었다. 그래서 우주를 통치하는 상제(上帝)에게 간청을 올렸다.

"소자는 땅에 내려가서 지상 세계를 건설하고 싶습니다. 그 곳을 개척하고 오곡을 재배하고 아름답게 산천을 가꾸고 또 하늘의 아들딸인 인간들을 그 곳에 번식시키고자 합니다. 윤허하시고 소자에게 모든 권한을 내려 주십시오."

상제는 그의 소청을 윤허했다. 오행(五行) 중에서도 목(木)은 방향으로는 동방(東方)이고 계절로는 봄에 해당한다. 그러므로 그는 만물을 낳고 키우는 인자한 성품을 지닌 용사였다. 상제는 빙그레 미소를 지으며 말했다.

"지상 세계에 내려가 만물을 생육 번식하고 특히 우리 천인(天人)을 닮은 인간들을 낳아 지상천국을 건설하라."

용감한 사나이는 더욱 정성을 들여 지상세계를 개척하고 가꾸기에 힘을 썼다.

호사다마(好事多魔)라. 이를 시기하고 방해하려는 자가 나타났다. 그는 성미가 급한 뇌신(雷神)이었다. 그는 참을성이 없는 심술쟁이로 걸핏하면 성을 내고 눈에 불을 뿜고 소리를 지르는 포악한 사나이였다.

용감한 사나이가 상제의 허락을 받고 지상세계를 개척하고 통치할 거라는 말을 듣자 샘이 나고 심술이 났다. 그래서 땅을 다스리려는 일을 방해하려고 작심했던 것이다.

무더운 여름날이었다. 갑자기 하늘에 먹구름이 덮이고 장대비가 쏟아져 내렸다. 번갯불 섬광이 하늘을 가르고 천둥소리가 천지를 진동했다. 지상세계는 삽시간에 공포에 싸였다. 용감한 사나이는 즉시 알아차렸다.

『틀림없이 뇌신(雷神)이 심술을 부리는 것이다.』

아이들을 집안에 불러들이고 문을 굳게 닫고 자신은 밖으로 나가 청태(靑苔)를 따서 지붕 위에 겹겹이 덮었다. 빗물을 막기 위해서다. 하늘에서는 비가 억수로 쏟아져 내렸다. 전에 없었던 대폭풍우였다.

뇌신은 당장에 천지를 뒤엎을 듯한 기세로 계속 우렁찬 천둥소리를 울리고 날카로운 섬광으로 밤하늘을 갈랐다. 산과 바다가 뒤엉키고 노도가 산봉우리를 쓸어 삼켰다. 며칠이 지나도 폭풍우는 그칠 줄 몰랐다.

마침내 용감한 사나이는 싸우기로 마음을 굳혔다. 그러나 그는 맨주먹으로 지상에 내려왔으므로 손에 들고 싸울 무기가 없었다.

태고 때에는 하늘에서도 선한 신과 악한 신 사이에 치열한 전쟁이 있었고 또 그 때에는 온갖 무기들을 동원했던 것이다. 그러므로 용감한 사나이도 하늘나라에는 투구나 창 칼 등의 무기를 간직하고 있었다.

그러나 아직도 사람이 살지 않는 지상세계에는 싸움이 없었으므로 그는 무기를 장만할 필요가 없었던 것이다. 말하자면 용감한 사나이가 뇌신에게 허를 찔리고 속수무책으로 당했던 것이다. 그렇다고 이대로 당할 수 만은 없었다. 상대는 포악하고 잔인한 뇌신이다. 기필코 자기를 죽이려고 할 것이다.

(3) 뇌신을 사로잡은 용감한 아버지

용감한 사나이는 비장한 각오를 하고 뇌신과 생사를 가늠할 결전을 펼 태세를 갖추었다. 그는 사냥할 때 쓰는 쇠망태기를 한 손에 들고, 다른 한 손으로는 쇠갈퀴를 잡고 대문 밖으로 나가서 고함을 쳤다.

"무도한 뇌신아! 죄 없이 조용한 지상세계를 괴롭히지 마라. 정 싸우고 싶으면 정정당당하게 나와 대결을 하고, 승부를 가리자."

뇌신은 기다렸다는 듯이 먹구름을 헤치고 험한 얼굴로 불을 뿜으며 덮쳤다. 손에 시퍼렇게 날이 슨 도끼를 든 뇌신은 두 눈에 번갯불을 번뜩이면서 일격에 사나이를 박살내려고 달려들었다. 눈 깜짝할 사이, 아차 하는 순간이었다. 용감한 사나이는 잽싸게 몸을 돌려 비켜서면서, 손에 들었던 쇠갈퀴로 뇌신의 허리를 낚아채고 즉시 다른 한 손에 들었던 쇠망태기를 덮어씌웠다. 이에 뇌신은 꼼짝 못하고 쇠망태기에 사로잡히고 말았다.

"뇌신아, 네가 비겁하게 나의 덜미를 잡으려고 불의의 습격을 해왔다마는 도리어 네가 나에게 잡히고 말았구나. 하, 하, 하……"

용감한 사나이는 어깨를 으쓱거리며 통쾌하게 웃었다. 그 웃음소리는 멀리 산골짜기로 메아리쳐 울려 퍼졌다.

그 순간에, 극성스러웠던 폭풍우가 딱 멈추고 하늘이 씻은 듯 맑게 개였다. 땅 위에는 다시 고요와 함께 포근한 햇살이 화창하게 비추었다.

용감한 사나이는 집안 한 구석에 쇠망태기를 옮기고 밖으로부터 더욱 공고하게 쇠칸살을 질렀다. 그리고 아이들에게 그 속에 갇혀있는 뇌신을 보여주고 말했다.

"잘 보아라. 이 자가 바로 폭풍우를 몰고 와서 세상을 어지럽힌 심술꾸러기 뇌신이다."

그리고 아버지는 아이들에게 각별히 당부했다.

"이 자에게는 어떠한 경우라고 절대로 물을 주어서는 안 된다. 이 자는 물을 먹으면 힘이 솟구쳐, 이 쇠칸살을 부수고 도망을 치고, 다시 악한 짓을 하고 세상을 어지럽힐 것이다. 그러니 절대로 물을 주면 안 된다."

용감한 사나이는 다시 한 번 쇠망태기와 밖에 덧씌운 쇠칸살을 점검하고 아이들에게 거듭 당부했다.

"아빠는 사냥하러 나간다. 절대로 물을 주면 안 된다."

(4) 뇌신의 탈출

처음에는 퍽 괴상하고 험상궂게 보이던 뇌신도 차츰 시간이 지나고 눈에 익으니까 그다지 무섭지 않게 느껴졌다. 아이들은 쇠칸살 곁에서 태연하게 놀기도 했다. 그러자 뇌신은 몹시 고통스런 표정을 짓고 신음소리를 내기 시작했다. 어린 남매는 측은한 생각이 들어 왜 그러느냐고 물었다.

"목이 타서 죽겠다. 애들아 물 한 그릇만 떠 다오."

뇌신은 애처롭게 아이들에게 애걸을 했다.

"아버지가 절대로 물을 주지 말라고 하셨어요."

나이가 위인 오빠가 아버지의 지시를 따라 단호하게 거절을 했다. 그러나 뇌신은 더욱 애걸복걸 죽는 시늉을 하며 숨

넘어가는 소리를 했다.

"한 그릇이 아니고, 한 모금이라도 좋다. 당장에 죽겠으니 제발 목숨 구제하는 셈치고 한 모금만 다오."

"한 모금도 안 돼요."

오빠가 고개를 저었다. 그러나 옆에 서 있는 누이동생의 얼굴에는 측은한 빛이 돌았다. 교활한 뇌신은 누이동생을 보고 더욱 애달픈 소리로 애걸했다.

"아가, 나 좀 살려다오. 물을 못 주겠거든 저 수건 끝에 물을 축여서 그것으로 내 입술이라도 축이게 해 다오."

그리고 뇌신은 두 눈을 감고 애타게 기다리는 시늉을 했다. 마음이 약한 어린 누이동생이 오빠를 보고 말했다.

"오빠, 수건 끝에 물을 적셔 주는 것은 괜찮겠지. 너무나 불쌍하니 그렇게 해 줄까?"

오빠 생각에도 며칠째 물 한 모금도 못 넘긴 뇌신이 너무나 불쌍하게 여겨졌다. 그리고 수건 끝에 물을 축여서 입에 대주는 것쯤은 별로 지장이 없을 거라고 여겼다. 그래서 그는 동생을 보고 고개를 끄덕였다.

누이동생은 수건 끝에 물을 적셔서 쇠칸살 밖에서 뇌신의 바삭바삭 탄 입술을 축여주었다. 그 순간, 뇌신은 굉음을 울리며 불을 뿜었다. 그리고 쇠칸살을 어렵잖게 부수고 훌쩍 뛰어나오면서 말했다.

"참, 고맙다. 너희들 덕택에 죽지 않고 살게 되었다. 이번에 내가 지상에서 패한 앙갚음을 하늘에 돌아가서 할 것이다. 그러나 너희들은 절대로 다치거나 해치지 않을 테니 걱정을 마라."

그는 호박씨 같은 이빨 하나를 뽑아서 형제에게 주며 말했다.

"너희들은 나의 생명의 은인이다. 이것은 표주박의 씨다. 이것을 땅에 묻으면 싹이 나고 자라서 표주박이 될 것이다. 앞으로 나는 다시 하늘에서 홍수를 일으켜 지상세계를 휩쓸어 버릴 것이다. 그 때에는 아무도 살아남지 못한다. 그러나 너희들만은 이 씨에서 자란 표주박 속에 몸을 숨기고 있으면, 온전하게 살아남을 것이다."

그리고 뇌신은 번갯불을 타고 이내 승천해 버렸다.

(5) 홍수와 지상세계의 멸망

날이 저물어 아버지가 노루를 등에 메고 돌아왔다. 어린것들은 넋을 잃은 듯 멍청하니 부서진 쇠칸살과 쇠망태기를 가리키며 울음을 터뜨렸다. 그러나 이미 일이 돌이킬 수 없게 된 것을 어찌 하랴. 어린 철부지들을 꾸짖어야 무슨 소용이 있겠는가. 미구에 닥쳐올 뇌신의 역습에 대비를 할 일이 급했다. 용감한 사나이는 서둘러 철선(鐵船) 한 척을 만들기 시작했다.

한편 어린 남매는 뇌신이 준 이빨을 땅에 묻었다. 이튿날 아침에 나가 보니 파란 싹이 돋았고 다음날에는 꽃이 피었고 또 다음날에는 커다란 호로(葫蘆)가 여물었다.

그 무렵이었다. 하늘이 다시 심상치 않게 돌아간다 싶더니 눈 깜짝할 사이에 먹구름이 해를 덮고 지구를 칠흑 속에 가두었다. 이어 하늘이 갈라지며 바닷물을 쏟아 내리는 듯, 폭우가 쏟아졌다. 그리고 천둥과 번개가 천지를 진동했다.

지난번의 유가 아니었다. 삽시간 사이에 높은 산봉우리가 물속에 잠기었다. 이에 용감한 아버지는 철선을 띄우고 큰 소리로 외쳤다.

"애들아! 이 배를 타라. 뇌신이 복수하러 왔구나."

두 어린 남매는 무섭게 휘몰아치는 폭풍우에 정신을 잃고 허우적거리며 아버지 앞으로 가려고 했다. 그러나 산더미처럼 크고 억센 파도가 덮쳐, 단숨에 그들을 삼켰다. 그런데 이게 어찌 된 일일까? 바로 눈앞에 커다란 호로 표주박이 입을 열고 있는 것이 아닌가!

어린 남매는 파도에 밀려 저도 모르게 호로 속으로 텀벙 빠져들었다. 그러자 호로는 다시 입을 굳게 닫았다. 호로 안은 마치 아늑한 보금자리 같았다. 남매는 고사리 손을 맞잡고 서로 보듬었다.

노도에 휩쓸린 땅 위에는 아무 것도 살아남을 수가 없었다. 오직 흙탕물만이 사납게 소용돌이치고 있었다. 오직 용감한 사나이가 탄 철선과 어린 남매가 탄 호로만이 파도에 출렁이고 있었다.

철선을 탄 용감한 사나이는 이토록 엄청난 괴변을 하늘의 상제에게 고하기 위해 천문(天門)을 두들겼다.

"어서 문을 열어주시오. 상제에게 급하게 아뢸 말씀이 있습니다. 뇌신이 심술을 부려 지상세계를 휩쓸고 있습니다. 엄하게 영을 내려 그의 횡포를 막아 주십시오."

지상의 괴변을 전해들은 상제는 즉시 여러 천신을 시켜서 뇌신의 횡포를 멈추게 조처했다. 동시에 수신(水神)으로 하여금 지상의 물을 즉시 거두어들이게 했다. 비로소 비바람이 멈추고 천문까지 부풀어 올랐던 물이 일시에 빠졌다. 그 바람에 천문까지 올라갔던 철선과 그 뒤를 따르던 표주박 배가 곤두박질을 치며 밑으로 떨어졌다. 아버지가 탄 철선은 부서져 산산조각이 났으며 그 속에 타고 있던 용감한 사나이의 육신도 으스러졌다. 이에 그는 지상세계에는 그 이상 더 육신을 지닌 존재로는 살 수 없게 되었으며 별 수 없이 영혼만의 존재로 하늘나라로 돌아가야 했다.

(6) 살아남은 오누이

한편 표주박 배는 탄력 있고 말랑말랑했음으로 그 속에 타고 있던 어린 남매는 상처 하나 입지 않고 무사히 살아남았다.

지구는 다시 평온해졌다. 그러나 수마가 할퀴고 간 지상세계는 황량하고 흉물스럽기 짝이 없었다. 붉은 진흙더미에 묻힌 산이나 들에는 나무도 풀도 없었고 또 살아서 움직이는 동물은 그림자도 찾아 볼 수 없었다. 오직 표주박 배를 타고 살아남은 어린 남매만이 유일한 생존자였다. 남매는 용감한 사나이의 아들딸 답게 아버지의 뜻을 따라 지상세계 건설을 계속하기로 작정을 했다.

그들은 하늘에 올라가 천제(天帝)에게 「자신들이 지상세계에서 억울하게 죽은 부친을 대신해서 지상세계를 아름답고 풍요롭게 개척하고 가꾸겠다」는 뜻을 아뢰었다. 그리고 제반의 지원을 요청했다. 이에 천제도 그들의 효성을 가상히 여기고 다른 신들에게 적극적으로 돕고 협력하라는 지시를 내렸다.

지상세계는 다시 질서를 회복했다. 해와 달을 중심으로 사계절의 운행이 순조롭게 잡혔고 또 비바람이 때맞추어 고르게 내렸다. 그래서 다시는 뜻하지 않은 천재지변이 발생하지 않게 되었다.

앞으로는 근면과 노력을 기울여 곡식을 생산해야 한다. 이에 어린 남매는 밤낮으로 들에 나가 농사를 지었다. 수년이 지나자, 논밭에는 푸릇푸릇 오곡이 여물었고, 산야에는 옛날처럼 초목이 무성했고 울긋불긋 꽃이 피었다. 그리고 다시 몇 년 후에는 개나 닭, 소, 말 등의 가축들이 나타났다. 또 강물이나 호수에는 물고기들이 노닐게 되었다.

어린 남매도 성장하여 어른 티를 내게 되었다. 오빠는 늠름한 젊은이로 성장했고 누이는 어엿한 처녀로 성장했다. 아울러 지상세계는 점차로 번성하기 시작했다. 그러나 막상 땅나라의 주인이 될 사람들이 부족했다. 사람이라고는 오직 오누이 관계의 남매뿐이었다.

(7) 오누이의 결합과 인류탄생

오라비는 아름답고 해맑은 누이동생의 얼굴을 기웃거리며 혼자말로 중얼거렸다.

"이 땅 위에 사람들을 불리려면 별 수 없이 우리가 결혼을 해야 하겠구나. 안 그러냐."

귀가 밝은 누이동생이 곁에서 듣고 핀잔을 주었다.

"그 무슨 망측한 소리를 하세요. 같은 피를 받은 오누이가 어떻게 결혼을 하고 부부가 될 수 있어요. 절대로 안 됩니다."

"그러나 이 땅 위에는 너와 나뿐이니 어찌하니? 우리라도 별 수 없이 결혼을 해서, 아들 딸 낳고 후손을 보아야 지상세계에 사람들이 번성할 것이 아니냐?"

오라비의 말을 듣고 보니 그렇기도 했다. 이대로 살다가 그냥 죽으면 지상세계에는 사람이 없게 된다. 그렇다고 선뜻 결혼을 승낙할 수도 없었다. 마침내 누이는 오라비에게 조건을 제시했다.

"제가 앞서서 뛸 테니, 뒤쫓아 와서 잡아보세요. 잡히면 별 수 없이 결혼을 하지요."

그리고 누이는 큰 나무 둘레를 앞서서 뛰었고 오라비는 같은 나무 둘레를 빙빙 돌며 뒤쫓았다. 그러나 아무리 쫓아도 잡을 수가 없었다. 이에 오라비가 간사한 꾀를 냈다. 누이의 뒤를 쫓는 척하다가 후딱 뒤로 돌아서 역주했다.

그런 줄도 모르고 앞만 보고 내닫던 누이는 왈칵 오라비가 벌린 두 팔 사이, 품속으로 뛰어들고 말았다. 이에 오누이는 별 수 없이 결혼을 하고 부부가 되었다.

아내가 된 누이는 살덩이를 낳았다. 이들 부부는 그 살덩이를

태호(太昊)
복희(伏羲)씨의 모습

소중히 간직하고 상제에게 고하려고 천국으로 올라갔다. 그러나 하늘나라에 당도하기 전에 공중에서 몹시 심한 바람을 만나 아차 하는 사이에 살덩이를 바람에 날리고 말았다.

바람에 날린 살덩이는 사방으로 흩어져 땅 위로 떨어졌다. 다급히 뒤쫓아 내려와 보니 그 살덩이들이 모두가 사람으

변했다. 이에 일시에 많은 자식들의 부모가 된 오누이는 저마다 성을 지어주기 시작했다. 나뭇가지에 떨어진 자식에게는 목(木)이라 성을 지어주고, 잎에 떨어진 자식에게는 섭(葉)이라 성을 지어주었다. 나머지 많은 자식들에게도 제마다의 특성에 맞게 성을 정해 주었다. 이렇게 해서 지구 위에는 인류가 번성하게 되었으며 부부가 된 오누이가 바로 인류의 시조라고 칭송되었던 것이다.

 이들 오누이는 호로(葫蘆)에 숨어서 살아남았으므로 같은 뜻의 포희(鉋戲) 혹은 복희(伏羲)라고도 부르게 되었다. 후세에는 이들 오누이를 나누어 복희(伏羲)와 여와(女媧)라고 불렀다.

제2편 성제(聖帝)와 덕치(德治)

천지가 개벽되고 지상세계에 식물 동물이 번식하고 다시 인류가 나타나 문화를 발전시켰다. 그 모든 것이 언제 어떻게 누구에 의해서 이루어졌는지 우리는 알지 못한다. 그래서 하느님이 천지 만물을 창조하고 사람으로 하여금 역사와 문화를 더욱 발전케 하고 있다고 설명한다.

중국 신화는 그와 같은 역사적 발전을 삼황(三皇)과 오제(五帝)를 중심으로 풀이했다. 삼황이 하늘과 땅과 인류를 창조했으며, 다음에 오제가 나타나 원시 공동체를 형성하고 덕으로 다스렸다. 인류는 태고 때부터 동물과는 차원이 다른 집단생활을 영위했으며 동시에 역사적으로 발전했다.

중국 신화에서는 황제(黃帝)를 중화민족(中華民族)의 시조로 받들고 아울러 요(堯)임금과 순(舜)임금을 최고의 성군(聖君)으로 높이고 있다.

왕도덕치(王道德治)와 대동세계(大同世界)의 구현(具現)을 강조하는 유가(儒家)에서는 요순(堯舜) 두 임금을 최고로 높인다.

그들은 절대선(絶對善)의 천도(天道)를 따라 덕치(德治)를 폈으며, 천하를 사유화(私有化)하지 않고 공기(公器)로 보고 유덕자(有德者)에게 대권을 선양(禪讓)했다. 오제(五帝)는 다음과 같다.

① 황제(黃帝) ② 전욱(顓頊) ③ 제곡(帝嚳)
④ 제요(帝堯) ⑤ 제순(帝舜).

이들 다섯 명의 성제는 공동체를 꾸미고 역사적으로 발전시킨 위대한 지도자다.

1. 민족의 시조 : 황제(黃帝)

(1) 공동체의 수호신 황제

황제에 대한 역사 기록은 본래 신화를 바탕으로 기술한 것이다. 그러므로 황제에 대한 신화와 사화가 엉켜있게 마련이다.

황제(黃帝)의 성은 공손(公孫) 혹은 희(姬), 이름이 헌원(軒轅)이다. 그의 아버지는 유웅국(有熊國)의 임금이었다. 그의 어머니가 북두칠성의 첫째별을 휘감는 번갯불을 보고 감동되어 그를 잉태했다고 전한다. 말하자면 황제는 번갯불의 화신(化身)이라고 하겠다.

황제(黃帝) 헌원씨(軒轅氏)

신농씨의 후손들이 덕을 잃고 세상이 흐트러지고 쇠퇴하자 각 지방의 제후들이 서로 무력으로 싸우고 남의 나라를 탈취하기에 이르렀다. 즉 삼황시대의 소박했던 원시 공동체가 분열하고 서로 무력쟁탈을 시작했던 것이다. 이에 평화로웠던 원시 공동체가 소란해지고 각지의 영주들이 무력으로 서로 세력 다툼을 하게 되자, 황제는 무력을 강화하고 조공을 바치지 않는 제후들을 제압했던 것이다. 마침내 황제는 제후 중에도 가장 강대한 신농씨의 후손 염제를 판천(阪泉)에서 격퇴하고 천하의 대권을 잡기에 이르렀다.

그러자 이번에는 치우(蚩尤)가 반란했다. 그는 구리쇠로 만든 이마를 가지고 또 안개를 피우는 신통력을 지닌 악독한 제후였다. 그러나 천도와 정의를 굳게 지키는 황제 편에는 충성스런 용사들이 가담했고 또 현명한 사람들이 새로운 무기와 지남차(指南車) 같은 기계를 발명해 바쳤음으로 결국에는 황제가 치우를 탁록(涿鹿)에서 격파하고 그를 처형했던 것이다.

마침내 황제는 태양을 상징하는 염제의 후손을 대신하여 천자가 되고 흙[土]의 덕(德)을 바탕으로 천하를 다스렸다.

「황제는 천하를 평정하자 무엇보다도 먼저 운사(雲師)로 하여금 풍조우순(風調雨順)하게 천기와 기후를 조절하여 지상의 백성들이 농사를 잘 짓게 했다. 또 수레와 배를 만들어 사람들이 편하게 사방으로 오가게 했다. 즉 교통 문화의 창시자이기도 하다.」

「황제는 다시 황하의 큰 고기가 바치는 하도(河圖)를 보고 일월성신(日月星辰)의 운행과 변동을 관찰하고 천문을 살피는 성관(星官)을 두었다. 북두칠성의 회전을 바탕으로 십간(十干) 십이지(十二支) 및 달력과 수학(數學)을 사람에게 알게 했다.」

「한편 대나무로 십이율(十二律)의 피리 및 열두 개의 황종(黃鐘)을 만들고 또 궁상각치우(宮商角徵羽)의 오음(五音)을 제정하여 자연과 음악을 조화했다.」

「십팔사략은 다음 같은 전설도 적었다. 황제가 화서국의 꿈을 꾼 다음에 천하를 잘 다스렸다.」 황제가 말년에 구리솥[銅鼎]을 만들자 하늘에서 용이 내려와 그를 태우고 하늘로 올라갔다.」 「황제에게는 아들이 25명 있었고, 그 중 14명이 성(姓)을 이어받고 각 지를 다스렸다.」

(2) 황토문화(黃土文化)의 시조

중화(中華) 민족과 중화 문화는 황하(黃河) 유역의 황토 지대를 터로 하고 발생하고 또 발전했다. 중국 대륙의 서북 고원에서 발원한 황하가 서너 차례 굴절하고 하남성(河南省) 중부의 평원으로 흘러들면서 소위「하북 델타(delta)」로 불리는 광대한 황토 지대를 형성한다. 바로 이 지역을 중심으로 고대 중국의 민족과 문화가 발전했던 것이다. 그러므로 고대의 중국 민족의 문화를 「황토문화(黃土文化)」라고 한다. 황제는 바로 황토문화의 시조다. 황제는 중화민족(中華民族)의 시조이기도 하다. 중화민족은 「찬란한 문화의 꽃을 피어내고 있는 중심 국가의 겨레」라는 뜻이다. 그러므로 황제는 황토문화 및 중화민족의 시조를 겸하고 동시에 오늘에 이르도록 중국의 역사 문화 발전의 근원이 되는 위대한 신 혹은 임금으로 숭앙되고 있다. 황제를 한자로 「황제(黃帝)」라고 쓰면 황토 지대를 다스린 지상 세계의 위대한 임금의 뜻이 잘 나타난다. 그러나 옛날에는 황제(皇帝)라고 쓰기도 했다. 즉 크게 빛나는 위대한 임금이란 뜻이다. 「황제(皇帝)」란 원래 「황천(皇天)의 상제(上帝)」라는 뜻으로 「넓고 빛나는 하늘을 다스린 위대한 임금」의 뜻이다. 황제는 하늘과 땅을 통괄해서 다스린 신화적 존재이다. 이때에는 「황제(皇帝)」라는 칭호가 잘 어울린다.

그러나 황토지대에 나라를 세우고 찬란한 중화문화(中華文化)의 꽃을 피우게 한 지상세계의 임금이라는 뜻을 잘 나타내기 위해서는 황제(黃帝)라는 칭호가 잘 어울린다. 그러므로 일반적으로는 「황제(黃帝)」라고 쓰며 이 책에서도 「황제(黃帝)」로 통일하겠다. 여담으로 한마디 덧붙이겠다. 무력으로 중국을 통일한 진(秦)나라의 임금이 「황제(皇帝)」라는 칭호를 쓴 것은 칭호의 찬탈이다.

(3) 악신 치우(蚩尤)의 반란

삼황이 다스리던 무위자연의 소박한 시대가 지나고 오제의 시대가 되자, 각처에 여러 부족 국가가 우후죽순 격으로 나타났고 서로 세력 다툼을 하게 되었다. 이에 천명을 받고 천하를 하나의 공동체로 만들고 아울러 만민의 평화와 행복을 책임진 황제는 불가피하게 무력을 써야 했다.

네 개의 얼굴을 가진 황제는 항상 사방을 살피고 또 신들을 먼 곳에 파견하여 악한 신이나 귀신들의 동향을 빈틈없이 감시했다. 그러므로 질서가 잡히고 좀처럼 악덕이 끼

치우(蚩尤)

어들지 못할 것으로 생각되었다. 그러나 뜻하지 않은 반란이 일어났다.

반란을 일으킨 장본인은 치우다. 치우는 천상의 악신으로 알려졌으나 실은 남쪽의 포악하고 호전적인 거인족(巨人族)을 대표하는 추장이다. 기록에 보면 치우에게는 81명의 형제가 있으며 그들 모두가 무력이 강했고 성질이 잔인 영독(獰毒)하기 짝이 없다고 적혔다. 그들의 머리통은 구리[銅]로 덮였고 이마가 쇠[鐵]로 된 괴물이었다. 그들은 인면수신(人面獸身)이면서 사람의 말을 잘 했다. 더욱 기괴한 것은 그들은 모래, 돌, 철 등을 상식(常食)했고 예리한 창[矛]이나 미륵창[戟] 또는 도끼[斧] 및 견고한 방패[盾] 등의 무기를 잘 만들고 또 잘 썼다. 뿐만 아니라 온갖 신통력을 부릴 줄도 알았다.

이와 같이 사나운 부족들의 두목인 치우는 더욱 괴상하고 흉악했다. 그는 인신우제(人身牛蹄 : 몸통은 사람이지만 발바닥은 소)로 네 개의 눈과 여덟 개의 손발을 가졌으며 특히 머리통에 날카로운 뿔이 돋았고 모발이 칼처럼 솟아 뻗쳤다고 한다. 그는 말하자면 악신과 악귀를 합친 가공할 괴물이었다.

마침내 치우는 자기의 음흉하고 포악한 형제와 부족들을 거느리고 남쪽을 다스리던 염제의 나라를 공격했다. 이에 염제가 탁록(涿鹿)으로 후퇴하자 치우는 영토를 확대했다. 그리고 다시 승리의 여세를 몰아 탁록을 점거하고 아울러 천상천하를 다스리고 있는 황제의 권세를 탈취하려고 획책했다.

이 소식을 들은 황제는 크게 노하고 즉시 그에 대한 대책을 강구했다. 허기는 치우가 지금은 타락하여 악덕하게 난동을 자행하고 있지만 본래 그도 착한 천신(天神)의 자손이다. 그러므로 황제는 치우가 스스로 개과천선하기를 바라는 마음에서 인내하고 또 좋은 말로 타이르고 도리로써 설득하려고 애를 썼다. 그러나 탐욕에 눈이 뒤집히고 부족들의 무력을 과신한 치우는 황제의 타이르는 말에 귀를 기울이지 않고 승리를 자신하고 당장 처 들어올 기세였다. 지난번의 싸움에서 자기네 군대는 청동(靑銅) 혹은 철기(鐵器) 같은 최신식 무기를 사용했다. 그러나 천신(天神) 염제의 군대

염제 신농씨(炎帝 神農氏)

는 낡은 석기(石器)로 무장을 했었다. 그러므로 독수리가 병아리를 낚아채듯, 사자가 양을 덮치듯, 치우의 정예부대는 일거에 염제의 군대를 무찔렀던 것이다. 예나 지금이나 무력이 강한 자는 전쟁과 침략을 좋아하게 마련이다.

치우는 생각했다.『황제는 착하기만 했지 그 진영에는 날카로운 첨단무기가 없고 또 그의 막하에는 억세게 싸울 무사들이 없다. 그러므로 우리가 이길 것이며 결국 내가 천상천하의 통치권을 차지하고 만민에게 호령할 수 있게 되리라.』

(4) 선(善)과 악(惡)의 싸움

이렇게 치우가 완악(頑惡)하게 싸우려고 하니 황제도 별 수 없이 그들을 상대하고 싸우기로 작정을 하고 사방의 착한 제후와 무사들을 소집하고 비장한 결의를 표명했다.

"이 싸움은 선한 신과 악한 신 사이의 마지막 결전이오. 만약에 패하면 온 천하를 악한 치우에게 넘겨야 하오. 그러므로 어떠한 일이 있어도 우리가 반드시 승리해야 하오. 여러분들의 분투를 기대하오."

황제는 하늘의 모든 신령과 귀신을 동원했고 또 지상세계의 모든 정의로운 군대들도 동원했다.

이에 하늘을 나는 새들이나 땅을 달리는 사나운 맹수들까지 감동하고 황제의 편을 들게 되었다. 선과 악의 싸움에서는 반드시 선이 이기고 악이 패하게 마련이다. 그것이 우주천지를 창조하고 주재하는 하늘의 뜻이자 도리이다.

그러나 싸움이 시작된 초기 단계에서는 왕왕 선제공격을 가한 악의 편이 유리할 때도 있다. 그들이 사전에 은밀하게 전쟁 준비를 했고 또 기습을 했기 때문이다. 그러나 종국에는 하늘의 도리를 따르고 정의를 지키는 선한 편이 이기게 마련이다.

탁록의 싸움에서도 초기에는 치우의 침략군이 우세했다. 방비하는 황제의 수비군은 고전을 면치 못했다. 무기나 훈련 면에서도 크게 차이가 났다. 치우의 부하들은 평소에 훈련을 쌓은 용사들이었고 또 청동기나 철기의 무기들을 능숙하게 다루었다.

한편 황제의 휘하에 모인 사람들은 대부분이 선비나 농민이었다. 평소에는 저마다의 생업에 종사하던 착하고 온순한 양민들이었다. 그러나 황제에 대한 충성심과 치우를 응징하려는 정의감에 불타고 있었다.

치우의 군대가 초기에 우세하고 자주 이기자 혹시나 천하의 패권이 악독한 그의 수중에 들어가지나 않을까 걱정되기도 했다. 그러므로 치우는 천하통일은 식은 죽 먹기라고 호언장담을 하며 오만을 떨고 외곬으로 쳐들어왔다.

(5) 지남차(指南車)와 역전되는 전세

하늘은 정의에 편들게 마련이다. 황제는 당황하지 않고 침착하고 치밀하게 정세를 분석하고 현명하게 대응했다. 또한 황제는 새로운 무기나 기발한 기구들을 발명하여 쓰기 시작했다.

그 중에서도 가장 두드러진 발명품이 지남차(指南車)였다. 이것을 활용하여 황제의 군대는 어둠이 짙은 야간이나 한치 앞을 내다볼 수 없는 안개나 구름 덮인 산이나 들을 자유자재로 위치와 방향을 잡고 민첩하게 이동할 수 있었다.

치우는 싸움터에서 신통력을 발휘하여 짙은 안개를 퍼뜨렸다. 또 대낮에도 하늘을 먹구름으로 덮고 폭우를 쏟아 내리게 했다.

그러므로 지상세계는 문자 그대로 칠흑에 묻혀 지척을 분간할 수 없고 안개에 덮여 숨조차 막힐 지경이었다. 황제의 병사

황제전치우도(黃帝戰蚩尤圖)

들은 눈 뜬 장님이 되어 대열을 잃고 우왕좌왕 허둥댔다.

한편 산천에 있는 악한 귀신의 족속인 이매망량(魑魅魍魎)을 앞세운 치우의 침략군은 소름끼칠 듯 괴상한 소리를 지르며 사방에서 엄습해 왔다. 그리고는 저마다 동두철액(銅頭鐵額)으로 무장한 무사들이 홀연히 나타나 닥치는 대로 창으로 찌르고 칼로 베었다. 싸움터는 순식간에 아수라장으로 변했다. 사방에서 죽어 쓰러지는 용사들의 비명소리와 함께 미친 듯이 날뛰는 아귀와 맹수들의 울부짖음이 처절했다.

그러나 짙은 어둠과 안개에 가리어 귀에만 들릴 뿐, 눈에 보이는 것이 없었다. 문자 그대로 오리무중(五里霧中)이었다. 높은 언덕에 전차(戰車)를 세우고 보검을 휘두르며 지휘를 하고 있던 황제도 완전히 시야를 잃고 속수무책(束手無策)으로 당황했다. 드디어 황제는 비장하고 침울한 소리로 후퇴 명령을 내렸다.

"각자가, 적의 포위망을 뚫고 후퇴하라."

짙은 안개 속에서 시야를 잃고 장님이 된 황제의 신장(神將)들도 일제히 큰 소리로 후퇴 명령을 복창했다.

"포위망을 뚫고 후퇴하라."

황제의 군졸들은 어둠과 안개로부터 벗어나려고 필사적이었다. 눈에는 보이지 않으나 황제의 진영이 당황하고 술렁이는 것을 감지할 수 있었다. 바로 그 때였다. 한참 찾아도 온데 간데없던 총명한 노신(老臣) 풍후(風后)가 정확하게 방향을 잡고 황제 앞으로 쏜살같이 전차를 몰고 달려 왔다. 황제는 놀라며 물었다.

"풍우야, 그대는 무슨 재주로 이 어둠과 안개 속에서도 방향을 잃지 않고 정확하게 내게로 달려올 수 있었느냐?"

"예, 바로 이 기계의 덕택입니다."

"그것이 무엇이냐?"

"제가 발명한 지남차(指南車)입니다. 이 바늘 끝은 언제나 북극성을 가리키고 다른 한쪽은 정 남쪽을 가리킵니다. 따라서 이것으로 방향을 바로잡을 수가 있습니다."

"그것 참, 신통하구나. 그 지남차를 써서 방향을 바로잡고, 전군으로 하여금 이 궁지를 벗어나게 하라. 그대가 앞장을 서라."

지남차를 가진 풍후를 앞세우고, 황제는 큰 소리로 안개 속에 묻힌 전군에게 호령을 내렸다.

"이제부터 전군은 나의 전차 소리와 풍후가 부는 피리 소리를 따라 후퇴하라."

"전차 소리와 피리 소리를 따라 후퇴하라."

사방에서 여러 신장들이 일제히 부하 군졸들에게 호령을 내렸다. 이렇게 하여 황제의 군대는 사지에서 벗어나고 또 위기를 모면 할 수 있었다.

(6) 탁록(涿鹿)의 결전과 최후의 승리

초반에서 치우의 요술(妖術)을 간파하지 못하고 고전했던 황제의 진영은 무력을 재정비하고 신중하게 작전계획을 세웠다. 황제는 먼저 치우에 가담한 악신들과 잡신들을 제거하는 방책을 세웠다. 본래 악신이나 잡신 혹은 도깨비들은 생각이나 의식의 뿌리가 깊지 못하고 일시적 혹은 우발적으로 악에 편들고 부화뇌동(附和雷同)하는 수가 많기 때문이다. 안개만 하더라도 하늘에서 내려진 것이 아니고 치우의 꼬임을 받은 요괴들이 장난 삼아 사람의 눈을 홀린 것에 불과했다. 또 지난번 싸움에서 괴상한 소리를 내고 사람들은 어지럽게 흘렸던 도깨비 즉 이매(魑魅)나 망량(魍魎)도 건성으로 덩달아 장난질을 한 것이었다. 그러므로 그들을 떼어놓아야 했던 것이다.

악신이나 잡신들은 용(龍) 앞에서는 꼼짝 못하고 특히 용의 울음소리를 가장 무서워했다. 그러므로 황제는 모든 군졸들에게 소뿔나팔을 만들어 용의 울음소리를 내게 했다. 그러자

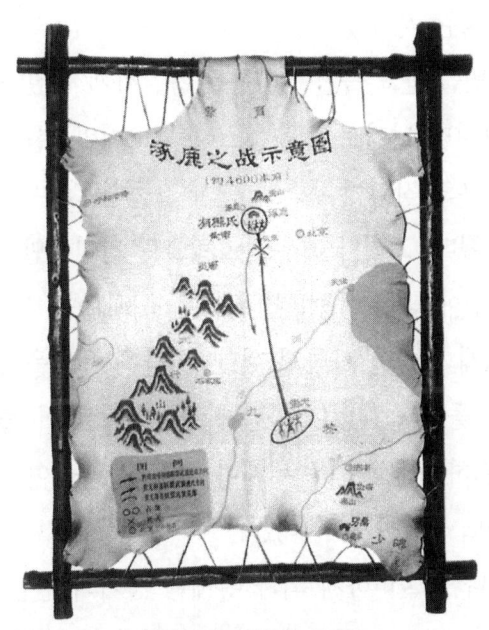

탁록(涿鹿) 전쟁 설명도

치우 편에 가담하여 장난을 치던 요괴들이 자취를 감추고 따라서 치우의 기세가 꺾이고 반대로 황제의 군졸들의 사기가 올라갔다. 탁록(涿鹿)에서의 최후의 결전을 앞두고 황제는 응룡(應龍)이라고 부르는 신룡(神龍)을 등장시켰다. 응룡은 비를 자유자재로 내릴 수 있었다. 그러므로 응룡을 내세운 계책은 일석이조를 노린 것이었다. 즉 울음소리에 도깨비들을 혼비백산하게 만들고 동시에 시야를 가리는 안개를 비로 씻어 없애자는 것이었다.

황제의 명을 받고 출전한 응룡은 용감하게 싸웠다. 하늘 높이 날아다니며 날카로운 울음소리로 도깨비들을 퇴치했다. 동시에 치우의 진영에 우박을 쏟아 그들의 갑옷이나 투구를 박살나게 했다. 그러나 치우도 호락호락 당하고만 있지 않았다. 악신 편에 붙은 풍백(風伯)과 우사(雨師)를 시켜 양쪽에서 응룡에게 협공을 가하게 했다. 이들은 응룡을 상하 좌우로 에워싸 돌며 쉴새없이 사납게 폭풍우를 몰아 붙였다. 이에 응룡은 허공에서 몸을 뒤채며 비틀거렸다. 이를 본 황제의 지상군도 동요하기 시작했다.

전세가 다시 불리하게 되자 황제는 자기의 친딸 발(魃)을 출동시켰다. 발은 계곤산(係昆山) 공공대(共工臺)에 살면서 노상 청색 옷을 입고 있었다. 그녀는 황제의 공주이지만 이상하게 얼굴이 추했고 또 여자이면서 머리가 벗겨졌다. 그러나 그녀의 전신은 용광로보다 더 뜨거웠고 항상 불타고 있었다. 그녀가 싸움터에 나타나 심히 뜨거운 열기를 사방으로 뿜어내자 응룡을 협공하고 있던 풍백과 우사가 화상을 입고 도망쳤다. 천지가 용광로 속처럼 불에 휩싸이자 극악무도한 치우의 형제들과 그의 부하들이 불에 타기 시작했다.

그래도 악독한 치우는 집요하게 싸우고 투항하지 않고 험준한 산 속으로 들어가 여기저기 흩어져서 반항을 계속했다. 아직도 역적들의 수효가 많고 세력이 강함을 잘 알고 있는 황제는 계속 이들을 추적하여 다시는 후환이 일지 않도록 뿌리를 뽑으리라 다짐했다. 그렇다고 험준한 산이나 으슥한 골짜기를 하나하나 찾아다니면서 싸우면 백성들의 희생이 클 것이다. 그래서 황제는 특수한 방안을 생각해 냈다.

동해 유파산(流波山)에 기(夔)라는 이름의 야수(野獸)가 살고 있었다. 모양은 소를 닮았으나 머리에 뿔이 없고 몸빛은 회색이며 발이 한쪽만 달려 육지와 물속을 자유롭게 들락날락 할 수 있었다. 기는 폭풍우도 몰아올 수 있고 또 불같이 이글거리는 두 눈을 부릅뜨고 울부짖으면 흡사 하늘에서 번개가 치고 천둥이 울리는 듯 천지를 진동시킬 수도 있었다.

황제는 기의 가죽으로 군고(軍鼓)를 만들고 한편 뇌택(雷澤)에 사는 인두용신(人頭龍身)의 뇌수(雷獸)의 다리뼈를 뽑아서 그 북을 치게 했다. 말하자면 직접 살상무기를 쓰지 않고 북소리로 역적들을 퇴치하려는 계략을 쓴 것이다. 황제의 병사들이 군고(軍鼓)를 치면, 그 북소리가 천지를 뒤엎고 골짜기를 뒤흔들었다. 오백 리 밖에서 치는 북소리에 산이 흔들렸고 사람의 귀청이 터질듯 했다. 따라서 산 속에 숨은 역적들이 숨을 곳을 잃고 강풍에 나부끼는 나뭇잎처럼 떼굴떼굴 굴렀다.

황제의 군사들은 멀리 앉아 북만 두들겼다. 창도 칼도 쓸 필요가 없었다. 이렇게 반나절이 지나자 역적들의 시체가 강물을 타고 마치 홍수의 사태처럼 쏟아져 내렸다. 치우는 대부분의 졸개들을 잃고 결정적인 패배를 목전에 두고 있었다. 그래도 악독한 치우는 싸움을 포기하거나 투항하지 않고 과보(夸父)라는 거인족(巨人族)에게 구원을 청했다. 과보는 북쪽에 있는 어둠의 세계[幽冥]에 사는 족속의 두목이며 태양과 경주를 할 만큼 우둔하고 고지식했다. 치우의 구원 요청을 받은 그는 몹시 당황했다. 남의 싸움에 말려들 이유가 없었고 더욱이 황제는 우주를 다스리는 착한 신이고 치우는 야심 많은 악신이 아닌가. 그래서 과보는 측근에게 물었다. 그러자 어리석은 한 사람이 겉약은 척 하고 말했다.

"약자를 돕는 것은 의로운 일입니다. 구원을 청하는 약자를 어찌 모른다 할 수 있습니까."

미욱한 과보는 깊이 선악시비를 가리지 못하고 얕은 의리를 지킨다는 명목으로 치우의 편에 서서 황제를 적으로 삼고 싸우기로 했다. 이에 크게 당황한 황제는 혀를 치고 탄식을 했다. 선량하고 우직한 과보족이 악독한 치우의 꼬임에 빠져 대적하는 것이 딱하고 한심스러웠다. 그래서 처음에는 안타까운 심정으로 조용히 타이르고 설득도 했다. 그러나 고집불통이었다. 우둔하고 미욱한 사람은 잘못인 줄 알면서도 일단 내딛은 발걸음을 멈추지 않는다.

황제는 이번에는 현녀전법(玄女戰法)을 채택했다. 현녀(玄女)는 인면마신(人面馬身)의 선녀로 등에 두 날개를 달고 날 수 있었음으로 하늘의 도리와 천문에 밝았다. 그러므로 황제에게 기발하고 새로운 전법을 올렸다. 그 전법은 전차의 멍에[轅]와 별 헌원(軒轅)의 모양을 바탕으로 한 전법이었다.

또 황제는 곤오산(昆吾山)에서 발굴한 구리[銅]를 가지고 동검(銅劍)을 만들었다. 그 동검은 수정같이 맑으면서도 얼음같이 싸늘하고 옥돌을 진흙처럼 베고 잘랐다.

밤하늘의 천문을 본 딴 탁월한 전술과 새로 만든 예리한 동검을 지닌 정의의 군사들 앞에 치우는 굴복하지 않을 수 없었다. 황제 편에 가담한 응룡과 공주 발은 청동 검을 들고 종횡무진으로 역도들을 치고 베었다. 동두철액(銅頭鐵額)의 치우의 형제들도 다 몰살되었다. 황제는 만악(萬惡)의 근원인 치우를 탁록의 들판에서 사형에 처했다.

황제릉(黃帝陵)

2. 과보족(夸父族)과 우공이산(愚公移山)

(1) 발(魃)의 후일담

황제의 공주이자 연약한 여자의 몸으로 치우와의 치열한 싸움에서 공을 세우고 나라와 종족을 구제한 발은 온갖 정성과 힘을 다 바친 탓으로 기진맥진 했다. 치우의 편을 든 풍백과 우사를 비롯하여 마귀나 도깨비들을 퇴치하느라고 전신의 열기를 뿜어낸 그녀는 마침내 독기와 요기(妖氣)가 골수에 박혀 중환자가 되었으며 자신의 열기를 조절할 수가 없게 되었다.

그녀는 다시 하늘나라에 되돌아가지 못하고 지상에 버려진 몸이 되고 말았다. 원래 얼굴이 추한 그녀는 열기를 주체 못하고 가는 곳 마다 주변에 혹심한 한발(旱魃)을 들게 하고 또 농작물을 타죽게 하고 사람들의 목을 타게 했다. 이에 사람들은 그녀를 겁내고 추방하려고 하늘에 희생을 바치고 기우제(祈雨祭)를 올렸다.

농사의 신이자, 주(周)나라의 시조인 후직(后稷)의 손자 숙균(叔均)이 직접 황제에게 그녀로 인해 발생한 혹심한 한발 때문에 백성들의 생업이 크게 위협을 받고 있다고 아뢰었다.

이에 황제도 자기의 딸이자 싸움에서 혁혁한 공을 세운 공주이지만, 별 수 없이 적수(赤水) 이북으로 유배시켰던 것이다.

신화의 세계에서도 의로운 사람은 제대로 대접을 못 받고 잊혀지게 마련인가?

(2) 과보(夸父)의 최후

그녀와는 반대로, 치우의 편에서 황제에게 대항을 한 과보는 관대하게 처리되었다. 그 이유는 무지와 고지식한 점을 감안해서였다. 원래 과보의 종족은 어둠의 유명(幽冥) 세계를 다스리던 임금의 후손들이며 북해 끝에 있는 유도(幽都)라는 곳에 살고 있었다. 그 곳은 노상 어둡고 폐쇄된 곳이었다. 그러므로 과보족은 우둔하고 고집스러웠다. 그 중에도 추장 격인 과보는 황폐한 벌판에 있는 성도대천(成都戴天)이라고 불리는 산에 살고 있었다. 양쪽 귀에는 황금빛 나는 뱀을 귀걸이처럼 늘어뜨렸고 두 손에는 노란 뱀을 쥐고 있었다. 그들은 본래 선량하고 온순한 종족이었다. 아니 우둔한 만큼 고지식하고 순진하기도 했다. 여기서는 그들 과보족에 얽힌 고사를 소개하겠다.

(3) 태양과 경주한 과보

태양과 경주를 한 사나이가 있었다. 과보족은 스스로 자신들이 하늘과 땅 사이에서 가장 큰 사람이라고 믿고 있었다. 그들 중의 한 엄장이 서산에 지려는 해를 보고 엉뚱한 생각을 했다. 『이 세상에서 내 걸음이 가장 빠르다. 그런데 저 태양이 나보다 먼저 서산 너머로 가서 숨으려고 하니, 내가 쫓아가서 태양을 앞지르겠다.』 이렇게 생각한 그는 서쪽 산을 바라보며 뛰었다. 그는 하늘을 찌를 듯이 긴 다리로 성큼성큼 뛰기 시작했다. 눈 깜짝할 사이에 그는 천 리를 뛰어 달렸고, 여러 개의 산을 넘었다. 그런데도 태양은 여전히 저 멀리 앞을 가고 있었고 아득하게 먼 거리에 있는 다른 산을 넘으려 하고 있었다. 『내가 어찌 저 느림보 태양에게 질 수 있으랴? 동쪽에서 떠서 서쪽 산으로 지는 데 꼬박 하루를 걸리는 저 느림보 태양에게 내가 뒤질 수가 없지 않은가?』

사나이는 재차 힘을 내서 질풍같이 서산을 바라보고 뛰었다. 어느덧 땅 끝 해가 진다는 엄자산(崦嵫山)에 이르렀다. 그러나 해는 저 멀리 아득한 지평선으로 넘어가려고 하고 있었다. 화가 난 그 사나이의 얼굴은 저녁놀에 더욱 불같이 타올랐다. 『조금 전에만 해도 바로 서산에 걸려 있던 저 태양이 어느 틈에 저렇게 멀리 지평선 위에 갔을까?』

그는 화를 주체하지 못하고 또다시 미친 듯이 앞으로 뛰었다. 마침내 그는 헐떡였고, 두 발을 허청거리기 시작했다. 종내 손에 잡힐 듯 눈앞에 가까웠던 해가 살짝 지평선 뒤로 몸을 숨겼다.

그렇지 않아도 지치고 현기증이 난 그는 눈앞이 캄캄하여 아무 것도 볼 수가 없었으며 갑자기 한기가 들고 식은땀이 쏟아져 내렸다. 방향을 잃고 따라잡을 태양을 놓친 그는 분노에 치를 떨며 그 자리에 털썩 쓰러졌다. 목이 타는 듯 갈증을 느낀 그는 엉금엉금 기어 황하 물가에 가서 머리를 박고 강물을 꿀꺽꿀꺽 마셨다. 그래도 갈증이 가시지를 않았다. 황하의 물을 다 마신 그는 다시 북쪽의 바이칼 호수의 물까지 다 들이켰다. 마침내 기진맥진한 그는 부릅뜬 눈으로 서쪽을 바라다 본 채로 숨을 거두었다. 그가 쓰러진 자리에 수 백 리에 걸쳐 그 일대가 온통 복숭아나무 밭으로 변했다. 그 곳을 도림새(桃林塞)라고 일컬었으며, 그곳 복숭아는 유난히 붉고 수분이 많아, 서쪽으로 지는 해를 따라 사막 길을 재촉하는 나그네들의 갈증을 시원하게 풀어 준다고 전한다. 이상은 산해경(山海經)에 나오는 이야기를 신화로 재구성한 것이다.

(4) 우공이산(愚公移山)

 열자(列子)에는 다음과 같은 우화가 있다. 북산(北山)에 우공(愚公)이라는 90세의 늙은이가 살고 있었다. 그의 집 남쪽에 높고 험준한 태행산(太行山)과 왕옥산(王屋山)이 앞을 가로막고 있어, 출입에 불편했다. 그래서 식구들을 불러 놓고 명령을 내렸다.

 "앞을 가로막고 있는 저 두 개의 산을 허물고 파서 다른 데로 옮기기로 결정을 했으니 너희들은 나를 따르라."

 과보족은 덩치가 무척 크고 힘이 장사였으나 머리가 약간 모자랐다. 그러나 우직하고 고지식한 그들이었으므로 두 말 않고 새벽부터 삼태기를 들고 산의 흙을 파서 먼 곳으로 옮기기 시작했다. 다른 부족 출신이며 이웃 마을에서 시집 온 우공의 처가 의아하게 여기고 반대 의견을 제시했다.

 "영감, 그만 두세요. 저 큰 산을 어떻게 옮기려고 생난리를 치십니까. 그 많은 흙들을 어디에 옮겨요."

 "발해(渤海) 바다에 퍼다 버리면 될 것이 아니요."

 반대하는 사람만 있는 것이 아니다. 찬동하고 도와주는 사람도 있었다. 과보족의 한 과수댁은 자기의 아들 손자들을 시켜 우공의 일을 거들게 했다. 한편 하곡(河曲)에 사는 지수

(智叟)라는 영감이 찾아와서 조소하는 투로 말했다.

"우공, 허튼 짓 하지 말고 그만 두시오. 사람의 힘으로 할 수 있는 일이 있고, 못 할 일이 있는 법이오. 영감 나이 90세 이니 앞으로 살면 얼마나 사시겠소. 그만 두시오."

우공은 태연자약하게 웃으며 말했다.

"나이 90이면 어떻소. 내가 앞으로 일 년 산을 파면, 그만큼 산이 깎아질 것이고, 십 년 산을 파면 산 또한 그만큼 작아질 것이 아니요. 내가 죽으면 내 아들이 뒤를 이을 것이고, 아들이 죽으면 손자가 뒤를 이을 것이 아니요. 이렇게 자자손손 이어나가면 언젠가는 산이 없어질 것이 아니요. 하곡에서 지혜롭다고 유명하신 지수 영감의 식견이 우리 마을의 과수댁 보다도 좁은 것 같소이다."

우공의 소문이 천신(天神)을 통해 상제(上帝)에게 보고되었다. 상제는 우공의 결심이 굳고 포부가 큼을 알고 그를 도와주기로 작정을 했다. 그래서 과보족의 모든 신령들을 동원하여 태행산과 왕옥산을 업어다가 멀리 서쪽 사막 지대에 옮기게 했다. 그러므로 「지성이면 감천이라」고 하는 것이다.

3. 요제(堯帝)의 덕치와 선양(禪讓)

(1) 요제의 덕성과 하늘의 감응

오제(五帝)의 한 사람 요제(堯帝)도 신화적 존재이다. 요(堯)라는 글자는 높고 크다는 뜻을 나타내며 높은 산을 요(嶢)라고 쓴다. 제(帝)는 「통제하고 다스린다.」는 뜻이다. 따라서 옛날에 있었던 위대한 지도자를 요제라고 호칭했을 것이다. 그러나 사화(史話)에서는 그를 실재했던 성인(聖人) 성군(聖君)이요 무위덕치(無爲德治)의 표본으로 높였다. 그는 황제의 후손이며 제곡의 아들이다. 도(陶)와 당(唐)을 다스렸으므로 도당씨(陶唐氏)라고도 했다. 그의 본래의 성은 이기(伊祁)이고 이름은 방훈(放勳)이다. 방(放)은 크다, 훈(勳)은 공적의 뜻이다. 즉 그의 이름은 「공을 크게 세운 사람」의 뜻이다. 요제의 인품에 대해 사기(史記)는 다음과 같이 기술했다.

제요 도당씨(帝堯 陶唐氏)

『그는 하늘처럼 어질었고 신과 같이 슬기로웠고 가까이 접하면 태양처럼 밝고 포근했고 멀리서 바라보면 구름처럼 높고 부드러웠다.』[1]

그는 어려서부터 남에게 교만하지 않았다. 남달리 노력하고 부지런히 일을 했으며 동시에 검소하고 절약함으로써 부를 쌓았다. 그러면서도 남들을 사랑하고 또 가난한 사람들을 후하게 도와주었다. 그러므로 산천의 신령들까지도 그의 후덕을 높이 칭송했다. 이에 하늘이 그에게 천명(天命)을 내려, 형 지(摯)의 뒤를 이어 천자가 되게 했다.

천자는 더없이 존귀한 자리다. 천하의 권세를 한 손에 쥐고 마냥 부귀를 누릴 수 있는 최고의 자리다. 그러나 요임금은 하늘을 두려워했고 만민에게 겸손했으며 아울러 나라의 씀씀이를 절약했다. 이에 백성들도 본받고 감화되어 부지런히 일하고 절약하고 저마다의 부를 쌓았다.

그는 평양(平陽)에 도읍을 삼고 궁전도 조촐하게 세웠다. 궁전의 높이를 오직 세 단계의 흙 층계로 돋았으며 띠지붕도 끝을 고르게 자르지 않았다. 기둥이나 대들보도 대패질하지

---

1) 其仁如天 其知如神 就之如日 望之如雲.

않고 또 단청으로 칠하거나 장식하지도 않았다. 식사도 채소와 잡곡밥을 오지그릇에 담아서 조촐하게 들었다. 옷도 여름에는 삼베나 갈포를 걸쳤고 겨울에는 사슴가죽으로 추위를 막았다. 그러나 조회나 의식을 올릴 때에는 황색의 관을 쓰고 백마가 끄는 붉은 수레를 탔다.

하늘은 만물의 창조주이자 동시에 섭리의 주재자이다. 그러므로 천자는 하늘에 제사를 드리고 하늘로부터 계시를 내려 받아야 한다. 하늘의 계시는 곧 절대선의 도리이자 행동지침이다. 그러므로 천자는 천도를 따라 덕치를 펴야 한다.

하늘의 도리는 곧 만물이 스스로 생성(生成)하고 발전하는 도리이다. 그러므로 요임금은 만민이 저마다의 삶을 자유롭게 누릴 수 있게 「무위자연(無爲自然)의 덕치(德治)」를 폈다.

인위적 조작이나 압력을 가하지 않고 하늘의 섭리를 따라 만민이 스스로 자라고 발전하게 다스렸다. 그러므로 후세에서도 태고 때의 무위자연의 덕치를 높이고 칭송했던 것이다.

하늘은 만물을 사랑으로 창조하고 키워주고 있다. 인간들도 서로 사랑하고 서로 협동해야 한다. 서로 사랑하면 함께 평화와 행복을 누리고 반대로 서로 미워하고 싸우면 다같이 피곤하고 불행하게 된다. 이러한 이치가 바로 하늘의 도리이다.

요임금은 먼저 자기의 집안과 구족(九族)을 하나로 묶고 일가친척의 모든 사람들이 서로 사랑하고 협동하고 화목케 교화했다. 교화의 바탕은 바로 자신의 솔선수범(率先垂範)이다.

구족(九族)은 「고조 증조 조부 부친 자기 아들 손자 증손 및 현손」의 9대에 걸친 직계친족 및 일가친척을 다 포괄한다.

가족은 사회의 기본 단위이다. 일가를 중심하고 역사적 계승과 사회적 유대가 확대되게 마련이다. 그러므로 일가의 화목은 우주적 화목의 바탕이다.

천도는 광명정대(光明正大)하고 공평무사(公平無事)하고 영구불변(永久不變)하는 진리이다. 그러므로 천도를 따르는 정치(政治)는 곧 바르게 다스리는 정치(正治)가 된다. 「바를 정(正)」은 「한 일(一)과 멈출 지(止)」를 합친 글자이다. 따라서 「바른 정치」란 곧 「하나인 하늘과 하나가 되고 또 절대선(絕對善)의 도리인 천도를 따르고 행하는 정치」이다. 그것이 바로 덕치다. 도(道)를 따르고 실천해서 좋은 성과를 거두는 것이 곧 덕(德)이다.

인품이 어진 요임금은 항상 하늘과 같은 자애로운 심정으로 백성들을 사랑으로 품고 돌보고 키웠다. 그는 굶주린 백성을 보면 『내가 잘못해서 백성들을 굶주리게 했노라』 하고 뉘우쳤고, 헐벗은 사람을 보면 『내가 저들을 헐벗게 했노라』하고 가슴 아프게 여겼다. 혹 죄지은 사람이 나타나면 『내가 저들을 죄에 빠뜨렸노라』하고, 스스로를 가책하고 한탄했다. 요임금은 모든 백성들의 고통과 불행을 자기의 잘못으로 돌리고 또 책임지려고 했던 것이다.

요임금은 궁전 앞에 감간고(敢諫鼓)라는 커다란 북을 설치하고 아무나 와서 북을 치고 정치에 대한 간언이나 억울한 사연을 호소하게 했다. 하늘은 백성을 통해 정치의 잘잘못을 살핀다. 이렇게 백성을 진정으로 사랑하고 돌보는 요임금에게 하늘은 많은 복을 내려주었다.

궁중 정원에 자란 풀에도 화곡(禾穀)을 자라게 했고 궁전 섬돌에 역초(曆草)를 자라게 하여 날짜의 지나감을 알게 했다.

요(堯)임금의 능(陵)

또 정원에는 사시사철 아름다운 꽃들이 피어났고 우거진 숲 속에는 새들의 맑은 울음소리가 즐거웠고 하늘에는 봉황새가 선회하고 있었다. 역초(曆草)는 명초(蓂草)라고도 한다. 잎이 일 년 365일을 따라 날마다 변했고 또 열매가 한 달 30일을 주기로 늘었다 줄었다 함으로써 연월일을 알게 했다. 그러므로 요제는 백성에게 때를 알리고 농사를 지을 수 있게 했다.

(2) 태평성세를 구가한 격양가(擊壤歌)

하늘이 천자에게 내려주는 은총 중에 가장 큰 복은 뛰어난 인재들을 그의 신하로 쓸 수 있게 해주는 것이다. 나라를 잘 다스리기 위해서는 슬기와 덕을 갖춘 신하가 있어야 한다. 특히 총명한 임금 밑에는 현명한 신하가 있어야 한다. 그래야 저마다의 분야에서 특출한 기능을 발휘하고 천자를 보필할 수 있다. 신하들도 인자하고 청렴결백해야 백성을 사랑하고 또 재물을 축내지 않고 또 나라를 부강하게 만든다.

하늘은 때맞추어 요임금 밑에 다음과 같은 뛰어난 신하들을 내려주고 슬기롭게 보필케 했다. 후직(后稷)은 농사를 담당했고, 수(垂)는 여러 가지 기술을 고안해냈다. 고요(皐陶)는 모든 법률을 공평하고 엄하게 집행했고, 기(夔)는 음악을 관장하고 백성의 정서와 사회의 기풍을 순화했다. 순(舜)은 교육을 담당했고, 설(契)은 윤리 도덕 및 국방을 담당했다. 요임금은 이들 신하들을 적재적소에 등용하여 그의 덕치를 더욱 빛나게 했다.

요제가 자리에 올라 천하를 다스린 지 어느덧 50년의 세월이 흘렀다. 천하는 무사태평했고 백성들은 저마다의 생업에 종사하며 각자가 안분지족(安分知足)했다. 요임금의 덕화(德化)로 모든 사람들도 무위자연의 도를 따라 욕심없이 바르게 살며 서로 사랑하고 서로 도왔다.

이제는 감간고의 북소리도 안 들리고 억울함을 하소연하는 사람도 없었다. 한마디로 무사태평하고 조용하기만 했다. 인간 세상에 분란이 없고 너무나 조용하니깐 도리어 겁이 날 지경이었다. 『과연 내가 잘 다스리고 있는 것일까? 백성들은 참으로 안락한 삶을 살고 있는 것일까?』 좌우의 대신들에게 묻자 겸손하고 과묵한 그들은 짧게 입을 모아 아뢰었다.

"만백성이 성은을 입고 태평성세를 구가하고 있습니다."

요임금은 직접 확인하기 위하여 미복 차림으로 아무도 모르게 민정을 살피기로 했다. 변두리에 있는 평민들이 사는 마을이나 농부들이 사는 두메 산촌에까지 가서 직접 그들의 삶을 살피기로 했다. 마을의 어구에서 아이들이 뜻도 모르면서 다음과 같은 노래를 부르고 있었다.

『우리 백성들이 잘사는 것은
높으신 임금님의 덕택이니라.
우리 백성들은 저도 모르게
님의 가르침을 따르고 있노라.』[2]

이 노래를 후세에는 강구가(康衢歌)라고 했다. 그 노래의 깊은 뜻을 다음과 같이 분석할 수 있다. 「백성들이 저마다 자유롭게 자기의 삶을 잘 살고 있다. 그렇게 잘 사는 것이 임금님의 덕이 아닌 게 없다. 우리 백성들은 저도 모르게 임금님이 세우신 법도를 따를 뿐이다. 법이 있는 줄도 모르면서 따르는 것이 이상적인 덕의 정치다.」

요임금이 농촌 깊이 들어가자 이번에는 여러 노인들이 입에 음식을 물고 배를 두드리며 격양가(擊壤歌)를 부르고 있었다.

『해가 뜨면 나가서 일하고 해가 지면 들어와 쉬노라,

---

2) 立我烝民 莫匪爾極 不識不知 順帝之則.

우물을 파서 물마시고 밭을 갈아서 배부르게 먹노라,

임금의 힘이 나에게 무슨 상관이 있느냐.」[3]

이 노래를 「함포고복(含哺鼓腹)의 격양가(擊壤歌)」라고도 한다. 그 뜻도 백성들이 임금이나 정치를 의식하지 않고 저마다 배불리 먹고 잘 살고 있음을 나타낸 것이다. 「해가 뜨면 밭에 나가서 일하고, 해가 지면 들어와 쉬거나 잠을 잔다. 이는 즉 자연의 법칙을 따라 낮에는 활동하고 밤에는 휴식한다는 뜻이다. 우물을 파서 물마시고 밭을 경작해서 먹고 산다. 이는 곧 사람들이 각자 스스로의 힘으로 생산해서 민생을 꾸려나간다. 그러니 임금님의 힘이 우리에게 별도로 작용할 리 없다.」

이와 같은 경지가 곧 「무위자연」의 덕의 정치다. 사람은 자연의 도리를 따라 순진하게 살면 된다. 그러나 후세의 욕심이 많고 간교한 통치자들은 자기네의 이득을 채우기 위해서 인위적으로 복잡하게 법이나 제도를 만들어 백성들을 구속하고 또 노예화하고 남의 재물을 교묘하고 악독한 방법으로 탈취한다. 물론 그 뒤에는 무자비한 무력이 뒤따른다. 그래

---

3) 日出而作 日入而息 鑿井而飮 耕田而食 帝力何有於我哉.

서 정치가 타락하고 전쟁으로 사람들이 천수를 다 누리지 못하는 것이다. 그러므로 후세의 도가(道家)나 유가(儒家)가 다같이 「무위자연의 덕치」를 주장하고 높였던 것이다. 아이들의 동요나 노인들의 격양가를 들은 요제는 미소를 지으며 속으로 혼잣말을 했다. 「그만하면 됐다. 백성들이 임금의 존재를 모르면서 잘살고 있으니 그 경지가 바로 무위자연의 덕치다.」 후세에 사람들은 「강구가와 격양가」를 태평성대의 상징으로 높였다.

(3) 허유(許由)와 소부(巢父)

아무리 성덕이 높고 하늘의 축복을 받았다 해도 인간인 이상 나이 들고 늙는 것을 면할 수 없다. 요임금도 차츰 노쇠함에 따라 기력이 쇠했다. 그는 중신들에게 조용히 말했다.

"하늘은 천하를 모든 사람의 공기(公器)로 삼으라고 가르쳤소. 그러므로 천하위공(天下爲公)을 실천하는 첫걸음이 곧 유덕자(有德者)를 하늘에 천거하여 하늘로부터 천명(天命)을 내려 받는 일이오. 짐은 천하를 유덕자에게 선양(禪讓)하고자 하오. 경들은 깊이 생각하여 선양을 받을만한 슬기롭고 인덕(仁德)을 갖춘 인재를 천거해 주기 바라오."

선양이란 천자가 하늘에 제사지내는 자리와 그 권한을 덕 있는 사람에게 스스로 물려주는 일이다. 즉 하늘로부터 천명을 받고 천하를 다스리던 대권을 평화적으로 유덕자에게 넘기는 것이다.

이는 무력으로 임금을 죽이고 나라를 빼앗는 찬탈과는 정반대가 된다. 그러므로 중국의 전통 사상에서는 선양을 최고의 이상적 정권교체라고 높인다. 요임금이 덕 있는 사람을 추천하라고 하자, 대신들이 이구동성으로 아뢰었다.

"공공(共工)이 재능도 뛰어나고 사람들도 잘 부리고 또 많은 공도 올렸으니 발탁하심이 옳은 줄로 아뢰오." 요제는 고개를 저으며 말한다.

"그는 능력도 있고 언변도 좋고 또 사람을 다스리는 통솔력도 뛰어나게 지니고 있소. 그러나 하늘에 대한 신앙이 깊지 못하고 백성에게 겸손할 줄 모르는 것이 큰 흠이요. 따라서 천명을 받을 수가 없을 것이오."

요제가 말한 「하늘에 대한 신앙이 깊지 못하고 백성에게 겸손할 줄 모른다」고 한 말 뜻은 곧 인간적인 오만을 부리고 하늘의 도리를 치밀하게 살피고 실천할 줄 모른다는 뜻이다.

말하자면 인물 평가의 기준이 너무나 고차원이었던 것이

다. 그러므로 대신들은 저마다 입을 봉하고 경건한 자세로 요제의 다음 말을 기다렸다. 한동안 깊은 생각에 잠겼던 요제가 다시 조용한 어조로 말했다.

"이름나지 않은 숨은 인재 중에 천거할 사람이 없겠소."

순(舜)의 이름이 아직 알려지지 않은 때였다. 신하들은 한동안 잠잠히 뜸을 들이고 나서 조심스럽게 아뢰었다.

"양성(陽城)에 허유(許由)라는 현명한 선비가 있습니다. 지금은 은둔하고 있으며 그는 철저하게 무위자연의 도를 따르는 은둔자입니다."

"짐도 그 분의 소문을 들은 바 있소. 총명한 식견과 고결한 인덕을 갖추고 있는 분인 줄 아오. 짐이 직접 찾아가 보리다."

이튿날 요제는 몸소 걸어서 허유를 찾아갔다. 남루한 옷차림으로 들에서 밭을 가는 허유 곁으로 가서 정중히 인사를 나누었다. 한눈에 그가 비범한 인물임을 간파한 요제는 긴 말을 하지 않고, 그 자리에서 단도직입적으로 자기가 찾아온 뜻을 말했다.

"짐이 온 것은 다름이 아니오. 공께서 짐의 뒤를 이어 천자의 자리에 올라 천하를 다스려 주시기를 부탁하려고 온 것이오."

너무나 엄청난 제안을 받은 허유는 미소를 지으며 말했다.

"천하를 다스리는 일은 막중한 책무가 따르는 큰일 중의 큰일이거늘 세상에서 물러난 우매한 제가 어찌 감당할 수 있습니까."

사양은 예절이자 동시에 미덕이다. 그러므로 요제는 속으로 『첫 번에는 예의 상, 의당히 사양하는 것이겠지.』하고 생각했다. 그래서 다시 이튿날 높은 사신을 시켜 많은 예물을 보내주고 거듭 자기의 간곡한 청탁을 받아줄 것을 청했다. 사신은 몸을 숙여 정중하게 말했다.

"천자의 분부시옵니다. 물리치지 마시고 들어주십시오. 천하가 아니면 당장, 구주(九州)의 땅만이라도 다스리고 만백성을 돌봐 주십시오."

허유는 여전히 난색을 보이고 예물을 되돌리면서 말했다.

"돌아가 천자에게 아뢰시오. 소인은 무위자연의 도를 지키며 유유자적 하고자 하니, 소인에게 은덕을 베푸시는 셈치고 한가롭게 살도록 허락해 주시라고 아뢰시오. 앞으로는 다시 허유를 찾지 마시라고도 일러주시오"

사신에게 단호하게 사퇴에 뜻을 전한 허유는 즉시 자리에서 일어났다. 그리고 뒤도 돌아보지 않고 빠른 걸음으로 어디론가 가버렸다. 허유는 두 팔을 크게 휘저으며 큰 걸음으로 밤낮으로 길을 재촉하여 마침내 기산(箕山)의 기슭, 영수(潁水)라는 강가에 도달했다. 허유는 강물 가에서 허리를 숙이고 흐르는 물에 자기의 귀를 씻기 시작했다. 한 번만 씻는 것이 아니라 두 번, 세 번을 연거푸 씻고 또 씻었다. 때마침 그의 친구 소부(巢父)가 소를 몰고, 소에 물을 먹이려고 왔다가 유난스럽게 귀를 씻고 있는 허유를 보고 다가와 물었다.

"이 사람아, 어째서 그렇게 수다스럽게 귀를 씻는가."

허유가 대답했다.

"귓전이 더러워졌으므로 씻고 있다네."

"귀가 더러워졌다니, 까닭이 무엇인가."

허유는 눈을 크게 뜨고 허공을 바라보며 어처구니없다는 듯이 말했다.

"어제는 요제가 친히 찾아 와서 천하를 맡아 다스리라고 하더니, 오늘은 신하가 또 와서 구주(九州)라도 다스리라고 하더군. 구질구질한 정치를 하라고 내 귀에 대고 일렀으니 귀가 더럽혀졌을 것이 아닌가. 그래서 지금 말끔히 씻고 있었네."

"그러니 내가 뭐라고 했나. 깊은 산 속에 숨은 채로 있어야지, 섣불리 남의 앞에 나타나서 아는 척하면 욕을 본다고 하지 않던가."

소부는 「에이, 퇴」하고 침을 뱉는 시늉을 했다. 그리고 소의 고삐를 잡고 상류를 향해 어슬렁어슬렁 발걸음을 옮기며 혼자말로 중얼거렸다. 『그대의 더러운 귀를 씻은 혼탁한 물을 내가 어찌 소에게 물 먹일 수 있으랴.』

허유는 빙그레 웃었다. 후세의 많은 사람들은 허유(許由)와 소부(巢父)같이 철저히 정치를 기피하고 산 속에 숨어사는 은둔자를 청렴결백하다고 칭찬하는 사람도 많다. 그러나 그들을 무책임한 이기주의자라고 비난하는 사람도 많다. 공동체를 위하고 백성을 위해 총명하고 덕 있는 사람이 지도자로 나서야 한다. 덕 없는 자가 욕심으로 벼슬을 하면 안 된다.

(4) 요제의 후계자 물색

허유가 몸을 숨긴 후 천하를 물려 줄 만한 인재를 구하지 못한 요제는 불가불 노쇠한 몸으로 20년을 더 다스려야 했으며 그 간에 뜻하지 않은 여러 가지 어려움을 겪어야 했다. 그 중에도 힘겹고 감당하기 어려운 것이 천재(天災)였으며, 천재 중에도 가장 무섭고 대처하기 곤란한 것이 「홍수(洪水)와 한발(旱魃)」 같은 하늘에서 발생하는 기상적(氣象的) 이변(異

變)이었다. 한자(漢字) 「옛 석(昔)」은 원래 「≈」와 「⊖」의 두 부호를 합친 글자다. 앞의 부호 「≈」는 「물이 출렁출렁 넘쳐 흐르는 부호」로 홍수(洪水)를 상징하고, 뒤의 부호 「⊖」은 「내리 쬐이는 해를 그린 부호」로 한발(旱魃)을 상징한다. 즉 「홍수와 한발」이 심한 때가 곧 「옛 석(昔)」이다.

한발에 대한 조치로, 요제는 활의 명수 예(羿)를 시켜 10개의 태양 중의 9개를 쏘아 떨어뜨리고 하나만 남게 함으로써 지구를 온화한 상태로 잘 보존할 수 있었다. 그러나 홍수를 다스리는 치수에 있어서는 많은 어려움을 겪어야 했다. 황하(黃河) 유역의 백성들은 10년 이상 혹심한 홍수에 시달렸다. 농토와 가옥이 유실되어 기아에 허덕였고 또 안식처를 잃고 사방으로 흩어져 떠돌면서 기진맥진하고 있었다. 요제는 곤(鯀)에게 치수를 명했으나 그가 실패를 했으며, 그의 아들 우(禹)가 간신히 물난리를 막을 수 있었다. 천재지변에 따라 나라의 기강이나 사회의 기풍도 해이해졌다. 전에 없었던 도적이 창궐하는 일까지 발생하였다. 요제는 더욱 지쳤고 정신이 피폐해졌다. 이에 요제는 천하의 명산 화산(華山)에 올라가 천제(天帝)에게 기도를 드리려 했다. 요제가 화산에 가자 그곳을 지키던 봉인(封人)이 달려와 엎드려 절을 하고, 이어 요제를 대신해서 하늘에 기원했다.

"거룩하신 상제님이시어. 우리 백성에게 덕치를 베푸신 임금님께 많은 은총을 베푸소서. 임금님으로 하여금 천년의 수를 누리고 태산 같은 부를 지니고 아울러 많은 자손을 낳아 대대로 번성케 해주십시오."

요제는 봉인의 손을 잡고 빙그레 미소를 풍기며 말했다.

"짐을 위해 축원해주니 고맙소. 그러나 짐은 그와 같은 축복을 감당할 수가 없소. 자식이 많으면 걱정이 따르고 재물이 쌓이면 마음이 번거롭게 되고 오래 살면 그만큼 욕도 많이 볼 것이요. 그러니 사양하겠소."

늙은 봉인이 다시 정중히 복배(伏拜)하고 아뢰었다.

"송구하오나 한 말씀 더 올리겠습니다. 하늘은 만민을 낳고 그들로 하여금 저마다의 직분을 갖게 하거늘 자손이 많은들 무슨 걱정이 되겠으며, 하늘이 내리신 재물을 고루 만민을 위해 베풀어주실 것이니 어찌 번거롭다고 하십니까. 더욱이 임금님께서 수를 누리시고 장수하시면서 백성들을 오래 두고 깨우치셔야 하늘의 도리가 두루 퍼지고 만물이 흥성하고 만민이 안락하게 될 것입니다. 그런 연후에 하늘에 승하하시어 영생을 누리시기를 축원해 올립니다."

봉인이 어렵사리 말을 마치고 바라보니 요제는 이미 높은 산봉우리에 올라 흰 구름을 보고 있었다. 화산에서 돌아온 요제는 은퇴하리라 결심을 하고 천하를 대표하는 사악(四嶽)을 탑전에 불러 모아 놓고 분부를 내렸다.

"친애하는 사악들이여. 경들은 동서남북을 통괄하는 수령들이요. 이제부터 천하 대사를 함께 의논하고자 하오. 짐이 천자의 자리에 오른 지, 어언 70년이 넘었소. 그간 어려움도 많았으나 경들의 슬기와 하늘의 가호로 대가없이 소임을 다할 수 있었소. 이점에 대해 새삼 경들에게 사의를 표하오. 그러나 이제는 짐의 나이가 고령이고 또 기력도 쇠할 대로 쇠하였으므로 이 이상 더는 중책을 감당할 수가 없소. 그러므로 천하를 덕 있는 사람에게 선양하고자 하니 경들이 책임을 지고 천명을 받을만한 연부역강(年富力强)한 인재를 찾아보시오."

동방을 다스리는 동악(東嶽)이 나서서 아뢰었다.

"소신, 아룁니다. 맏아드님 단주(丹朱) 전하를 의당히 세자로 책봉하심이 가한 줄로 아옵니다."

후세의 제왕들은 한번 나라를 세우면 나라를 사유화(私有化) 하고 자손에게 대대로 물려주면서 권세와 부귀를 독차지했다. 그러므로 우둔하고 덕 없는 자가 임금 자리에 앉아서 포악을 행하는 경우가 많았고 결국 나라를 멸망케 했다. 그러나 총명하고 인적이 높은 요제는 처음부터 무위자연의 천도를 높이고 천하위공(天下爲公)의 대동이상(大同理想)을 곧이곧대로 따르고 지켰다. 예기(禮記)에 「하늘의 큰 도리는 천하를 만민의 공유물로 삼고 있다.」라고 기록되어 있다. 성덕을 지닌 요제는 거룩한 하늘의 뜻을 따르려했으며 따라서 그는 말했다. "내 아들 단주는 아니 되오. 그 애는 성품이 온화하지 못하고 고집스러운 데다가 남과 다투기를 잘하니 만민을 다스릴 인재라고 인정할 수가 없소."

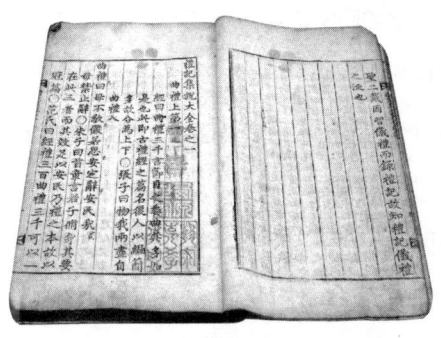

예기(禮記)

4. 순(舜)의 효성과 감화력

(1) 순의 출생과 초년의 고생

순도 신화적 인물이다. 「순」은 「민첩하다, 혹은 민첩한 사람」의 뜻을 가진 한자다. 순은 천성이 총명했고, 행동이 민첩했다. 그래서 「순」이란 이름을 가졌을 것이다.

그러나 사화(史話)에서는 덕이 높은 실재하는 성인(聖人)으로 내세우고 있다. 공자는 중용(中庸)에서 말했다.

『순은 위대한 효자였다 성인의 덕으로써 생전에는 존귀한 천자가 되었으며 천하의 부를 차지하였고 죽어서는 종묘에 제사 받고 자손이 길이 받들었다.』[4]

사마천의 사기에는 순의 선조를 다음과 같이 기록했다.

『황제(黃帝) - 창의(昌意) - 전욱(顓頊) - 궁선(窮蟬) - 경강(敬康) - 구망(句望) - 교우(橋牛) - 고수(鼓搜) - 중화(重華=舜)』

요제로부터 천자에 자리를 선양 받은 순제는 이름을 중화(重華)라 했다. 요제의 뒤를 이어 「문덕(文德)의 꽃[華]을 거

---

4) 舜其大孝也與 德爲聖人 尊爲天子 富有四海之內 宗廟饗之 子孫保之.

순(舜)

듭[重] 밝혔다」는 뜻이기도 하고 혹은 「그의 눈동자가 두 개 있다」고 하여 붙인 호칭이라고도 한다.

순의 친어머니는 악등(握登)이다. 그녀가 하늘의 무지개를 쳐다보는 순간 감응되어 순을 잉태했으며 요구(姚丘)에서 출산했음으로 성을 요(姚)라고 했다.

순의 출생에 대한 다른 전설이 있다. 순의 아버지 고수(瞽叟)가 어느 날 밤에 꿈을 꾸었다. 한 마리의 봉황새가 나타나서 말했다. 「나는 계(鷄)라고 하는 새인데 영감님에게 눈이 밝고 총명한 아드님을 점지해 드리고자 왔습니다.」 이 새는 중명조(重明鳥)로 눈동자가 둘 씩 있었으며 모양이 닭을 닮았고 봉황새 같이 울었다.

하늘의 감응으로 잉태하고 출생한 순은 성품이 어질고 총명했으며 아울러 동작이 민첩하였다. 그의 신장은 6척 1치로 옛날 사람의 체구로는 거대했으며 검붉은 얼굴바탕에 용의 눈과 큰 입을 가지고 있었으므로 「용안대구(龍眼大口)」라 했다.

순의 아버지를 고수(瞽叟)라고 부른 까닭에 대해서 설이 많다. 실제로 앞을 못 보는 장님이라고도 하고 혹은 사리를 바르게 가리지 못하여 붙인 이름일 거라고도 전한다. 즉「눈 뜬 장님」이라는 뜻이다.

순은 태어난 지 며칠 후에 친어머니를 여의었다. 이는 곧 순의 파란만장한 운명의 첫 징조였다.

아버지 고수는 꿈에서 점지 받은 비범한 아들을 처음에는 더없이 애지중지했다. 그러나 후처가 들어오자 앞을 못 보는 고수는 사람이 변한 듯 순을 미워하고 학대했다. 더욱이 후처가 아들 상(象)을 낳자 맏아들 순에 대한 학대가 심하게 되었다. 계모는 순이 쫓겨나거나 죽어야 자기의 소생 상이 가산을 물려받을 거라는 속셈으로 고수와 상과 자기와 셋이 결탁하여 온갖 몹쓸 짓거리를 자행했다.

아버지 고수는 우둔하고 고집스러웠고, 계모는 간악하고 음흉했으며, 이복동생 상은 탐욕하고 잔인했다. 이들 셋이 함께 결탁하여 순을 학대했으니 얼마나 모질고 처참했으랴! 온갖 힘들고 궂은 일을 순에게 시키고는 공연히 트집 잡고 매질하기와 밥 굶기기를 예사로 했다. 심지어는 죽이려고 시도한 일도 여러 번이나 있었다.

그러나 천성적으로 선량하고 총명한 순은 언제나 슬기롭게 위기를 모면하고, 결과적으로 부모와 동생으로 하여금 끔찍한 살인죄를 저지르지 않게 했던 것이다. 그뿐만이 아니었다. 온순하고 속이 깊은 순은 부모나 동생의 부당한 행동에도 반발하거나 원한을 품지 않고 한결같이 즐거운 낯으로 부모에게는 효성을 바쳤고 동생에게는 우애를 쏟았다. 때로 순은 홀로 들이나 밭으로 나가 하늘을 우러러 보고 통곡을 했다. 그러나 이때의 그의 울음은 남을 원망하거나 자신의 원통함을 하늘에 호소하는 것이 아니었다. 도리어 자책과 자기반성의 울부짖음이요 한탄이었다. 그는 다음과 같이 하늘에 읍소(泣訴)했다.

「저의 효성이 부족하여 어버이로부터 꾸지람을 듣고 정성이 모자라 동생의 미움을 받는 것입니다. 저를 벌해 주십시오.」

순에 대한 시련은 계속되었다. 악독한 계모는 마침내 순을 홀몸으로 내쫓았다. 쫓겨난 순은 규수(潙水)라는 강가에 있는 역산(歷山) 기슭에 터를 잡고 조촐한 초가집을 세우고, 비바람을 피했다. 그리고 새벽 일찍 들에 나가, 맨손으로 황무지를 개간하며 농사를 짓기 시작했다.

성실하고 부지런한 순은 많은 수확을 올렸다. 그러자 소식을 들은 계모와 동생이 달려와 곡식을 나누어 달라고 억지를 썼다. 그래도 착한 순은 웃는 낯으로 성큼 내주었다. 지성이면 하늘도 감동한다[至誠感天]. 하늘은 나이어린 순을 보살피고 위안해 주었다. 봄철이면 숲에 뻐꾹새들이 떼 지어 날아와 즐거운 노래를 불렀고, 울타리에는 사시사철 울긋불긋 화려한 꽃들이 피어났다.

순은 집안 식구에게만 효성을 바친 것이 아니라, 마을 사람들에게도 사랑과 친절을 베풀었다. 마침내 주위의 모든 사람들을 감동시키고 또한 덕으로써 교화하게 되었다. 순이 역산(歷山)이란 지방에서 농사를 지으면 그 곳 사람들이 감화되어 서로 논밭의 두둑을 양보했다. 순이 뇌택(雷澤)이란 곳에서 고기를 낚으면 사람들이 서로 낚시터를 양보했다. 순이 강가에 가마를 설치하고 오지그릇을 구우면, 그곳 도공들도 그를 따라 정성껏 오지그릇을 만들었음으로, 그곳에서 구워내는 오지그릇은 실하고 반듯하고 아름답고 좋았다.

이렇듯이 이웃사람들이 감화되어 그가 사는 마을에 선량한 기풍이 넘쳤으며, 그의 이름이 전국으로 알려지게 되었다. 한편 그의 덕을 흠모하는 사람들이 전국에서 모여들고, 더욱 번창하게 되었다. 이렇게 하여, 순은 이미 20세 때에 지극한 효성으로 세상 사람들을 감동시켰고, 30세에는 그의 감화력과 명성이 전국적으로 알려지게 되었다.

(2) 천자의 사위가 된 젊은이

바로 그 무렵에 노쇠한 요제가 천하를 물려줄 만한 덕 있는 인물을 찾았고 이에 사악(四嶽)들이 이구동성으로 순을 천거했던 것이다.

이에 요제는 순을 자세히 알아 보고자 했다. 그래서 여러 사람을 풀어 순의 사람됨이나, 가정에서의 효성이나, 또는 마을 사람들에 대한 영향력 등을 상세하게 조사를 했다. 과연 순은 타고난 천성이 총명하고, 재주가 있고, 성실하고 부지런하여 역경을 극복하고 적수공권으로 자립하고 어느 정도의 부를 축적했음을 알았다.

특히 순의 효성은 지극하고 감동적인 것이었다. 앞을 못 보는 아버지가 계모와 그녀의 소생과 한 패가 되어, 전처의 자식인 자기를 학대하고 내쫓기까지 했다. 그래도 착한 순은 마음속에 원한을 두지 않고, 부모에게 효성하고, 동생을 사랑으로 도와주었다. 한편 순은 마을 사람들을 잘 지도하고 교화했다. 특히 탁월한 능력을 발휘하고 솔선수범(率先垂範)함으로써, 모든 면에서 생산성을 높였으며, 동시에 사람들을 잘 계몽하여 마을 전체가 사랑과 협동의 기풍으로 넘치게 했다.

이상과 같은 보고를 받은 요제는 긍정적인 평가를 내리며 생각했다.

「그만하면, 개인적 인품이나, 가정면에서의 효제(孝悌)의 실천이나, 사회적인 감화력이나, 다 합격하고도 남는다. 이제부터는 자기 자신의 가정 다스리기와 국가적 차원에서의 정치능력을 시험해 보자.」

이에 요제는 속으로 곰곰이 생각했다. 「그가 계모에게 학대받고 쫓겨났으니, 자기 멋대로 장가를 갈 수 없을 것이다. 또 악독한 계모가 그를 장가들이지도 않을 것이다. 그러니 별 수 없이 천명(天命)으로 그를 장가들이고 가정을 꾸미게 하자.」

요제는「하늘의 명[天命]으로 순을 장가들게 하기 위하여, 자기의 두 딸을 순에게 내려 처로 삼게 했다. 이에 대한 논란이 많다. 즉「순을 대효(大孝)라고 하면서 어찌 부모의 승낙 없이 제멋대로 장가를 들게 했느냐?」이와 같은 논란을 제기하는 사람은 결국 효도(孝道)의 본래의 깊은 뜻을 모르고 하는 소리다. 효도는 종국적으로는「하늘의 도리를 따르고 실천하는 덕행」이다. 그러므로 우매하고 악덕한 부모가 설혹 반대하고 방해를 해도, 참다운 효자는 선행(善行)으로 그들을 감동시키고 종국적으로는 그들을 선화(善化)해야 한다. 그러므로 하늘을 대신한 요제가 어리석고 완고한 부모를 제치고 순에게 자기의 두 딸을 주고 가정을 꾸미게 한 것이다. 아울러 요제는 자기의 9명의 아들을 순의 집에 보내서, 그의 가정을 여러 모로 돕게 했다. 요제의 의도는 바로 순이 자기 가정을 잘 다스리고 또 남들을 잘 교화하고 화목하게 할 수 있는 가를 시험코자 했던 것이다.

요제의 큰딸은 아황(娥皇)이고, 작은 딸은 여영(女英)이었다. 아무리 상고 때의 전설이라 해도 천자의 두 공주를 일개

아황(娥皇)과 여영(女英)

평민에게 내려준 처사는 파격이었다. 그만큼 순이 높이 인정받았다는 증거이기도 하다.

여기서 독자를 위해 한마디 부언하겠다. 오늘의 정서로는 옛날의 일부다처제(一夫多妻制)가 쉽사리 납득되지 않을 것이다.

그러나 원시적 모계씨족(母系氏族) 사회를 지나 남성 중심의 부가장제(父家長制)로 들어서기 시작한 당시에는 일가 자손의 번성을 위하여 여러 아내를 거느릴 수도 있었다. 특히 천하를 다스릴 천자의 경우는 하늘로부터 선택된 혈통의 자손들이 많이 태어나 각지로 퍼져야 한다. 그래야 모든 지방을 통일적으로 다스릴 수가 있을 것이다. 그러므로 옛날의 천자나 임금은 왕후 이외로 여러 명의 왕비를 두고 자손을 번창케 했던 것이다.

오늘에는 인구를 억제할 필요가 있고 또 키우기 힘들다고 산아제안을 권장하고 있으나, 사회의 규범은 때와 장소에 따라 다르게 마련이다.

요제는 부마 순에게 삼베옷과 거문고를 하사했고 광대한 농토와 많은 가축들과 또 큰 곡물창고까지 지어 주었다. 참으로 꿈에도 상상할 수 없는 일이 현실로 나타난 것이다. 하루아침에 천자의 부마가 되어 엄청난 부와 호강을 누리게 되었으니, 이것이 하늘의 조화가 아니겠는가?

그러나 속이 깊고 덕이 높은 순은 오만하지 않았다. 전과 다름없이 부지런히 땀 흘려 일하고 씀씀이를 절약했으며 부모형제 및 이웃에게는 전보다 더 겸손했고 친절과 사랑을 베풀었다. 그의 처, 아황과 여영도 어질고 착하게 부도(婦道)를 잘 지켰다. 천자의 딸로 귀하게 자란 그들이었으나 남에게 교만하지 않고, 부지런히 가사를 돌보고 살림을 늘려나갔다. 사치하지 않고 허름한 옷을 걸치고 비천한 농부의 아내로 밭에 나가 고된 농사일을 잘 거들었다.

고집 세고 심술 많은 시부모와 시동생에 대해서도 절대로 상을 찡그리는 일 없이 항상 상냥하게 대하고 잘 받들고 도와주었다. 이를 본 요제는 속으로 미소 지으며 흡족하게 여겼다.

(3) 슬기로운 내조와 위기의 극복

① 불 속에서 살아남은 순 : 친정아버지 요제와 반대로, 시댁의 공기는 험악하기만 했다. 자기들이 내쫓은 순이 아름답고 지체 높은 두 공주를 아내로 삼고 부귀영화를 마냥 누리게 되

자, 그들의 가슴속에는 시기와 질투가 지옥의 불길처럼 일고 있었다. 그 중에도 탐욕하고 잔인한 이복동생 상은 마침내 형을 죽이고 거문고와 두 공주를 차지하기로 결심했다. 그리고 어머니와 결탁했다. 원래부터 순의 막대한 재산을 가로채려는 흑심을 품고 있던 간악하고 음흉한 계모는 즉시 호응하고 앞 못 보는 남편을 끌어들였다.

이튿날 이복동생 상이 형, 순을 찾아와 말했다.

"형님, 아버지께서 내일 곳간을 수리하시니 형님도 와서 거들라고 하셨어요."

"알았다. 가서 일하겠다고 여쭈어라."

순은 태연스럽게 대답했다. 그러나 예민한 육감으로 뒤에 음흉한 계략이 깔려있음을 감지하고 즉시 이에 대한 대비책을 두 부인과 의논했다.

하늘이 내린 요제의 딸로 총명한 두 부인은 그들의 악독하고 음흉한 계략을 훤히 꿰뚫어 보고 있었다. 그러나 내색하지 않고, 조용히 태연하게 말했다.

"설사 흉계가 있다 해도 걱정 말고 가서 거드세요. 저희들이 알아서 대비책을 강구하겠어요."

이튿날 아침에 두 부인은 날개옷을 순에게 입혀주며 말했다.

"이 옷을 입고 계시면 설사 변이 일어나도 무사히 모면하실 수 있습니다. 만약에 불이 나거든 이 옷을 날개처럼 양쪽으로 벌리고 펄떡이세요. 그러면 새같이 하늘로 날아오를 수 있습니다."

효성스런 순은 광 안으로 들어가 정성껏 일을 했다. 그러자 갑자기 쾅하는 굉음과 함께 붉은 불길이 치솟고 사방이 불에 휩싸였다. 본래 상이 순을 광 안에 가둔 채로 불태워 죽이려 했던 것이다. 이에 순은 부인의 말대로 두 팔을 벌려 새같이 날개 짓을 하고 치솟아 하늘을 타고 아무도 모르게 자기 집으로 돌아왔다.

한편 자기들의 계략대로 순을 처치했다고 확신한 범죄자들은 회심(會心)의 음흉한 미소를 지으며 떼 지어 순의 가재와 아내를 가로채려고 몰려왔다. 그러나 이게 어찌된 일인가? 죽었어야 할 순이 먼저 자기들을 보고, 반가운 낯으로 맞이하는 것이 아닌가? 악당들은 어안이 벙벙하여 한동안 멍하니 서 있다가 말끝도 제대로 맺지 못하고 돌아섰다.

순(舜)의 사당

② 용이 되어 살아남은 순 : 그렇다고 회개하고 단념할 그들이 아니었다. 두 번째로 순을 우물 속에 넣고 생매장하려는 잔인한 흉계를 꾸몄다. 이번에는 아버지 고수가 나섰다. "얘, 순아! 지난번에는 수고했다. 이번에는 우물을 치고자 하니 와서 앞 못 보는 나를 도와다오."

"네, 분부대로 하겠습니다." 순은 화하고 밝은 낯으로 쾌히 승낙했다. 그리고 즉시 두 부인과 의논을 했다.

"이번에도 걱정 마시고 가서 우물을 치세요. 가실 때는 저희들이 지어드리는 '용문(龍紋)의 옷'을 속에 받쳐 입으세요."

이튿날 아침, 현명하고 정숙한 두 부인이 순에게 용문 옷을 받쳐 입히면서 자상하게 일러주었다. "다급하실 때에는 겉옷을 벗고 용문 옷만 입고 계셔요. 그러면 용같이 조화를 부릴 수가 있습니다."

순은 의심하거나 주저하는 기색도 짓지 않고 성큼성큼 우물로 가서 밧줄을 타고 우물 속 깊이 내려갔다. 발이 밑바닥에 닿는 순간이었다. 갑자기 줄이 끊어지고 흙더미가 머리 위로부터 쏟아져 내렸다. 그러나 순은 당황하지 않았다. 즉시 겉옷을 벗고 용의 옷차림을 한 용으로 변신했다. 그리고 순은 우물 바닥 물줄기를 타고 멀리 떨어진 강물 밖으로 솟아 나왔다.

이번에도 순은 내조의 공으로 보통 사람으로서는 상상도 할 수 없는 조화를 부리고 위기를 모면했으며 집에 돌아와 한가롭게 거문고를 타고 있었다. 한편 우물 위에서 흙을 쏟아 내린 간특한 상이 고수에게 큰소리로 말했다.

"이번에는 틀림없이 죽었습니다. 이 일은 처음부터 제가 꾸몄으므로 저의 공이 큽니다. 그러나 전리품 처분에 있어서는 부모님께 큰 몫을 드리겠습니다. 형의 전답, 가옥, 곡물, 가축 등 일체의 재산은 부모님이 차지하십시오. 저는 거문고와 두 공주만을 취하겠습니다."

세 악당들은 덩실덩실 춤을 추면서 순의 집으로 갔다. 그런데 이건 또 어찌 된 일이냐? 순이 대청에 앉아 '투 당 탕, 투 당 탕' 거문고를 퉁기고 있는 것이 아닌가.

상은 덜컥 겁이 났다. 저것은 분명 사람이 아니다. 한을 품고 횡사한 유령이나 귀신이다. 형의 원귀가 한풀이를 하려고 자기 오기를 기다리고 있으려니 생각해 보니 오금이 저리고 치가 떨렸다. 악당들은 이번에도 걸음아 나 살려라 하고 되돌아갔다. 어두운 밤하늘에는 초롱초롱 별이 반짝이고 있었다.

③ 독주를 마시고도 살아남은 순 : 하늘은 사랑으로 만물을 창조하고 또 만물을 키운다. 사람을 만물의 영장이라 했거늘 어찌하여 인간의 마음속에는 남을 죽이고 남의 재물을 탈취하여 나 혼자 잘살려는 악덕이 뿌리 깊게 심어져 있을까?

악당들은 다시 세 번째의 흉계를 실천에 옮겼다. 고수의 생일잔치에 순을 불러 독주를 먹여 독살하려고 계략을 세웠다. 그리고 악독한 계모가 앞장섰다.

"얘야, 순아! 내일이 아버님 생신이다. 와서 뵈어라."

"여부가 있겠습니까. 그렇지 않아도 아버님 생신 잔치에 필요한 물품을 막 사람으로 하여금 보내 올렸습니다."

순의 두 부인은 밤새 탕약을 끓였다. 이튿날 시댁에 가기에 앞서 순에게 탕약을 마시게 하고 또 온몸에 약을 발라주며 말했다. "무슨 음식이든 술이든 걱정 말고 다 드셔요. 여하한 독이라도 다 해독할 것입니다."

순이 색다른 복장이 아닌 평복차림으로 나타나자 계모와 상은 서로 눈을 찡긋하고 내심으로 좋아했다. 상은 속으로 생각했다. 「부친의 생신 날이 바로 형의 초상 날이 될 것이다.」

잔치 상에는 산해진미가 상다리가 휘어지도록 놓여 있었다. 앞 못 보는 고수는 코를 실룩대며 계속 기름기를 집어먹었고 포악한 상은 식식대며 연거푸 술 사발을 들이켜고 형에게 내밀었고 음흉한 계모는 생글거리며 순에게 독주를 철철 넘치게 따랐다.

순은 권하는 대로 주는 대로 먹고 마셨다. 반나절이 지나 햇살이 기울 때까지 태연자약한 자세로 먹고 마셨다. 한편 세 사람은 이제나저제나 하고 순이 쓰러지기를 기다렸으나 어찌된 영문인지 순은 술에 취해 비틀거리지도 않고 또 독에 걸려 쓰러지지도 않았다. 도리어 계모와 상이 초조한 빛을 띠기 시작했고 마침내 동생 상이 먼저 술에 취해 곤드라지고 말았다.

"아버지와 어머님도 피곤하실 테고 동생도 취했으니 저는 이만 물러가겠습니다."

순이 일어서려 하자 계모가 만류하며 수선을 떨었다.

"게을러빠진 인간들이 술도 제대로 못 마시고 쓰러졌구나. 너는 실하여 술도 아직 취하지 않았으니 좀 더 마셔라. 너에게 주려고 특별히 담은 꽃술이 있으니 한 잔만 더 들고 가거라."

간악한 계모는 독을 푼 꽃술을 순의 술잔에 넘칠 듯이 부었다. 주전자 끝이 미묘하게 떨리는 것을 눈이 밝은 순은 잘 보았다. 그러나 순은 개의치 않고 술잔을 한 입에 들이키고 빈 잔을 계모에게 내밀며 말했다.

"과연 천하일품의 명주로군요. 맛이나 향기가 그윽하니 어머님도 한 잔 드세요. 제가 아버님 생신을 축하하는 뜻으로 따라 올리겠습니다."

"참으로 너의 효성이 지극하구나. 허나 어디 내가 술을 마실 줄 아느냐, 나 대신 네가 한 잔 더 마셔라."

순은 독주를 다시 한 잔 의연하게 비웠다. 그리고 하직 인사를 정중히 올리고 자리에서 일어나 뚜벅뚜벅 걸어서 뜰을 지나 대문 밖으로 나갔다.

계모는 분노에 찬 독살스런 눈으로 그를 바라보며 알 수 없다는 듯이 고개를 갸우뚱했다.

『한 방울이면 알아볼 독주를 진종일 마시고도 저렇듯이 멀쩡하다니? 이는 필경 하늘이 보호하고 있음이니라.』

하늘에 대한 두려움과 양심의 죄책감을 느낀 그들은 다시는 순을 살해할 생각을 갖지 않게 되었다.

사람은 천성으로 총명한 사람이 있고 태어날 때부터 우매한 사람이 있다.

총명(聰明)은 곧 「귀가 밝고 눈이 밝다.」는 뜻이다. 귀가 밝아야 정신적으로 소리 없는 하늘의 계시를 듣고 눈이 밝아야 자연의 현상을 보고 정신적으로 하늘의 도리를 터득할 수 있다.

 그러나 우둔하고 어리석은 사람은 동물적 욕심만을 채우려고 날뛰다가 자타를 파멸케 한다.

(4) 관문을 통과하고 선양을 받음

 ① 정치능력에 대한 시험 : 순은 나이 20세에 대효(大孝)로 세상에 알려졌고, 30세에 요제에게 등용되어 크게 세 가지 면에서 능력을 시험받았다. 즉 집안 다스리기와 정치 능력과 아울러 자연 다스리기의 셋이었다.

 요제는 칠흑 같은 어두운 밤에 순을 산 속에 버려두었다. 그리고 뇌신(雷神)으로 하여금 번개와 천둥을 쳐 천지를 진동케 했다. 그 속에서 순이 무사히 탈출할 수 있는 가를 시험하기 위해서였다.

 눈동자가 두 개인 순은 밤 눈도 밝았으며 천문과 지리에 통달한 순은 폭풍우 속에서도 침착하게 길을 찾았다. 한편 그의 인자한 사랑과 덕성이 자연 만물에게 통했음으로 그는 호랑이 등을 타고 하산했다. 이렇게 순은 자연 다스리기 시험을 무난히 통과할 수 있었다.

다음의 관문은 제가(齊家)와 치국(治國)이다. 그 핵심은 모든 사람들로 하여금 서로 사랑하고 서로 어울려 협동하고 화목케 하는 일이었다.

그렇게 할 수 있어야 공동체로서의 가정이나 나라가 평화롭고 모든 백성들이 행복을 누릴 수 있다. 그러므로 후세에도「가정에서 부모에게 효도하고 형제가 서로 우애하는 것이 인덕을 실천하는 기본이다.」[5]라고 가르쳤다.

앞에서 본대로 순은 혹독한 가정적 시련을 슬기로운 부인들의 내조로 극복했다. 또 순은 초인간적인 사랑과 인내로써 자기에게 해를 끼치려는 계모와 동생을 감화하여 끔찍한 악덕을 저지르지 않게 해주었다.

가정은 사회의 기본 단위이다. 가정의 구성원인 가족들로 하여금 서로 사랑하고 서로 협동하여 집안에 평안과 기쁨이 넘치고 동시에 온 가족들에게 풍요로운 삶을 누릴 수 있게 해주는 것이 제가의 요체이다.

---

5) 孝悌也者 爲仁之本與 〈논어〉.

그와 같은 「제가의 능력」은 바로 백성들을 교화하고 인도하여 잘살게 해주는 「정치 능력」에 이어진다. 제가(齊家)의 연장이 곧 치국(治國)이다.

순은 사회적으로도 탁월한 지도력을 발휘했다. 그는 부인들과 힘을 합쳐 농사를 짓고 부를 축적했다. 아울러 성실과 덕행으로 모든 사람들을 감화하고 사회의 기풍을 순화했다. 그 결과 순을 중심으로 그 일대의 고을이 다 번성하고 주민들이 풍요로운 삶을 누리게 되었다. 이에 요제는 크게 만족했으며 순의 능력과 공적을 인정하고 그를 섭정(攝政)에 임명하고 자신은 은퇴하여 뒤에서 보살피기로 했다.

요제는 천자의 자리에 오른 지 70년을 넘겼고 또 노쇠했다. 그래서 젊고 능력 있고 감화력이 뛰어난 효자 순을 섭정에 등용하여 그로 하여금 정치경험을 쌓게 한 것이다.

② 섭정이 된 순의 공적 : 섭정에 임명된 순은 많은 공을 세웠다. 사기에는 여러 가지 어려운 내용에 대한 기록이 상세히 적혀 있다. 그러나 여기서는 몇 가지만을 추려 보이겠다.

우선 순은 우(禹)를 등용하여 치수와 국토개발을 했다. 다음으로 후직(后稷)에게 농사일을 맡겨 사람들이 배부르게 먹고 살 수 있게 했다. 그러나 국토개발이나 식량생산 못지않게 중요한 것이 바로 사람에게 윤리와 도덕을 깨우쳐 주고 실천케 하는 교육이다. 그러므로 순은 설(契)을 사도(司徒 : 교육장관)에 임명하고 말했다.

『배불리 먹고 따뜻하게 옷 입고 안락하게 살되 가르침이 없으면 금수와 다를 바가 없다. 그러니 그대가 만민에게 윤리를 가르치고 따르게 하라.』[6]

그리고 순은 다음의 다섯 가지 오교(五敎) 오상(五常)을 백성에게 깨우치고 실천케 했다.

『부자간에는 육친애가 넘쳐야 한다. 군신은 서로 예의를 지켜야 한다. 부부는 내외의 분별을 지켜야 한다. 위와 아래는 질서를 지켜야 한다. 붕우 간에는 신의가 두터워야 한다.』[7]

이상의 「오교(五敎) 오륜(五倫)」은 인간관계를 잘 다스려 주는 기본 윤리이다. 윤리는 하늘의 도리를 바탕으로 서로 사랑하고 함께 잘살기 위한 공동생활의 원리이다. 하늘의 도

---

6) 飽食煖衣 逸居而無敎 則近於禽獸 汝爲司徒 敎以五倫.
7) 父子有親 君臣有義 夫婦有別 長幼有序 朋友有信.

리는 정신적으로 터득하는 것이다. 그러므로 총명해야 쉽게 깨닫고 행할 수 있다. 우둔하면 동물적인 욕심에 사로잡혀 남을 살상하고「동물적, 이기적, 물질적」욕구만을 채우려고 한다. 그러므로 서로 싸우고 서로 뺏기 내기를 하며 결과적으로는 서로 피곤하고 서로 멸망한다.

오늘의 인류세계가 바로 윤리도덕을 소외하고「나만의 동물적 욕심」을 채우기 위해 서로 싸우고 있다. 그래서 위기에 빠져있는 것이다.

서로 사랑하고 협동하는 윤리 도덕을 따르고 실천해야 재물이나 과학 기술이 유익하게 활용된다. 반대로 윤리를 상실하면 재물이나 기술을 무력화하고 남을 죽이고 남의 것을 탈취하는데 골몰하게 될 것이다. 그러한 세계가 곧 지옥이다.

적극적으로 도덕성을 높인 순(舜)은 한편으로는 악덕한 짓을 하는 나쁜 자들을 법으로 다스리고 응징했다. 즉 고요(皋陶)를 사법관에 등용하고 사회 질서를 어지럽히는 자들과 범법자들을 엄하게 벌주었다.

그러나 순의 치적에서 가장 빛나고 높이 평가해야 할 공적은 그가 예치(禮治)의 정통(正統)이 될 예악(禮樂)을 제정하고 보급시킨 일이다. 예(禮)와 예치(禮治)의 뜻은 다음과 같이 깊다.

『하늘에 귀중한 제물을 고여 바치고 하늘에 제사를 올리고, 하늘로부터 계시를 내려 받는다. 그 계시는 곧 하늘의 도리이다, 하늘의 도리는 곧 천도. 천도를 받들고 따르고 실천하여 복을 내려 받는 정치가 곧 예치(禮治)이다.』

그러므로 예치의 내면적인 참뜻은 「천도(天道) 천리(天理)를 따르고 실천하는 다스림」이다. 이러한 다스림에 있어 의식을 갖추고 문물제도를 제정하고 예의를 지키는 등등의 외면적인 꾸밈이 곧 예(禮)다. 우주나 천지에는 질서와 위계(位階)가 엄하게 있다. 따라서 예치에도 위계와 질서가 엄밀하다. 하늘을 모시는 천제(天祭)는 천자가 지내고 토지 신과 곡신(穀神)을 모시는 지기(地祇)는 제후(諸侯)가 지내고 일반 사대부(士大夫)는 자기 선조에게만 제사를 드린다.

고대의 예치에서 음악은 중요한 자리를 차지했다. 음악은 자연의 절주(節奏)를 타고 하늘과 땅의 신령이나 귀신들과 조화를 이루고 함께 번성하기 위한 감정순화의 바탕이다. 즉 사람의 감정이나 정서를 자연과 더불어 순화하는 것이 음악이다. 이와 같은 음악의 효율성을 잘 알고 있는 순은 기(夔)를 전악(典樂 : 음악의 장관)으로 임명하고 백관(百官)에게 품위 있는 음악을 가르쳐 사람의 감정과 정서를 순화하게 했다. 선비들이 음악에 맞추어 시를 읊으니 그들의 성정(性情)이 바르고 고르게 잡히었다. 성(性)은 정신적 이성이고 정(情)은 육체적 감정이다. 이에 이성과 감정이 조화되어 고귀한 덕성을 지니게 된다. 따라서 정치에 참여하는 사대부들이 천도를 따르고 높이고 또 조화된 덕성으로 어진 정치를 폈던 것이다.

(5) 순의 덕치와 선양

하늘에 제사를 드리고 하늘의 도리를 따르고 실천한 고대의 선비들은 강직하면서도 온화했고 관대하면서도 엄격하게 공무를 수행했다.

천하가 순을 칭찬했으며 치수의 공을 세운 우(禹)가 대표자로 나서서 순의 덕을 높인 구소(九韶)의 음악을 궁중에서 연주했다. 이에 봉황새들이 날아와서 축하했으며 순도 오현금(五絃琴)을 타면서 남풍가(南風歌)를 읊었다.

『훈훈히 남풍이 불어오니
 백성들의 서러움이 풀리고
 남풍이 불어올 때에

백성들의 재물이 쌓이노라.」[8]

한편 별이 찬란하게 반짝이고 상스러운 구름이 훈풍을 타고 나부끼자 신하들은 경운가(卿雲歌)를 화창(和唱)했다.

『상스러운 구름이 아름답게 퍼지고

어울려 빛나는 무늬를 이루네.

해와 달이 빛나고

아침이 되고 또 아침이 되네.」[9]

순이 섭정에 올라 이십 년 간에 걸쳐 혁혁한 공을 세운 것을 확인한 요제는 마침내 사악(四嶽)을 대동하고 하늘에 제사를 지내고 천자의 자리를 순에게 선양했다.

이때 순의 나이 50세였다. 그러나 순은 즉시 자리에 오르지 않고 그대로 섭정으로 있으면서 요제를 보필했다. 그가 사리에 오르지 않은 이유는 크게 두 가지 생각에서였다. 하나는 친부모에게도 신임을 받지 못하는 처지에 어찌 만민의 어버이 자리에 오를 수 있겠느냐 하는 것이었고, 다른 하나는 요제가 생존해 계시며 또 그의 친아들 단주(丹

---

8) 南風之薰兮 可以解吾民之慍兮 南風之時兮 可以阜吾民之財兮.
9) 卿雲爛兮 糺縵縵兮 日月光華 旦復旦兮.

朱)가 있으니 마땅히 자리를 그에게 양보해야 옳다는 생각에서였다.

요제는 순에게 선양한 지 8년 만에 향년 118세로 승하했다. 그 때에 순의 나이는 58세였다. 그는 삼 년 상을 경건히 마치고 천자의 자리를 단주에게 물려주기 위하여 깊은 산 속으로 몸을 숨겼다.

그러나 조정의 중신들과 백관은 단주를 따르지 않고 순을 찾아 와서 천자에 오르기를 간청했으며 만백성들도 순을 우러러 받들었다. 『아! 하늘의 뜻이로다.』

순은 61세에 자리에 올랐다. 천자가 된 순이 제일 먼저 한 일은 고향으로 가서 예를 갖추어 늙은 고수에게 고하고 인정을 받는 일이었다. 노부모와 동생은 회한의 눈물을 흘리며 순에게 용서를 빌었고 순은 두 팔을 활짝 벌려 이들을 뜨겁게 품었다. 특히 동생 상을 유비국(有鼻國)의 영주로 봉했다. 유비국은 장강(長江) 이남의 나라로 그곳 사람들은 코끼리를 잘 부렸다고 전했다. 그 후 39년이 지나 순의 나이 백 살이 되었다. 남쪽을 순수(巡狩)하던 순제는 창오(蒼梧)라는 곳에서 운명했다. 급보를 받고 달려온 두 황후들은 순을 구의산(九疑山)에 묻었다. 그리고 얼마 후에는 비탄에 지새던 두 황후들도 상수(湘水)라는 강가에서 이슬처럼 스러졌다. 전하는 말에는 상수의 여신으로 화했으며 강가에 자라고 있는 대나무의 얼룩무늬는 그녀들의 피눈물 자국이라고 한다. 순임금에게는 상균(商均) 이라는 아들이 있었다. 그러나 불초(不肖)했음으로, 순은 죽기 전에 자리를 치수의 공이 큰 우(禹)에게 선양했다.

후세 사람들은 「요임금과 순임금, 두 대의 덕치」를 「요순지치(堯舜之治)」라고 높게 칭송한다.

구의산(九疑山)

제3편 후예(后羿)와 우왕(禹王)

 한자 「옛 석(昔)」은 「≈」과 「⊖」을 합친 글자다. 위의 「≈」은 물의 파도를 나타내고 아래의 「⊖」은 태양을 나타낸다. 즉 「홍수와 한발」을 합친 글자를 가지고 옛날의 뜻을 나타냈다.

 제4편은 하(夏) 왕조 때의 한발과 홍수에 얽힌 신화와 사화를 추렸다. 한발에 관한 신화의 주인공은 활을 잘 쏘는 후예(后羿)와 그의 아름다운 부인 항아(姮娥)다. 그리고 홍수에 관한 신화의 주인공은 우(禹)임금이다.

 태고 때에 「열 개의 태양」이 동시에 떠올라 지상세계를 초토화한 불상사가 발생했다. 이에 하늘땅을 다스리는 천제(天帝)가 활을 잘 쏘는 후예(后羿)에게 지상에 내려 「아홉 개의 태양」을 쫓으라고 명했다. 천제는 후예에게 위협사격만을 가하고 죽이지는 말라고 당부했다. 그러나 의협심이 강한 후예는 「아홉 개의 태양」을 쏘아 죽였다.

옛날부터 토지가 넓고 강의 물줄기가 긴 중국에서는 자주 치명적인 홍수에 시달여야 했다. 그러므로 국가적인 차원에서 대대적 토목공사를 벌려 홍수 피해를 막으려 했던 것이다.

태고 때의 치수를 성공한 사람이 바로 우(禹)임금이다. 그는 자기 부친 곤(鯀)의 뒤를 이어 치수를 성취했으며 그 공으로 순(舜)임금의 선양(禪讓)을 받고 천자에 올라 하(夏) 왕조를 세웠다.

1. 후예(后羿)와 항아(姮娥)

(1) 태양은 생명과 빛의 근원

태양은 생명과 빛의 근원이다. 만약 하늘에 태양이 없으면 우리는 어떻게 될까? 우주의 인력체계(引力體系)와 질서가 무너지고 따라서 별들이 궤도를 잃고 곤두박질하다가 서로 충돌하여 산산 조각나고 말 것이다.

물론 우리가 살고 있는 지구도 안전할 수 없다. 수많은 별 중에 작은 별에 불과한 지구도 언제 다른 큰 별과 충돌하고 폭발하여 형체도 없이 공중 분해할지 모를 일이다. 생각만 해도 끔찍하고 몸서리칠 노릇이다. 그러나 실제로는 백억 년 이상을 두고 태양이 건재했고 따라서 별들도 질서정연하게 태양을 중심으로 운행하고 있으니 걱정할 필요가 없다.

그러한 걱정을 기우(杞憂)라고 한다. 옛날에 기(杞)라는 나라에 사는 한 사람이 『하늘이 무너지면 어떻게 할까』하고 안절부절 했다

후예(后羿)

는 고사가 열자(列子)라는 책에 있다.

 태양은 빛의 근원이다. 만약에 태양의 빛이 없다면 우리는 공간도 시간도 인식할 수가 없게 되고 따라서 우리는 삶도 의식할 수가 없게 된다. 의식 없는 삶이 곧 동물적 생존이다.

 동물적 생존만으로는 역사와 문화의 창조적 발전을 기대할 수 없다. 또한 시간과 공간을 식별할 수 없는 어둠 속에서는 삶도 죽음도 느끼지 못한다. 결국 빛이 있으므로 유무생사(有無生死)를 의식하는 것이다. 무의식 속에서는 죽음도 없다. 그런데 생각이 부족한 사람들은 제대로 삶을 의식도 못하면서 엉뚱하게 죽음만을 지레 겁낸다.

 태양은 또 열의 근원이다. 태양열이 있기 때문에 만물이 얼어붙지 않고 생명을 지니고 살아서 변화하고 음과 양이 어울려 짝짓기를 하고 새끼를 낳고 번식한다. 태양이 적당하게 열을 우리에게 내려주지 않는다면 만물은 얼어붙고 혹독한 동토(凍土) 속에서 동면(冬眠)을 하며 화석처럼 굳어질 것이다.

 물론 사람들이 좋아하는 화끈한 사랑도 나누지 못하고 따라서 자손 번식도 기대할 수가 없을 것이다.

 태양은 바로 우리의 생명과 생활을 보장해주는 근원이며

더없이 고마운 절대적 존재다. 그러므로 태양계에서는 태양신(太陽神)이 절대신(絕對神)이다.

그런데 그 고마운 태양도 하늘에 하나만 있고 또 적당한 거리에서 인력과 빛과 열을 적당히 주기 때문에 하늘의 질서가 유지되고 또 조화 속에서 만물이 삶을 누리면서 번식한다. 특히 인류는 태양의 은혜를 입고 문화를 창조하고 동시에 역사적으로 발전하고 있는 것이다.

그러나 하늘과 땅이 미처 굳어지지 않고 또 질서도 제대로 잡히지 못했던 초창기에는 오늘과 같이 태양이 하나만 있지 않고 여러 개의 태양이 있었다. 따라서 우주 천지가 말할 수 없는 혼란 속에서 우왕좌왕 했던 모양이다.

바꾸어 말하면 우주 천지가 오늘과 같은 질서와 안정을 얻기까지는 오랜 세월을 기다려야 했다. 그러므로 태고 때에는 오늘의 우리들로서는 상상조차 할 수 없는 기괴한 변고가 수없이 발생했을 것이다. 그 증거로「하늘에 열 개의 태양이 일시에 나타나 땅을 불태웠다.」는 황당무계한 신화가 전해지고 있다.

열 개는 고사하고 만약에 서너 개의 태양이 동시에 나타난다면 지상세계가 어떻게 될까? 욕심쟁이는 무엇이던지 많으면 많을수록 좋다는 식으로 태양도 많으면 좋다고 할 지 모른다.

그러나 큰일 날 소리를 하면 안 된다. 셋은 고사하고 두 개만 있어도 우주 천지가 온전하게 지탱되지 못한다. 그러므로 모든 것은 알맞게 있고 또 적절하게 작용해야 한다. 그것이 중용(中庸)의 도리이다. 중용의 도리는 곧 우주의 변치않는 도리이다. 우주 천지 만물은 전체적인 조화 속에서 생성(生成) 변화(變化) 번식(繁殖) 발전(發展)하고 있다.

자연법칙을 포함한 우주의 이법(理法) 즉 천도(天道)를 전통사상에서 중용의 도리라고도 한다. 중용의 도리는 곧 영원히 변치 않는 올바른 하늘의 도리다. 그러므로 사람은 하늘의 도리를 따라야 탈 없이 살고 또 발전할 수 있다. 사람들이나 국가가 하늘의 도리를 기준으로 하지 않고 동물적 이기적 욕심을 바탕으로 행동하기 때문에 서로 싸우고 쟁탈하는 비극이 발생하는 것이다.

오늘의 세계 인류는 자연과학 면에서는 자연법칙 즉 천도를 엄격하게 따르고 지킨다. 그러므로 과학적 성과를 잘 거두고 있다. 그러나 정치나 경제면에서는 우주의 조화를 무시하고 오직 나의 탐욕을 채우기 위해 파렴치한 짓을 서슴없이 한다. 그래서 오늘의 인류사회가 위기에 처하게 된 것이다.

결국 인류가 위기를 초래한 근본 요인은 대아(大我)를 망각하고 소아(小我)만을 고집하기 때문이다. 소아만 알고 대아를 모르는 것이 곧 무식이다. 그러므로 하늘은 옛날부터 성현(聖賢)을 통해서 우주적 차원에서 전체를 포괄하고 영원한 가치를 추구할 것을 가르치게 한 것이다.

(2) 하늘의 무질서와 변고

① 철부지 태양의 아들이 저지른 재난 : 우주 천지 만물은 시간의 흐름에 따라 더욱 발전한다. 인류문화도 수십만년에 걸쳐 점진적으로 발전하여 오늘의 찬란한 역사와 문화를 이룬 것이다. 그러나 태고 때에는 지상세계만이 아니라 천상세계도 연륜(年輪)이 어린 탓으로 제반사에 율이 확고하게 잡히지 못했고 따라서 왕왕 뜻밖의 변고가 발생했던 것이다. 그러므로 요(堯)임금 때에 뜻하지 않은 변고가 있었다.

후세에는 천재지변(天災地變)을 인간의 죄를 응징하기 위해 하늘이 내리는 천벌의 일종으로 해석했다. 그러나 무위자연의 덕치(德治)를 편 요임금 때의 천재(天災)는 사람의 잘못을 응징하기 위한 것이 아니고 역시 하늘이 미숙했기 때문에

야기된 비극이라고 해석해야 한다.

요임금은 최고의 성제(聖帝)로 천도천리를 따라 천하를 다스렸고 또 천하 만민을 인덕(仁德)으로 양육했다. 그러므로 백성들은 격양가(擊壤歌)를 읊으며 태평성세를 구가했다. 그런데 뜻하지 않은 이변이 일어났다. 즉 일시에 열 개의 태양이 떠올라서 지상세계를 초토화했던 것이다.

하늘을 잘 섬기고 하늘의 도리를 잘 따른 요임금 때에 어째서 이러한 참극이 발생했을까? 천상천하로 신하를 파견하여 조사한 결과 요임금은 다음과 같은 사실을 알게 되었다.

「이번의 변고는 천제(天帝)의 뜻이 아니고 어처구니없게도 하늘의 철없는 태양의 아이들의 장난에서 비롯된 사고였다.」

그러므로 요임금은 즉시 천제에게 알리고 활을 잘 쏘는 후예(后羿)를 지상에 파견하여 바로잡게 해달라고 청을 했다.

② **천제와 요임금의 관계** : 우리는 먼저 천상세계와 지상세계의 기본적 차이점을 알아야 한다. 천상세계는 무형(無形)의 세계이다. 한편 지상세계는 유형(有形)의 실체(實體)의 세계이다. 이 점을 분명히 알아야 한다. 영(靈)의 세계를 사람은 오관(五官)을 통해서 감지할 수 없다. 그러므로 하늘나라는 없다고 속단하고 영계(靈界)의 실재를 믿으려 하지 않는다.

한편 지상세계는 오관을 통해 감지할 수 있는 실체의 세계이다. 만물은 형체가 있고 또 모든 생물들은 스스로 삶을 영위하고 있으며 아울러 암[雌]과 수[雄]가 짝짓기를 해서 번식한다. 그 모든 것이 나타나고 보이게 마련이다. 그러나 하늘나라는 영혼의 세계라 시간이나 공간의 제약을 받지 않고 언제나 어디에서나 기능 할 수 있다. 비록 형체가 없어 사람의 눈에는 보이지 않아도 기능이나 작용의 결과는 지상에 나타나게 마련이다.

 천제는 천상과 천하를 다스리는 절대자다. 한편 지상세계를 다스리는 요임금이「무위자연의 덕치를 한다.」는 뜻은 곧「보이지 않는 하늘의 도리 즉 천도(天道)를 따르고 실천해서 지덕(地德)을 세운다.」는 뜻이다. 결국 하늘을 다스리는 천제도 지상에 책임이 있고 땅을 다스리는 요임금도 하늘의 도리와 불가분의 관계에 있다. 그러므로 요임금의 간청을 받은 천제가 즉시 조치를 취해야 했던 것이다.

 한편 지상세계에 모든 위계(位階) 질서(秩序) 법칙(法則) 및 제도(制度)가 다 하늘의 그것을 본 딴 것들이다. 그러므로 사람들의 눈에는 보이지 않지만 하늘나라에도 최고의 통치자 천제를 중심으로 여러 천신(天神)들이 제마다의 위치에서 직책을 수행하고 있게 마련이다.

하늘과 땅 사이의 가장 큰 차이점은 천상세계에서는 남을 죽이고 남의 재물은 탈취하는 일이 없지만 지상세계에서는 인간이 개인적으로나 집단적으로나, 사리사욕(私利私慾)을 채우기 위해서 서로 싸우고 살상하고 남의 재물을 탈취한다는 사실이다. 그래서 지상세계를 악덕세계라 하고 하늘나라를 천국이라고 하는 것이다.

사람도 심령(心靈)이 발달하면 성인(聖人)이 되고, 반대로 육신(肉身)을 위주로 하고 탐욕을 부리면 야차(夜叉)로 전락한다. 우주 천지 만물을 창조하고 시간과 공간을 통합적으로 다스리는 최고의 절대가 천제(天帝)다.

천제도 시간과 공간에 따라 그 위상이 다르게 마련이다. 십만 년 전의 천제와 오늘의 천제의 위상은 같지 않고 또 지상세계에 대한 대응도 차이가 있게 마련이다. 즉 십만 년 전의 원시인들이 사는 지구와 오늘의 문화세계가 다르듯이 천제의 대응방식도 같지 않다. 동시에 그 밑에서 직책을 수행하는 천신(天神)들도 옛날과 오늘에는 다르게 기능하고 작용한다. 그러므로 태고 때의 발생했던 「열 개의 태양의 변고」도 이와 같은 맥락에서 고찰해 보아야 한다.

⑶ 10개의 태양이 지구를 불태우다

① 태양의 아들 십 형제 : 지금은 하나의 태양이 절대권위를 가지고 태양계의 질서를 세우고 또 자연 만물을 고르게 키워주고 있다. 태고에는 열 개의 태양이 있었다. 그들은 다 동방을 다스리는 천신(天神) 제준(帝俊)의 아들이었다. 그들 십 형제는 열 살 미만의 철부지 장난꾸러기였음으로 모신(母神)의 말을 듣지 않고 또 하늘의 율도 몰랐다. 그래서 장난삼아 열 개의 태양이 일시에 하늘로 떠올라 죄 없는 땅에 빛과 열을 마냥 쏟아 내렸다. 그 통에 지구가 초토화했던 것이다. 이에 육합(六合)이 균형을 잃고 휘청했으며 특히 불덩이 뙤약볕에 지구가 거대한 용광로로 화해 순식간에 모든 생물이 숯덩이 혹은 재로 변했다.

이러한 재난은 우주와 태양계가 굳어지지 못했던 초창기의 이변이었다. 수억 년 전에는 하늘과 땅의 교감(交感)이 제대로 이루어지지 못했던 것이다.

더욱이 철부지 어린 개구쟁이들의 장난이었음으로 하늘나라의 천신(天神)들도 처음에는 알지 못했다. 본래 해나 달은 동방을 다스리던 제준(帝俊)이라는 천신의 아들과 딸이었다. 그에게는 세 명의 왕비가 있었다. 첫 번째는 아황(娥皇)이며

아황(娥皇)과 여영(女英)의 비문

땅과 자연 만물을 낳아 키웠다. 두 번째는 희화(羲和)로 태양의 모친이었다. 세 번째가 상희(常羲)로 달을 낳았다.

하늘과 땅 사이의 불상사는 두 번째 왕비가 낳은 열 명의 아들에 의해서 발단되었다. 열 명의 아들은 십간(十干)을 따라 「갑(甲) 을(乙) 병(丙) 정(丁) 무(戊) 기(己) 경(庚) 신(辛) 임(壬) 계(癸)」로 일컬었고 또 그 순서대로 하루에 하나씩 하늘에 떠서 지상 세계에 빛과 열을 알맞게 내리게 되어 있었다.

그들은 모신(母神)과 함께 양곡(暘谷)에 자란 부상(扶桑)이라는 거목(巨木)에 살고 있었다. 부상은 높이가 수천 길이고 둘레가 천 아름의 신목(神木)이다.

어린 태양의 아들들은 어머니 희화의 지시에 따라 열흘에 한 번씩 부상을 떠나 지구 상공에 나타나 동서(東西)를 가로지르는 하루의 노정을 가면서 지상에 빛과 열을 발산하게 되었다. 그러나 그 절차가 매우 까다롭고 엄격했다.

새벽을 바라보는 인시(寅時)가 되면 부상나무 꼭대기에서 옥계(玉鷄)가 회를 친다. 그러면 도도산(桃都山)의 복숭아나무 숲에 자고 있던 금계(金鷄)들이 일제히 목청을 돋아 울고 외계로 나갔던 유귀(幽鬼)들을 불러들인다. 그 때에 비로소 지상의 모든 석계(石鷄)들이 새벽을 알리면 어머니 희화가 그 날 내보낼 아들을 깨운다. 그리고 함지(咸池)라는 못에서 말끔히 목욕을 시키고 오색이 영롱한 무지개 날개옷을 입히고 여섯 마리의 용이 이끄는 수레 즉 용거(龍車)에 태워 망망한 허공을 질풍처럼 내달리게 한다. 이때에도 일정한 궤도를 따라 달려야 한다. 한 치의 오차도 있어서는 안 된다. 또 도중에서 일각의 지체나 휴식도 허락되지 않는다. 지극히 까다롭고 구속이 많은 여정(旅程)이었다.

이러한 태양의 하루의 행보를 역경(易經)에서는 「하늘의 운행은 세차다. 그러므로 군자도 스스로 억세게 노력하고 쉬지 말아야 한다.」[10]라고 가르쳤다.

---

10) 天行健 君子以自彊不息.

② 하늘의 무질서와 지상의 재난 : 앞에서도 언급했듯이 당시 천지간에는 미처 율이 잡히지 못했고 또 태양의 십 형제들은 아직도 어렸다. 처음에는 어머니의 지시를 잘 따랐다. 그러나 청소년기에 접어들자 반항심리가 발동했는지 어느 날 아침에는 십 형제가 일제히 솟아 올라가 고삐 풀린 망아지처럼 내달렸다. 그들은 무지개 날개옷도 걸치지 않고 수레도 타지 않은 알몸으로 미친 듯이 천방지축으로 난리를 쳤다. 이에 놀란 어머니 희화가 기겁을 하고 용 수레를 타고 뒤를 쫓아가서 그들을 만류하려고 애를 썼으나 이미 때가 늦었다. 사방으로 흩어져 이리 뛰고 저리 뛰는 그들은 싱글벙글 천진난만한 웃음을 지은 채, 끝 간 데 없이 넓은 하늘을 마냥 내달리고 있었다. 말하자면 철이 덜 든 그들이 장난을 친 것이다.

그러나 하늘과 땅의 사정은 같지 않다. 영적 존재인 어린 태양의 십 형제가 이리 뛰고 저리 달리며 장난질을 쳐도 무형의 하늘나라 즉 무한대한 공간세계에서는 별로 문제 될 것이 없다. 그러나 천도의 지배를 받는 땅 나라 즉 실체의 지상세계에서는 치명적인 타격을 받게 마련이다.

일시에 열 개의 태양을 맞이한 지구는 큰 혼란에 빠졌다.

내리쪼이는 햇살은 빛이 아니라 불화살이었다. 산을 불태우고 바다 물을 들끓게 했다. 거대한 암석이 녹아 용암처럼 흘러 전답과 마을을 덮치고 휩쓸었다. 지구 전체가 용광로로 화했으니 그 참상을 어찌 말로 다 하겠는가?

사람들은 하늘을 쳐다보지도 못하고 순간에 타죽었고 바다의 물고기들은 기름 가마 속에서 튀겨진 듯 새까맣게 타 죽었다. 이대로 가다가는 지상세계는 깡그리 멸망하고 검은 숯덩어리가 될 것이다. 그러나 하늘의 철부지 악동(惡童)들은 지상세계의 참상을 헤아리지 못했다.

그들은 그저 심심풀이로 장난질을 하고 있을 뿐이었다. 허긴 예나 지금이나 지상에 사는 인간들의 딱한 처지를 하늘이 몰라주기는 마찬가지가 아닌가?

지상을 다스리던 요임금은 중신들을 소집하고 긴급대책을 강구했으며 다급한 대로 영검하다는 무당 여축(女丑)으로 하여금 기우제를 올리게 했다.

무당 여축은 남색 철릭을 걸치고 붉은 갓을 쓰고 방울을 잘랑잘랑 흔들며 목청 돋아 주문을 외며 음양 간의 모든 신령들을 불러 모았다. 그녀는 양푼에 가득 찬 탁주를 한 모금에 마시고 한바탕 덜렁덜렁 신명풀이 춤을 추고 난 다음, 날이 시퍼렇게 선 작두 위에 성큼 올라가, 눈을 부릅뜨고 불을 쏟아 내리는 하늘을 향해 앙칼진 소리로 외쳤다. "냉큼 물러 가렸다."

그녀의 호령은 준엄했다. 만약에 상대가 지상의 인간세계를 맴돌고 있는 뜬귀신들이나 혹은 삼악도에 있는 원귀들이었다면 그녀의 호통에 질려서 혼비백산하고 물러났을 것이다. 그러나 상대는 존엄한 하늘나라의 아이들이다. 비록 어려도 태양의 십 형제들이다. 그러니 지상에서 잡귀들을 상대하고 푸닥거리나 하는 보잘것없이 잔망한 무녀 따위에 기죽고 말을 들을 리 만무했다. 도리어 무당 여축이 탈진하고 식은땀을 흘리며 두 손으로 허공을 내저으며 입에 게거품을 물고 쓰러지고 말았다.

(4) 요임금의 청원과 후예의 하강(下降)

요임금은 탄식을 하며 혼잣말처럼 중얼거렸다. 『하늘에서 내리는 재화는 사람의 힘으로는 감당할 수 없다. 상제에게 구원을 청할 수밖에 별로 도리가 없구나.』

요임금은 상제에게 애걸했다.

"열 개의 태양이 밤 낮 없이 떠서 지구를 초토화하고 있습니다. 즉시 조처해 주시지 않으면 지상세계는 전멸할 것입니다."

요(堯)임금

급보를 받고 놀란 상제는 노발대발하고 즉시 동방을 다스리는 제준(帝俊)과 그의 처 희화(羲和)를 어전에 불렀다. 그리고 크게 상제는 격한 소리로 꾸짖었다.

"경들의 철부지 아이들 장난질 때문에 지상세계가 몽땅 타서 초토가 되었다는 데 그 연유를 소상히 아뢰시오."

탑전에 부복하고 있는 그들은 죄스러움에 고개를 숙인 채 입을 열지 못했다. 부인 희화가 작은 소리로 아뢰었다.

"소신이 자식 놈들 단속을 소홀히 한 탓으로 돌이킬 수 없는 재앙을 지상세계에 끼치게 되었습니다."

"당장 아이들을 불러들이도록 하시오"

"그게 여의치 못하여 송구하기 짝이 없습니다. 애당초에 자식 놈들을 틀어잡지 못한 것이 큰 화를 일으켰습니다. 이제는 때가 늦어 수습할 수 없게 되었습니다. 아뢰기 송구하오나 이미 쇤네의 품을 떠나 무한 공간으로 뛰쳐나간지라 쇤네로서는 되잡아오기 지난하게 되었습니다."

천상세계에도 태고 때에는 이렇듯이 부모의 말을 안 듣고 부모의 속을 썩이는 불효자식이 있었다. 상제는 퉁명스럽게 한마디 던졌다.

"허, 참으로 불효막심한 자식들인지고."

그리고 결연하게 한마디 덧붙였다.

"별 수 없군, 뒤처리는 짐이 알아서 할 것이오."

부모의 말을 안 듣고 인류에게 치명상을 입히는 불효막심한 태양의 아들들을 그냥 둘 수가 없다. 상제는 활을 잘 쏘는 후예를 불러 사명을 내렸다.

"경이 지상에 내려가 수고를 해야 하겠소."

"분부를 따르겠습니다. 소신이 지상에 내려가 어찌하면 되겠습니까."

"동방을 다스리는 제준의 철부지 아이들이 일시에 뛰쳐나가 태양 빛을 쏟아 내리는 바람에 지상이 초토화 되었소. 하늘에서는 아이들의 장난이겠으나 지상세계가 절멸 직전에 놓였으니 묵인할 수 없게 되었소. 그러니 즉각 하강할 차비를 차리시오."

상제는 붉은 각궁(角弓)과 옥으로 만든 백시(白矢)를 넣은 전통을 하사하며 엄하게 영을 내렸다.

"경의 탁월한 활 솜씨로 불더위에 허덕이는 인류를 구제하시오. 그렇게 되면 경은 인류의 은인으로 칭송될 것이오. 또 지상에는 인류에게 해를 끼치는 포악하고 사나운 들짐승이나 날짐승들이 많으니 당분간 지상에 남아서 금수들을 퇴치하시오. 이 자리에서 경에게 후(后)의 작호를 내리겠으니 앞으로는 후예(后羿)라 자칭하고 지상세계의 악한 자들을 정의의 무력으로 응징하고 아울러 요임금을 보필하시오."

후(后)는 뒤를 봐 주는 임금의 뜻이다. 후예는 반신반인(半神半人)이 되었다. 즉 하늘에서는 형체가 없으나 지상으로 내려가면 육신을 지닌 무사로서 요임금을 보좌하는 수호신과 같은 존재가 되었다.

후예가 전투복을 입고 부인 항아(姮娥)를 동반하고 상제에게 하직인사를 올리자, 상제는 후예의 귀에 나직한 말로 속삭이듯 당부의 말을 했다.

"철부지 아이들, 태양의 형제들을 혼을 내 주되, 절대로 살상하지는 마시오. 위협해서 그 아이들이 부모 곁으로 돌아오게만 하면 될 것이니 화살을 명중시키지 말고 슬쩍 비껴나게 하시오. 짐의 말뜻을 알아듣겠소."

"예, 명심하겠습니다."

후예는 상제의 의중을 십 분 이해했다. 위협사격만을 가하라는 뜻이었다. 따라서 후예는 그렇게 하겠다고 다짐을 하고 지상세계로 내려왔다.

(5) 아홉 개의 태양을 쏜 후예(后羿)

하늘과 땅의 차이를 생각해 보자. 하늘에 사는 천신(天神)들은 영적(靈的)인 존재이다. 그러나 그들이 땅에 내려오면 육신과 오관을 지닌 인간으로 화한다. 따라서 하늘에 있을 때보다 지상에서 보고 느끼는 모든 것이 구체적이고 또 원색적으로 생생하고 강렬하기 마련이다.

상제의 명을 받은 후예는 자기의 아름다운 처 항아를 데리고 지상세계에 내려오는 즉시 동굴 속에 움츠리고 있는 요임금을 찾았다. 어둠이 내릴 무렵 요임금을 따라 지상세계를 둘러보았다. 상상을 초월한 참상을 목도하자 분개했다. 또 폐부를 찌르는 비명과 통곡을 들은 그는 의분에 몸을 떨었다.

"이것은 철부지의 장난으로 치고 무사하게 넘길 예삿일이 아니다. 아무리 어린 장난꾸러기라도 이렇듯이 무고한 생명들을 생지옥에 떨군 죄를 묻지 않을 수 없다. 또 앞으로 인류의 안전을 보장하기 위해서도 응분의 조치를 취해야 하겠다."

인류의 입장에서 보고 느낀 나머지 인류의 편이 된 후예는 비장한 결심을 했다.

"상제는 위협만 주고 죽이지 말라고 분부했으나 그대로 내버려두면 언제 그들이 또 나타나 광기를 부리고 인류를 괴롭힐지 모른다. 더욱 지상세계를 위해서는 태양은 하나면 족하다. 열이나 존재할 필요가 없을 것이다. 이 기회에 나머지 태양들을 처치함이 좋을 것이다."

본래 태양의 어린 신들은 형체가 없는 정령(精靈)이다. 그러므로 사람들은 그들의 실체를 볼 수가 없다. 다만 그들이 발하는 열과 빛을 받고 또 둥근 모양의 해를 볼 뿐이다.

그러나 하늘의 신이었던 후예는 정령이 보인다. 그러므로 상제는 후예에게 절대로 태양의 정령인 십 형제를 쏘아 죽이지 말라고 신신당부했던 것이다.

후예는 왼손으로 적궁(赤弓)을 잡고 오른손으로 신전(神箭)을 시위에 매겨 당겼다. 그의 활 솜씨는 신묘의 경지에 들었다. 눈앞을 스치는 참새도 한 대에 쏘아 떨굴 수가 있다. 두 발을 벌리고 큰 대(大)자로 버티고 선 후예는 혼신의 힘을 기울여 화살을 날렸다. 화살은 하늘을 가르고 바로 앞에 있는 태양을 향해 일직선으로 날아갔다. 후예는 곧은 자세를 간직한 채 자기가 쏜 화살을 주시했다. 이윽고 쾅하는 굉음과 함께 앞에 있던 태양이 폭발하고 불꽃을 사방으로 뿌리며 곤두박질하고 떨어졌다.

무표정하게 석상(石像)처럼 서서 바라보던 사람들이 짧게 환성을 올렸다. 절망에 죽은 듯 하던 그들이 비로소 삶의 희망을 되찾고 술렁이기 시작했다. 화살에 관통된 태양은 떨어지면서 점차로 오므라들었다. 산기슭에 떨어진 잔해는 바로 세 발 달린 큰 까마귀였다. 말하자면 태양의 정령(精靈)인 금오(金烏)가 죽어 떨어진 것이었다.

하늘에는 아직도 아홉 개의 태양이 남아 있다. 기왕에 뽑아든 칼이요, 쏘기 시작한 화살이다. 강직하고 의협심에 불타는 후예는 날렵한 솜씨로 계속 화살을 날렸고 날릴 때마다 태양을 맞춰 떨구었다.

도합 아홉 개를 다 쏘아 떨구자 곁에서 요임금이 손을 뻗어 그만두라는 신호를 하며 다급하게 말했다.

"그만! 되었소. 하나의 태양마저 쏘아 떨어뜨리면 도리어 큰 변을 당합니다. 지구가 어둠에 묻히고 모든 생물이 얼고 전멸합니다. 활을 거두고 돌아가 쉬십시오."

하늘땅에는 다시 질서와 평화가 돌아왔다. 산천에는 푸른 꽃이 피어났고 맑은 샘물이 졸졸 흘렀다. 동물과 인간들도 예전처럼 춘하추동 사계절을 따라 생명을 누리고 발랄하게 날뛰고 또 짝짓기를 하고 자식이나 새끼들을 낳고 더욱 번식했다.

후예는 만백성으로부터 생명의 은인으로 높이 칭송되고 또 지상 세계의 수호신으로 대접을 받았다. 그리고 후예는 전국을 두루 돌면서 사람을 해치는 맹수와 농작물이나 가축을 해치는 사나운 금수를 처치했다.

후예가 퇴치한 맹수 중에는 알류(猰貐)라는 괴수(怪獸)도 있었다. 알류는 본래 하늘의 신이었으나 원통하게 피살되어 곤륜산(昆侖山)에 떨어진 것을 무사(巫師)가 되살려 용두호조(龍頭虎爪 : 용의 머리와 호랑이 발톱)와 우신마족(牛身馬足)을 지닌 괴물로 변신케 한 것이다. 다른 하나는 흉수(凶水)에 살고 있던 머리가 아홉 개 달린 구영(九嬰)이라는 악용(惡龍)이었다. 마지막으로 후예는 상림(桑林)에서 봉희(封豨)라고 불리는 사나운 큰 돛을 잡아 죽였다.

(6) 하늘에서 추방된 후예의 비극

① 천제의 노여움을 산 후예 : 후예의 공으로 모든 요괴들을 퇴치하고 지상세계의 안온을 회복한 요임금은 경건한 마음으로 불계(祓禊)를 지냈다. 특히 후예는 자기가 마지막으

로 퇴치한 덫을 상제에게 제물로 바치고 아뢰었다.

"소신 소임을 완수하였습니다. 태양의 신동(神童)들의 장난을 응징하고 아울러 지상의 괴수(怪獸) 요금(妖禽)들을 퇴치하여 검수(黔首 : 무명색한 백성)들을 편히 살게 뒤를 봐주었습니다. 원하오니 소생 내외를 다시 천상으로 복귀할 수 있게 윤허해 주십시오."

그러나 어찌된 일일지 천제는 후예가 바친 제물을 물리치고 노한 어조로 꾸짖듯이 말했다.

"지상에서 경이 수행할 소임이 아직도 많으니 귀환할 생각을 말고 더 체류하시오. 당분간은 경들 내외가 하늘나라로 돌아오기 어렵게 되었소."

"어인 연고인지 우둔한 소신 알 수가 없습니다."

"지난번에 심이 철없이 날뛰는 아이들을 위협만 하고 살상하지 말라고 당부한 일을 경은 기억하리다."

"예, 잘 알고 있습니다. 그러나 막상 내려가 보니……."

"막상 내려가 보니 어떻단 말이오."

"전멸 직전에 몰린 인류의 참상이 너무 참혹하였습니다. 소신은 그 참상을 목도하는 순간에 참을 수 없는 의분에 넘쳐 저도 모르게 취한 행동이 해망쩍게 되었습니다."

"그러니 탈이란 말이오. 순간적으로 민망한 생각이 들기로서니 사람들의 편만을 들고 아홉 개나 되는 어린 정령들을 비정하게 죽게 한 처사는 크게 잘못한 일이오. 그러므로 그들의 부친 제준을 위시하여 모든 하늘의 신들이 노발대발하고 그대 내외의 신적(神籍)을 몰수했던 것이오. 그러니 짐으로서도 경들의 귀환을 허락할 수가 없게 되었소. 그리 알고 당분간 지상에서 근신하고 계시오."

말인즉 듣기 좋게 근신이라 했으나 결국은 천국에서 추방된 것이다. 그 순간 후예 자신도 뒤늦게나마 자기가 취한 과격한 짓을 뉘우치게 되었다.

상제의 말을 잘 아로새겨서 태양의 정령들을 위협하여 제자리에 돌아가게 하고 동시에 지상의 인류도 구제하는 양자구전(兩者俱全)의 길을 택할 것을 잘못했구나 하는 죄책감을 떨칠 수 없었다.

그러나 천성이 다혈질인 그는 격하기 쉬웠고 또 지나치게 활 솜씨를 자랑하고 싶었던 것이 크나큰 화근이 되어 마침내 천국에서 추방되는 비운을 초래했던 것이다.

이제 와서 후회한들 무슨 소용이 있으랴. 이미 엎지른 물이다. 다시 거두어 담을 수 없다. 그는 영겁의 업고를 등에 지고 험난한 고해에서 부침 할 수 밖에 별 도리가 없게 되었다. 그러므로 만사를 슬기롭고 냉철하게 처리해야 한다.

② **남편을 원망하는 항아** : 결국 활 잘 쏘는 후예와 그의 아름다운 처 항아가 함께 하늘로 돌아갈 수가 없게 되었다. 후예는 지나치게 인정(人情)에 쏠리어 천심(天心)을 저버린 탓이라 하겠지만 항아는 죄 없이 천국에서 추방되었으니 그 억울함과 울화를 남편에 대고 풀 수밖에 도리가 없게 되었다.

"당신이 미욱하게 사람의 편만을 들고 동방을 다스리는 제준의 아들 형제들을 우악하게 죽였으니 천벌을 받은 것이오."

당연한 짜증이었다. 더욱이 그녀가 목자를 부라리고 악다구니를 쓰는 가장 큰 이유는 다름이 아니었다. 하늘에서는 불로불사(不老不死)로 영생할 수 있으나 지상세계에서는 시시각각으로 늙고 쇠퇴하고 종국에는 죽어 쓰러져야 하지 않는가.

"당신은 죄 값을 친다 하겠으나 죄 없이 천국에서 추방되고 또 영생을 잃고 지상에서 늙어 추한 몰골로 죽어야 할 나는 뭐냐 말이오. 나의 원통함을 누가 보상해 줄 것이오."

이들 부부는 하늘에서는 더없이 금실지락(琴瑟之樂)을 누리던 신이었다. 그러나 지상에 추방된 두 사람은 철천지 원수가 되어 자나 깨나 싸움이 낭자했고 마음 편할 때가 없었다. 우직하고 고지식한 후예는 참다못하여 집을 버리고 조용한 심산유곡을 찾아 방랑의 길에 올랐다.

울적한 가슴을 달래며 정처 없이 헤매던 후예는 우연한 기회에 복비(宓妃)라는 절세미인과 일시나마 사랑을 나누게 되었다. 복비는 원래 낙수(洛水)의 여신으로 그녀의 아름다움은 천하에 칭송되고 있었다. 전국시대의 위대한 시인 굴원(屈原)은 이소(離騷)에서 다음과 같이 읊었다.

『나는 운신(雲神)을 그의 수레에 태워 절색 미인 복비를 찾게 했다. 나는 옥대를 풀어 그녀에 대한 사랑을 표했으며, 복희의 현신(賢臣)에게 중매를 부탁했으나 그녀는 착잡한 마음으로 오락가락 결정을 못하고 마침내 나의 소청을 물리쳤노라. 그녀가 밤에 돌아가는 서쪽은 바로 곤륜산 밑 약수가 흐르는 시발점이다. 그녀가 강에서 치렁치렁 검은머리를 씻을 재, 엄자산에 아침 햇살이 눈부시게 떠오르네, 절세의 미모를 지닌 그녀는 산림 깊이 숨어, 초연하고 교만한 체 어울리려 하지 않노라, 어이 하리 저렇듯 무정하고 연줄 대기 어려우니 그녀를 단념하고 물러나 다른 임이나 찾아보리라.』〈원문 생략〉

조식(曹植)도 낙신부(洛神賦)에서『복비의 자용이 하늘을 나는 기러기 같고 구름을 타고 승천하는 용처럼 화사하다. 멀리

서 바라보면 새벽안개를 날리고 떠오르는 태양 같고 가까이 보면 푸른 물결에 나부끼는 백련 꽃과 같았다.」라고 읊었다.

(7) 후예(后羿)와 하백(河伯)의 결투

풀죽고 낙담한 후예가 터덜터덜 낙수 가를 걷다가 뜻하지 않게 번득 눈에 뜨인 미인이 바로 하백(河伯)의 부인 복비였다.

하백도 본래는 하늘나라의 신이었다. 그러나 그의 본성이 질정치 못하고 바람기 많고 행실이 경솔했음으로 하늘에서 추방되어 강물을 관장하는 하백으로 전락했던 것이다.

그러므로 그는 지상에서도 노상 방탕했고 닥치는 대로 강물에 접근하는 미녀들을 낚아채서 물귀신으로 만들기 일쑤였다. 이에 천하의 백성들이 그를 원망하고 미워했다. 그렇다고 그의 타고난 악한 성품이 고쳐질 리 만무했다.

유유상종(類類相從)이라고 했

하백(河伯)과 복비(宓妃)

다. 같은 부류들이 모이고 어울려 패거리를 만든다는 뜻이기도 하다. 그러므로 하백 주변에는 많은 악령들이 예속되어 있었으며, 자칫 비위가 틀리거나 심술이 나면 난데없이 세상을 어지럽히기 일쑤였다.

하늘에서는 악한 용들을 풀어 폭풍우를 휘몰아치게 하고 지상에서는 온갖 이매망량(魑魅魍魎)들을 시켜 산천초목을 황폐하게 만들고 또 강이나 바다에 거센 파도를 일으켜 배를 뒤집고 해일을 일게 했다.

그러므로 사람들은 무격(巫覡)을 시켜 봄과 가을 두 차례씩 정기적으로 예쁜 처녀를 하백의 화신인 용왕에게 바쳐야 했던 것이다. 그러니 잔혹하고 포악한 하백과는 다른 그의 처, 복비는 한시도 즐거울 수가 없었다. 항상 우수에 젖은 낯으로 낙수(洛水) 가 후미진 곳에 홀로 앉아 들국화를 바라보는 것이 유일한 즐거움이었다. 그러던 어느 날 그녀는 우연하게 실의에 빠져 방랑하던 후예와 상봉하게 되었던 것이다.

흘긋 주고받은 시선이었으나 두 남녀의 가슴에는 왈카닥 뜨겁게 박히는 것이 있었다. 그래서 절세미인 복비와 영웅호걸 후예는 구름과 안개가 엉키듯이 어울렸다.

우아하고 청초한 한 송이 들국화 같은 복비는 이내 우람하고 강직하고 소탈한 영웅 후예의 품에 안기었다. 두 사람은 난생 처음으로 애틋하고 감미로운 사랑에 빠졌다. 특히 앙칼진 아내에게 구박만 받아오던 후예는 비로소 남녀의 정겨운 사랑의 기쁨을 새삼 알게 되었던 것이다.

그러나 그들 유부남과 유부녀의 사랑과 밀회는 오래 지속될 수 없었다. 천하의 악당 하백이 방해를 했던 것이다. 평생 자기 아내를 소박했던 하백이지만, 자기 아내 복비가 천하의 영웅 후예를 가까이 한다는 소문을 듣자 생트집을 잡고 까탈을 부리기 시작했다. 한편 후예도 자기의 아내 항아의 앙칼진 투기와 광적인 발악에 부대끼다 지쳤던 것이다. 조석으로 밥도 제대로 얻어먹지 못한 후예는 항아를 멀리 피하고 항상 집밖으로 나가 객지를 맴돌고 방황했다.

이렇게 같은 불행한 처지에서 방황하던 두 사람은 더욱 서로가 서로를 위로하고 의지하려고 접근했으며 마침내는 생명을 걸고 밀회를 거듭하게 되었다. 그 결과 후예와 하백이 정면으로 대결하게 되었다. 비열하고 음흉한 하백은 후예의 출중한 무력에 크게 겁을 먹고 정면대결을 피했다. 부하 졸개들을 사방으로 출몰시켜 그를 혼란에 빠뜨리고 최후에 자기가 나타나 일격을 가할 심산이었다.

그러나 태양의 정령들을 백발백중으로 퇴치한 후예는 비굴한 하백의 간계를 미리 알고 만반의 대비책을 강구했다.

 하백은 천둥 번개로 천지를 진동하고 억수로 비를 쏟아 사람들의 혼을 뜨게 한 다음 자신은 백용(白龍)으로 변신하고 해일을 일으켜 바다에서 치솟아 하늘로 올랐다가 급선회하고 지상에 있는 후예를 내리 덮쳤다. 그러나 신통력을 갖춘 후예는 즉시 백용의 정체를 간파하고 침착하게 화살을 날려 그의 왼쪽 눈을 맞추었다. 어처구니없이 싱겁게 승부가 났다. 마누라 빼앗기고 싸움에 패한 하백은 하늘로 달려가 상제에게 자기의 억울함을 호소했다.

 그러나 전부터 질정치 못한 하백을 탐탁지 않게 여기고 있던 상제는 도리어 그를 꾸짖었다.

 "평소의 네 놈의 악덕이 재화를 초래한 것이다. 후예가 네 한 쪽 눈을 남겨 준 것을 고맙게 여기고 앞으로는 직책을 충실히 이행하라. 강물을 잘 다스려 사람들에게 은혜를 베풀도록 하라."

 상제의 심판도 내렸다. 그 속에는 지상에서 상처 입은 남녀를 측은하게 여기고 은근히 두둔하려는 뜻도 숨어 있었다. 즉 잔인한 남편에게 버림받은 아내 복비의 「새 사랑 추구」를 용인하고 동시에 지나치게 남편을 들볶는 앙칼진 항아를 피해서 방랑하는 후예의 입장도 동정하는 듯이 보였다.

그러므로 오늘날에도 인간에게 유린되고 버림받은 남녀가 서로 만나 저마다의 서러움을 달래고 있는 것일까. 참되게 사랑하는 부부를 하늘은 보호하고 기뻐한다. 그러나 부부라는 이름을 악용하고 배필을 학대하는 나쁜 사나이를 하늘은 용서하지 않는다.

(8) 달나라로 도망간 항아

① 서왕모(西王母)가 준 불사약(不死藥) : 후예와 복비의 밀회가 싸움으로 확대되었고 종국에는 상제의 심판까지 받았으니 당사자들의 가정불화는 돌이킬 수 없게 되었다.

그러나 비열하고 잔인한 하백과 강직하고 인정 많은 후예 사이에는 그 처리에 있어서 천양지차(天壤之差)가 있었다.

하백은 복비를 두들겨 패고 내다 버렸다. 그녀를 알몸 알거지로 만들어 들판에 내다 버렸다. 물론 후예가 쫓겨난 그녀를 거두어들이고 아무도 모르게 깊은 동굴 속에 보호했다.

한편 후예는 자기의 본처 항아를 완전히 소박 놓지 않았다. 맞닥뜨리기만 하면 악다구니하는 항아에게 포근한 정을 느끼거나 줄 수는 없었다. 그러나 자기 때문에 하늘에서 추방되고 지상에서 남편의 사랑도 받지 못하고 나날이 노쇠하고 시들어 가는 항아를 불쌍하고 측은하게 여겼다.

후예는 양심적으로 생각했다. 이유야 어떠했건 크게 어긋나고 뒤틀린 부부의 정과 사이가 옛날의 원앙으로 되돌아갈 수는 없다 해도 최소한 자기의 힘과 책임으로 그녀에게 불로불사(不老不死)의 길만이라도 터주거나 가능하

서왕모(西王母)

면 혼자만이라도 하늘로 되돌려 보내려고 애를 썼다.

지성이면 감천이라. 어느 날 밤에 서왕모(西王母)가 꿈에 나타났다. 서왕모는 높이가 만 길이 넘는 곤륜산(昆侖山)에 살고 있는 신선(神仙)이다. 표범의 꼬리와 호랑이 어금니를 지니고 있으며 머리에는 관을 쓰고 천지간의 악령이나 여귀(厲鬼)들을 쫓는 신통력을 지니고 또 지상세계에 자비를 베

푸는 여신(女神)이기도 했다.

그녀는 세 마리의 푸른 새를 날려 사방의 영산(靈山)에서 약초를 채집하여 불로불사의 약을 만들고 후예의 꿈에 나타나 말했던 것이다.

"내게로 오너라, 그대에게 불로불사의 약을 주리라."

곤륜산은 땅에서 하늘에 오를 수 있는 가장 높고 또 험준한 산이었다. 둘레에는 새털조차 띄울 수 없는 약수(弱水)라는 심연(深淵)이 있고 그 안쪽에는 사시사철 불을 뿜는 화산들이 중첩하여 인간의 힘으로는 범접할 수 있는 곳이 아니었다.

그러나 용감하고 신통력을 지닌 후예는 온갖 난관을 극복하고 천신만고 끝에 곤륜산 마루터기에 당도했다. 서왕모가 요지(瑤池)에서 목욕을 하고 분장을 마치기를 기다려 후예는 서왕모에게 현신했다. 이미 후예의 억울함을 알고 불쌍하다고 생각하고 있던 서왕모는 반갑게 그를 맞아하고 환대했다. 그리고 호로병(葫蘆瓶)을 내주며 말했다.

"이 알약은 천 년에 한 번 결실하는 불사수(不死樹)의 열매로 빚은 영약이다. 오직 두 알이 있을 뿐이니 소중히 간직하고 있다가 동짓날을 기해서 먹어라. 단 이 선약은 그대 내외가 같은 시각에 한 알씩 나눠 먹어야 한다. 그래야 그대들이 지상에서 불로불사하고 또 금실지락(琴瑟之樂)을 되찾고 언제까지나 행복하게 살 수 있다. 만약에 혼자서 두 알을 다 먹으면 육신은 쓰러지고 혼만 남아 승천하게 될 것이니 명심하거라."

기쁨에 넘친 후예는 하직인사도 제대로 못하고 다급히 하산하여 처 항아 앞에 선약을 내보이면서 말했다.

"서왕모 할머니가 준 영약이오. 이 알약을 먹으면 늙지도 않고 또 죽지도 않는 다 하셨오. 다만 길일을 택해서 복용하라 하셨오. 그러니 이번 동짓날에 각자 하나씩 나누어 먹고 함께 행복과 영생을 누립시다."

"당신은 복비 년에 홀딱 빠져 이곳에서 오래 살고 싶겠지만, 나는 싫어요. 지긋지긋한 지상에서는 단 하루도 머물고 싶지 않아요. 그런데 내가 그 알약을 먹고 언제까지나 당신들의 꼴사나운 수작을 보고 있으란 말예요. 당장 나는 죽어도 좋으니 당신들이나 둘이서 하나씩 나누어 먹고 천년만년 즐겁게 사세요."

"짜증을 삭이고 차분하게 내 말을 들어보시오. 우리는 하늘에서 맺은 부부가 아니오. 그러므로 서왕모 할머니가 우리들의 금실을 되돌리려고 특별히 영약을 내려 주신 것이오.

항아(姮娥)

또 이 약은 본색이 천신(天神)이라야 효험이 있지 지상의 인간들에게는 약효가 없다 하였소."

"그렇다면 당신이나 혼자서 두 알을 다 드시구려."

"혼자서 두 알을 다 먹으면 즉각 육신을 잃고 영화(靈化)되어 하늘로 뜬다 하였소."

"육신을 잃고 영혼만 남는단 말이요?"

"잘은 모르겠으나 아마 그런가 보오."

그러자 항아는 조소하는 말투로 뇌었다.

"육신이 쓰러지면 그년과의 육체적 일락을 누리지 못할 테니 당신도 약을 안 먹겠다 그 말이구려."

"여보 곡해하지 말고 결기를 삭이고 고정하시오."

"참으로 당신은 뻔뻔하시오."

후예는 그 이상의 대꾸를 않고 자리를 피했다.

② 애정의 갈등과 항아의 파멸 : 여기서 남녀의 애정에 얽힌 희비(喜悲)의 굴절에 대해 잠시 살펴보겠다. 인간도 동물이다. 그러므로「식색을 본으로 한다.(食色本也)」음식을 먹어야 개체(個體)를 보전(保全)하고 건강하게 활동하고 일 할 수 있다. 동시에 남자와 여자가 짝짓기를 해야 지식을 낳아 키우고 종족을 번성케 한다.

이와 같은 본능은 하늘이 내려준 본능이다. 거부하거나 기피할 수 없다. 누구나 반드시 따르고 행하는 본능이다. 그러나 사람의 경우는 음식을 먹을 때나 짝짓기를 할 때나 천도천리를 따르지 않고 지나친 욕심을 따른다. 그래서 서로 싸우고 다투게 되는 것이다.

한편 사람들은 사치와 허영심으로 진정한 가치를 잃게 마련이다. 가난했을 때는 거칠고 나쁜 음식도 달게 들고 박색 부인도 고마운 짝이 된다. 그러나 어쩌다가 부귀를 누리면 성미가 변덕스럽게 되고 만사에 남을 탓하게 된다. 특히 남녀 간의 애정관계는 미묘하므로 잘 조절하지 못하면 뜻하지 않은 비극을 초래할 수 있다.

애정에 있어서도 남자와 여자 사이에는 현격한 심리적 격차가 있다. 도덕규범이 형성되기 전인 옛날이나 남녀 간의 불륜을 법으로 엄하게 다스리는 오늘날이나, 애정(愛情)의 심층(深層)에는 이기적(利己的) 잡물(雜物)이 끼여 있게 마련이다. 그래서 남편이 나만을 사랑하면 기쁘고 좋으나 다른 여자를 사랑하면 싫고 밉게 된다. 반대로 아내가 나를 무시하고 미워하면 진정으로 아내를 사랑할 수 없게 된다.

본래 사람은 욕심이 있음으로 남녀의 사랑 면에서도 무조건 나만을 사랑해주기를 바라고 그렇지 못하면 미워하게 된다. 그렇기 때문에 바람을 피운 남편을 철저히 증오하고 배반자로 몰아붙이고 종국에는 낯을 들지 못하게 만든다. 그래서 종국에는 남편도 잃게 되는 것이다.

대체로 남자들은 낭만적이고 바람기가 있으며 몰래 숨어서 방탕할 수도 있다. 그러나 악착하게 모든 것을 자기 손안에 검어 쥐려는 여성은 남편의 낭비나 방탕에 관대할 수가 없다.

그러므로 후예와 항아 사이의 가정불화와 싸움은 의당히 있을 수 있는 것이었다. 어느 정도의 선에서 한 발짝씩 물러나 미움을 삭히고 응어리를 풀었다면 파국에 치닫지는 않았을 것이다. 그러나 항아는 그렇지를 못했다. 증오를 넘어 복수심에 불타는 그녀는 선무당을 찾아가 의논을 했다.

"이왕 파경한 마당에 내가 지상세계에 미련 두고 남아서 추하고 역겨운 꼴을 더 볼 까닭이 없지 않소. 차라리 선약을 내가 혼자 먹고 나만이라도 천상으로 귀환하면 어떠하겠소."

생각이 깊지 못한 선무당은 씽긋 웃으며 말했다.

"잘 생각하셨습니다. 기회를 놓치지 마시고 즉각 알약을 복용하시고 승천하여 하늘나라 선녀로 환생하십시오."

여자가 투기와 증오에 타면 야차(夜叉)가 된다. 집에 돌아온 항아는 호리병의 선약을 훔쳤다. 그리고 두 알을 혼자 다 먹었다. 그녀는 돌이킬 수 없는 실수를 한 것이다.

무당은 예나 지금이나 음계(陰界)의 떠도는 유령이나 원귀를 다스릴 수는 있어도 양계(陽界)의 신령과는 통할 수 없다. 그러므로 선무당은 상제의 뜻이나 하늘의 도리를 헤아리지 못하고 다만 남편을 증오하는 항아의 편을 들고 선약을 혼자 먹고 승천하라고 점지했던 것이다.

하늘은 평화와 사랑의 세계이다. 마음이나 영혼 속에 미움을 품으면 들어갈 수 없다. 항아는 알약을 꿀꺽 삼키는 순간 『아차』하고 죄책감을 느꼈다. 그러나 이미 때가 늦었다. 알약을 훔쳐 먹은 항아는 자신의 몸이 홀연히 사라지는 것을 몽롱하게 느꼈다. 아무리 발을 굳게 내리 딛고 땅에서 떨어지지 않으려 해도 안되었다. 미풍에 날리는 안개처럼 자신이 자국도 없이 흩어져 하늘로 피어오르는 것을 느꼈다. 당황한 그녀는 눈을 부릅뜨고 위를 쳐다보았다.

칠흑의 밤하늘에는 뭇 별들이 총총히 박혀 반짝이면서 자신의 경솔한 처사를 힐난하고 있는 듯이 보였다.

"투심에 환장을 하여 선약을 혼자 다 훔쳐 먹고 남편을 홀로 땅에서 늙어 죽게 내버려 둔 악독한 계집은 용서받을 수 없다. 어찌 네가 하늘로 오르려 하느냐?"

그 순간, 눈앞에 휘영청 밝은 달이 넓은 치마폭을 벌이고 자신을 감싸줄 듯이 다가왔다.

"옳다. 저 달로 가자. 하늘에 가서 상제의 노여움을 받고 영겁의 죄인으로 낙인찍히고 살 바에는 차라리 음계를 지배하는 달나라에 묻혀 살자."

항아는 두 손을 뻗어 계수나무 가지를 움켜쥐고 매달렸다. 그리하여 달 위에 두 발을 딛으려는 순간이었다. 전신이 뒤틀리고 위축되었다. 그리고 눈 깜짝할 사이에 추악한 두꺼비로 화하고 말았다. 결국 그녀는 검은 두꺼비로 변한 것이다.

③ 남자와 여자에게 주는 교훈 : 원래 그녀는 하늘나라에서 아름다움을 자랑하던 최고의 미인이었다. 그러므로 오늘날에도 그녀를 동정하여 월궁항아(月宮姮娥)라고 부른다. 그러나 달의 검은 반점은 실은 초라한 몰골로 오뇌하고 있는 두꺼비의 어두운 그림자일 것이다. 일념지차(一念之差)란 말이 있다. 선과 악, 아름다움과 추악함, 사랑과 증오가 가슴속에서 오락가락하고 있거늘 그 결과에 따라서는 극락과 지옥이 갈라지게 마련이다. 우리는 후예와 항아의 신화를 통해서 많을 것을 배우고 깨달아야 한다. 사람은 지상의 척도나 자신의 기준을 바탕으로, 하늘을 헤아리거나 욕하면 안 된다. 더욱 하늘에 대고 화살 질을 하면 안 된다. 사람은 언제나 하늘이 내리는 축복이나 재화를 겸손하게 받아들이고 동시에 슬기롭게 중용(中庸)의 도를 바탕으로 대처해야 한다. 아울러 중정(中正)의 도를 바탕으로 각자에게 주어진 삶을 살고 자기의 책임을 수행해야 한다. 소박한 신화 속에 나타난 인간들의 심리적 갈등을 읽어야 한다.

2. 우(禹)의 치수(治水)

(1) 신화와 역사에 등장한 우

바로 앞에서 열 개의 태양을 활로 쏘아 인류를 구제한 후예에 대한 신화 전설을 기술했다. 이번에는 홍수에 얽힌 고대인의 고생을 살펴보겠다. 미리 알아두어야 할 긴요한 관점이 있다. 그것은 앞의 후예의 이야기에서 보듯 지상 세계의 문제는 사람들의 힘으로 해결해야 한다는 원칙이다.

하늘은 전지전능하니깐 지상세계의 모든 어려움도 하늘이 해결해 준다고 생각하기 쉽다. 그러나 중국의 신화에서는 지상의 문제는 인간이 해결한다고 기술한다. 하늘은 눈에 보이지 않는 도리나 법칙을 제시해 줄 뿐, 그 도리나 법칙을 따르고 활용해서 좋은 성과를 거두는 주체는 인간이다. 이것이 바로 중국의 신화나 사상의 특색이기도 하다. 이는 흡사 자연과학자가 자연법칙을 깨닫고 활용하여 좋은 과학적 업적을 성취하듯이 중국

산 모양의 옥에 새긴
우(禹)의 치수(治水)

의 전통사상은 형이상의 천도(天道)를 따르고 실천해서 지덕(地德) 세우기를 강조한다. 그러므로 우리는 중국의 신화나 전설을 흥미로운 옛이야기로만 보지 말고 그들 주인공들을 통해서 우리 자신들의 삶의 철학과 가치를 탐구하려는 의식을 배양해야 할 것이다.

홍수에 얽힌 중국의 신화 전설도 인간의 지혜와 노력을 강조하고 있다. 그러므로 대홍수와 이를 다스린 우의 이야기는 신화이자 동시에 사화이기도 하다.

우임금은 전설적 존재다. 「우(禹)」라는 한자는 본래 「도마뱀」의 모양을 그린 글자였다. 아마도 태고 때에 홍수를 막는 일에 큰 공을 세운 용신(龍神)을 우라고 했을 것이다.

우임금(禹王)을 사화에서는 고대의 성군(聖君)으로 높였다. 사기(史記)와 십팔사략(十八史略) 및 맹자(孟子) 등의 기록은 우임금을 다음과 같이 기술했다.

우는 황제(黃帝)의 후손이며, 성은 사(姒), 이름은 문명(文命)이며, 치수의 공을 세워 순임금으로부터 천하를 물려받고 하왕조(夏王朝)를 창건했다. 그 계통은 다음과 같다.

「황제(黃帝)-창의(昌意)-전옥(顓頊)-곤(鯀)-우(禹)」

(2) 홍수와 곤(鯀)의 실패

① 태고(太古)의 천재지변(天災地變) : 요(堯) 임금은 태고 때에 최고의 성군(聖君)이다. 그는 무위자연(無爲自然)의 덕치(德治)를 폈다. 그는 상제(上帝)의 뜻과 도리를 성실하게 따르고 행해서 덕(德)을 세웠다. 백성들이 폭군에게 시달리거나 악덕한 정치에 유린당하는 일이 없었다. 바꾸어 말하면 인간이 인간을 억압하고 착취하는 따위의 인재(人災)가 없었다. 그래서 백성들이 격양가(擊壤歌)를 구가했던 것이다.

그러나 태고 때에는 하늘과 땅이 제대로 고정되지 못했다. 그래서 혹독한 천재지변이 빈번하게 발생했던 것이다. 〈하늘과 땅이 도덕적으로 연결된 것은 한참 뒤의 일이다.〉

천재지변이 발생할 때마다 지구가 파괴되고 백성들이 처참하게 죽었다. 한발 때에는 후예(后羿)가 아홉 개의 태양을 활로 쏘아 떨어뜨림으로써 사람들을 구제했다.

요임금은 또 홍수에 시달려야 했다. 장장 22년에 걸쳐, 홍수가 국토를 황폐화 했다. 억수로 쏟아지는 장맛비가 황하를 위시하여 모든 하천에 범람했다. 이에 천지가 흙탕물에 잠기고 농작물이 전멸했다. 그 때의 참상을 맹자는 다음과 같이 서술했다.『요제 때에 엄청난 홍수로 인해, 온 천하가 대 혼란에 빠졌다. 대지에 넘치는 흙탕물 속에는 뱀이나 토룡들이 득실거렸고, 그 틈바구니에서 사람들이 허우적대다가 탁류에 휩쓸려 익사한 채로 떠내려갔다. 소수의 사람들만이 높은 산으로 기어 올라가 간신히 살아남을 수 있었다. 그러나 장마가 걷히고 물이 빠져도 먹을 것이 없었다. 땅 위에 쌓인 것은 진흙더미 뿐이었고 어디에서도 나무 열매나 곡물을 거두어 먹을 수가 없었다. 사람들은 허기진 채로 떠돌다가 죽었고 혹은 사나운 맹수를 피해 굴속에 은신한 채로 병들어 신음하다 죽었다.』

이러한 경우 구약성서 창세기에는 「여호와의 신이 노하여 홍수로 심판한다.」고 기록하고 있다. 즉 노한 신이 지상에 벌을 내리는 것이라고 해석했다.

그러나 요임금은 평소에도 하늘을 잘 섬겼고 또 하늘의 도리를 따랐다. 그러므로 하늘로부터 혹독한 벌을 받을 이유가 없었다. 역시 태고 때에는 우주를 주재하는 상제의 단속이 허술하여 사고가 일어난 것으로 보아야 할 것이다. 즉 태고 때에는 천지의 질서가 엄하게 잡히지 않았으며, 그 틈을 타서 악령들이 심술을 부린 것이라고 해석해야 할 것이다.

② 곤(鯀)의 실패와 그 원인 : 요임금은 무고한 사람들을 괴롭히는 악령들을 몰아내고 백성들을 구제하기 위하여 사악(四嶽)들을 불러 의견을 묻고 대책을 강구했다.

"악령을 몰아 쫓고 홍수를 막고 땅을 안정시켜 만민을 구해야 하겠소. 이러한 중대사를 감당할 적임자가 누구이겠소? 경들의 생각을 말씀해 보시오."

오랫동안 참극에 시달리고 사태의 심각성을 뼈저리게 느끼고 있던 그들은 즉시 이구동성으로 토목건축의 능숙한 곤(鯀)을 추천했다. 그러나 요임금은 가볍게 머리를 저었다.

"곤은 명문 출신이고 또 능력이 있음을 짐도 인정하오. 그러나 그는 지나치게 독선적이며 외고집이 세고 일가친족과도 화목하지 못하는 게 흠이오."

사악들이 다시 입을 모아 아뢰었다.

"많은 사람을 동원하는 대공사에는 그와 같은 신념과 결단력이 있어야 합니다. 이 일은 초미의 급사이오니 급한 대로 곤에게 명을 내리시고 차선책을 강구하심이 좋을 것입니다."

요임금은 마침내 곤에게 치수하라는 명을 내렸다. 한편 명을 받은 곤은 저돌적이며 직선적으로 공사를 벌였다. 그는 인장(陻障)의 공법을 썼다. 즉 제방을 높이 돋아 쌓고 물줄기를 가로막자는 것이었다.

그러나 그의 방법은 이내 한계점에 도달했다. 그가 채택한 「인장의 공법」은 작은 물줄기는 막을 수 있어도 바닷물처럼 넘치는 큰 홍수를 막지는 못했다.

아무리 토석(土石)으로 제방을 높이 쌓아도 범람하는 황하(黃河) 앞에는 모래성 같았다. 범람하는 흙탕물에 밀리고 쓸리어 온데 간데없이 자국도 남기지 못했다. 수년간의 노력이 문자 그대로 수포에 돌아갔던 것이다. 그는 9년 간이나 실패를 거듭했다. 이에 엄청나게 많은 인력과 막대한 재물을 축냈다.

대우치수 각석화(大禹治水刻石畵)

당시 노쇠한 요임금은 순을 등용하고 정사를 대신하게 했다. 전국을 순시하던 순이 각지에서 곤의 치수가 잘못된 사실을 발견했고 마침내 책임을 물어 벌을 내렸다.

곤을 우산(羽山)에 연금하고 그곳에서 운명케 했던 것이다. 이러한 처사에 대해 후세의 시인 굴원(屈原)은 곤을 동정하고 『명을 받고 공을 세우려 했거늘, 어찌 그를 벌주었는가?』라고 항변했던 것이다.

(3) 순(舜)이 우(禹)에게 명함

순(舜)은 다시 사악(四嶽)을 소집하고 의견을 물었다.

"곤이 실패를 했으니 치수를 누구에게 맡기면 좋겠소."

사악들은 이구동성으로 대답했다.

"곤의 아들 우가 총명하고 성실하니 부친의 뒤를 이어 치수를 완수하게 대임을 맡기시는 게 좋겠습니다."

이에 순임금은 우를 불러 말했다.

"그대에게 사공(司空)의 벼슬을 내리고 치수의 대임을 맡기니 반드시 성공하시오."

겸손한 우는 절하고 아뢰었다.

"천하의 대사를 소신이 어찌 감당하겠습니까. 설(契 : 은나라의 시조), 후직(后稷 : 주나라의 시조), 고요(皐陶 : 순의 신하) 같은 슬기로운 분들에게 하명하심이 좋을 것입니다."

그러나 순은 단호하게 명을 내렸다.

"그대가 맡아서 공을 세우시오. 그래야 나라에도 충성하고 또 그대의 선친에게도 효도하여 가문을 빛내게 될 것이오."

아들이 아버지의 뜻과 사업을 계승하고 나라에 공을 세우는 것이 곧 효도다. 대를 이어오면서 집안의 전통과 가업을 계승하고 더욱 역사와 문화를 창조적으로 발전시키는 것이 곧 효도다. 그러므로 순은 우에게 충성과 효도를 아울러 다 하라고 명했던 것이다.

우는 순에게 발탁될 만큼 뛰어난 인격과 능력을 가지고 있었다. 그는 머리가 총명했고 인품이 성실했고 또 행동이 민첩했다. 그는 인자하고 예의범절을 잘 지키고 또 언제나 어디에서나 천도에 맞게 행동했다.

그의 음성은 자연의 음율(音律)에 맞았고 그의 온화한 성품은 훈훈한 봄바람처럼 모든 사람들을 포근하게 감화했다.

치수는 우에게 있어 국가에 대해서는 충성을 바치고 부모에게는 효도를 다하는 충효겸전(忠孝兼全)의 이중적 의미를 지니고 있었다. 국토를 잘 다스려 백성을 안락하게 살게 해주는 대역사일 뿐만이 아니라 선친의 불명예를 불식하고 가문을 빛내는 중대사이기도 했다. 그러므로 치수에 임하는 우의 결의는 더없이 비장했고 그의 태도 또한 진지했다.

우선 그는 학식과 덕망이 높은 설(契), 후직(后稷), 고요(皐陶) 등 현인들의 지혜와 협력을 얻는 데 성공했다. 그리고 우는 명산(名山)과 대천(大川)에 엄숙하게 제사를 올렸고 아울러 각 지방을 다스리는 제후(諸侯)들의 신임과 협조를 얻어내기도 했다.

우는 아버지가 치수에 실패한 여러 가지 원인을 면밀히 조사하고 검토했다. 그 결과 우는 다음과 같은 결론을 내렸다.

『태고 때부터 도도히 흐르는 황하의 물줄기를 인위적으로 차단하려는 시도는 하늘의 도리에 어긋난다. 그러므로 결국은 실패할 수 밖에 없다. 가친께서 채택한 인장(陻障)의 공법은 순리가 아니다.』

그러므로 우는 천도에 순응하는 소도(疎導)의 공법을 채택했다. 즉 강물이 잘 흐르도록 물줄기를 터주고 물길을 바로잡아 줌으로서 밖으로 흘러넘치지 않게 하는 공법을 채택했다.

그는 치수의 공사를 벌이기에 앞서 전국의 지리를 살피기로 했다. 거시적 안목으로 전국의 지형과 지세를 관찰하고 아울러 황하와 양자강의 물 흐름을 바르게 파악했다. 태고 때에 이와 같은 생각을 한 우는 분명히 뛰어난 인물이었다.

그는 총명하게 머리를 썼을 뿐만이 아니라 성실한 마음가짐으로 민첩하게 행동했다. 그 결과 우는 민족적 대 역사인 치수와 국토개발을 성취했던 것이다.

(4) 우의 하(夏)나라 창건

우는 13년 간, 집을 비우고 전국을 돌며 공사에 열중했다. 어쩌다가 자기 집 대문 앞을 지나도 들어가서, 가족을 만나지 않았다. 이것을 사기에서는 「과문불입(過門不入)」이라 했다.

표면적으로는 치수(治水)라고 했으나 실질적으로는 전국적 규모의 국토 개발이었다. 그러므로 그는 구주(九州 : 중국 전 영토)를 몸소 돌아 다녀야 했다. 전국의 산천(山川)은 물론, 사람이 살지 않는 후미진 벽지에도 몸소 걸어가 지형과 기후를 살폈던 것이다. 사기에는 다음과 같이 기술했다.

『육지를 갈 때에는 수레를 타고 강물 위에서는 배를 띄우고 진흙 뻘에서는 흙 썰매[橇]를 타고 산을 탈 때에는 등산용 나막신[梮]을 신고 왼손에는 준승(準繩)을 잡고 바른 손에는 규구(規矩)를 들고, 사 계절에 따라 공사를 추진하고 구주(九州)를 개척하고 구도(九道 : 전국의 도로를 개통)하고 구택(九澤 : 전국의 택지나 호수) 가에 제방을 쌓고 구산(九山 : 전국의 산악)을 측량했다.』

사기에는 기타 지리 및 토목 공사에 관한 기록이 상세하게 적혀 있다. 〈단 지나치게 전문적이므로 생략하겠다.〉

허름한 작업복을 걸치고 조잡한 음식으로 허기를 채우고 지친 몸을 이끌고 굽은 허리로 절룩이며 전국을 걸어 다닌

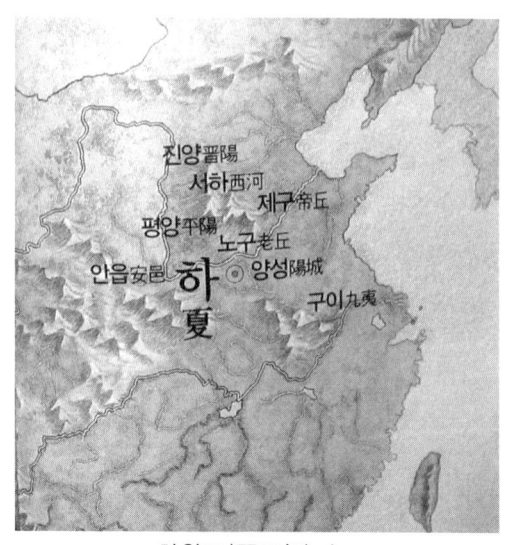

하왕조(夏王朝)지도

우의 걸음걸이를 사람들은 「우보(禹步)」라고 일컬었다.

우가 치수와 국토 개발을 성공적으로 성취하자 순임금은 그를 제후에 봉하고 현규(玄圭 : 검붉은 옥)를 하사했다. 그리고 곁에 두고 덕치(德治)의 도리를 가르쳐 주고 장차는 천하에 대권을 물려주기로 작정했다.

순임금이 창오(蒼梧)에서 붕어하자 우는 자리를 순임금의 아들 상균(商均)에게 양보하고 자신은 산 속에 몸을 숨겼다. 그러나 제후들은 상균을 따르지 않고, 우에게 와서 조례를 들고 또 정사를 의논하고 윤허를 얻고자 했다.

별수 없이 천자의 자리에 올라 국호를 하(夏)라고 불렀다. 「하(夏)」는 화(華 : 꽃필 화, 번성할 화)와 뜻이나 음이 통한다. 즉 「문화가 찬란한 큰 나라」의 뜻이다.

우임금에 관한 고사를 두 개 더 들겠다. 지방 순시에 나섰던 우임금은 노상에서 이상한 광경을 목도했다. 가까이 가서 보니 마을사람들이 떼 지어 한 사내를 혹심하게 문책하고 있었다. 이유는 그가 남의 곡식을 훔쳤다는 것이었다. 사정을 안 우임금은 그 사람의 손을 움켜잡고 눈물을 펑펑 쏟으며 말했다.

"요임금이나 순임금 때에는 백성들이 천자와 한 마음이 되어 서로 사랑하고 협동하여 천하가 태평했다. 그러나 짐의 치하에서는 사람들이 저마다 사리사욕을 채우려고 다투고 재물을 도둑질까지 하게 되었구나. 이는 결국 짐의 덕이 부족한 탓이다. 참으로 한탄할 일이다."

백성들이 죄짓는 것을 자신의 덕이 부족하기 때문이라고 눈물을 흘린 것이다. 이에 백관(百官)들이 더욱 덕치에 힘을 썼으며 그 덕풍(德風)이 각 지방의 제후를 통해 온 천하 백성에게 미쳤으며 나중에는 문자 그대로 태평성세를 이루었다.

우임금이 제후들을 도산(塗山)이라는 곳에 소집한 일이 있었다. 평소에 우임금을 존경하고 따르던 제후들은 각지에서 옥돌이나 비단을 공물로 바쳤다. 그 때에 연주했던 음악을 「대하의 음악(大夏之樂)」이라고 한다.

우임금은 지상세계의 사람들에게만 덕을 베풀었을 뿐만이 아니라 하늘과 땅의 모든 신이나 신령들도 잘 섬기고 모셨다. 그는 「아홉 개의 솥[九鼎 : 구정]」을 만들어 구주(九州)의 천제(天帝) 지기(地祇) 및 여러 귀신에게

구정(九鼎)

제사를 지내게 했다. 그 솥은 쇠[鐵]로 만들었으며 「강(强), 유(柔), 직(直)」 삼덕(三德)을 상징하는 「세 발」이 달렸다. 그러므로 천지의 모든 신령들이 그를 보우(保佑)해 주었다.

우임금이 배를 타고 강을 건너갈 때였다. 갑자기 하늘에서 황룡이 나타나 배를 뒤엎을 듯이 엄습해 왔다. 배에 탔던 모든 신하들은 공포에 떨고 얼굴이 창백하게 질렸다. 그러나 우임금은 하늘에 대고 항의를 하듯이 기구를 올렸다.

"소자는 천명을 받고 천자의 자리에 올랐으며 온갖 정성과 힘을 기우려 하늘을 섬기고 만민에게 인덕을 베풀었습니다. 그런데 어찌하여 황룡으로 하여금 소자와 측근들을 해치려 하십니까. 허기는 삶은 잠시이고 죽음은 영원한 돌아감이라 했습니다. 소자에게 하늘로 돌아오라고 명을 내리신다면 달게 따르겠습니다."

이렇게 말하고 태연자약했다. 그러자 황룡이 스스로 꼬리를 틀고 사라져 버렸다. 우임금 때에 의적(儀狄)이라는 사람이 처음으로 술을 만들어 바쳤다. 달고 향기로운 냄새를 풍기는 술을 조심스럽게 입에 대고 한모금 마신 우임금이 눈을 찡긋하며 말했다.

"장차 많은 사람들이 이 술 때문에 타락하고 또 임금 중에

술로 인해 나라를 망칠 자도 나타날 것이다."

그리고 술을 만든 의적을 멀리 국외로 추방했다.

(5) 곤(鯀)의 억울한 죽음

역사적 기록은 곤(鯀)과 우(禹)를 실제인물처럼 기술했다. 그러나 이들은 어디까지나 신화적 존재로 그 실체는 수생동물(水生動物)일 거라고 추측하는 설도 있다. 곤(鯀=鯤)은 큰 물고기이고 우(禹)는 작은 뱀이다. 이들을 의인화(擬人化)해서 홍수와 치수의 주인공으로 삼은 것이라고 추측한다. 중국 서남지방에 구전되는 민화(民話) 중에 대략 다음과 같은 것이 있다.

『옛날 곤명호(昆明湖)에 큰 물고기와 작은 용이 함께 살고 있었다. 큰 물고기가 한바탕 성질을 부리면 호수의 물이 넘쳐 주변의 마을을 휩쓸었다. 이를 본 작은 용이 싸워서 큰 물고기를 퇴치하고 다시는 포악한 짓을 못하게 했다. 그러나 작은 용도 너무나 힘겨워 죽고 말았다. 이에 마을 사람들은 호수가에 용묘(龍廟)를 지어 작은 용을 모시고 제사를 드렸다.』

이와 같은 민화가 다음과 같은 신화로 변했을 것이다.

곤은 본래 하늘에 사는 백마(白馬)의 정령이었다. 그러다가 황제(黃帝)의 손자로 지상에 태어나 요(堯)임금 때에는 숭

(崇)이라는 지방을 다스리던 추장이 되었다. 그는 강직하고 의협심이 강한 영주였으므로 사람들은 그를 「유숭백곤(有崇伯鯀) : 숭나라의 영주 곤)」이라고 높였다. 요제(堯帝)로부터 홍수를 다스리라는 명을 받은 곤은 백마의 화신답게 순식간에 천하를 일주하고 홍수의 처참한 실상을 살폈다.

옛날에는 사람이 잘못하면 하늘이 천재지변을 내린다고 생각한 때도 있었다. 그러나 후세의 유가사상은 하늘의 도리를 절대선(絶對善)의 도리로 본다.

중국의 신화의 나오는 상제(上帝)도 어디까지나 사랑과 자비의 권화(權化)이다. 그러므로 설사 사람이 잘못해도 하늘이 벌을 내린다고 생각하지 않는다. 자기가 창조한 인간을 적대시하거나 복수하려는 무자비한 하늘일 수가 없다.

만약에 사람들이 하늘의 뜻이나 도리를 어기면 그 죄 값으로 복을 못 받거나 나라를 잃고 패가망신하는 수가 있다. 그러나 우주 천지 만물을 창조하고 역사적으로 더욱 발전케 하는 하늘이 인간에게 혹독한 천벌을 내린다고 해석하지는 않는다.

그러므로 요임금 때의 한발이나 홍수도 우주를 지배하는 절대인 상제가 내린 것이 아니고「하늘과 땅이 조화하지 못한 틈바구니에서 야기된 재난이라」고 보아야 한다. 앞에서 우리는 이미 「천신 제준(帝俊)의 아이들이 한발을 일으켰음」을 보았다. 하늘나라에도 많은 신들이 있으며 태고 때에는 그들이 서로 다투고 싸우기도 했다. 천지개벽 시에도 수신(水神) 공공(共工)과 화신(火神) 축융(祝融)이 싸움을 벌인 일이 있었다.

그리고 인면사신(人面蛇身)의 공공이 패하자 분통을 터뜨리고 부주산(不周山)을 들이받아서 땅을 기울게 한 일도 있었다. 이때에도 지상의 인류들이 크게 재난을 입었고 간신히 인류의 시조이자 자애로운 어머니 여와(女媧)가 보수를 해서 지구의 파멸을 모면한 일도 있었다.

요임금 때의 홍수도 역시 하늘의 신 공공(共工)의 일족이 난동을 친 것이다. 그래서 백마의 화신인 곤(鯀)이 인류를 구제하기 위하여 용감히 나선 것이다. 그러나 홍수의 규모가 너무 크고 그 피해가 엄청났음으로 곤이 어떻게 손을 써야 할지 모르고 난감해 하고 있었다. 그 때에 작은 거북 한 마리가 아장아장 기어와서 고개를 치켜들고 말했다.

"상제의 창고에 식양(息壤)이라는 특수한 흙이 있습니다. 그 식양은 하늘에서는 좁쌀알 만한 부피지만 땅 위에서는 부풀어 큰 산더미로 변하는 흙입니다. 그러므로 그것을 갖다가 홍수를 막으면 됩니다."

"좋은 말을 들었다. 허나 그렇게 소중한 식양을 어떻게 손에 넣지? 상제에게 요청하면 주실까?"

"절대로 아니 주십니다. 그러므로 위험을 무릅쓰고 창고에 들어가 한 줌 훔쳐내야 합니다."

"어떻게 감히 하늘나라 창고에서 훔쳐낸단 말이냐?"

"홍수에 시달리는 무고한 인류를 구하기 위해서는 별 수 없습니다. 의(義)를 위해 살신성인(殺身成仁)해야 합니다."

의협심이 강한 곤은 인류를 위해 자신을 희생할 각오를 굳게 다지고 식양을 훔쳤다. 과연 식양은 영묘하게 작용했다. 범람하는 홍수를 사방으로 막아 넘치지 못하게 했다. 이에 심술궂인 홍수의 신이 상제에게 고자질을 했다.

"곤이 무엄하게도 하늘 창고에서 식양을 훔쳐 땅을 높이 돋아 올리고 있으며 장차는 하늘에까지 사람들을 기어오르게 하고자 합니다."

상제는 깜짝 놀랐다. 첫째는 궁전 창고에 감추어 둔 식양을 절취한 곤의 소행이 괘씸했다. 두 번째는 땅을 돋아 올려서 천지간의 간격을 좁히는 일도 용납될 수 없었다. 세 번째는 지상의 문제를 사람의 힘에 맡기지 않고 하늘의 신인 후예 곤이 나서서 하늘의 재물까지 절취해가면서 구제하는 일은 결과적으로 하늘을 축내고 땅을 보태주는 반역행위에 속한다.

상제는 엄벌을 내리기로 작정하고 화신(火神) 축융(祝融)을 토포사(討捕使)로 임명하고 곤을 우산(羽山)에서 처형하고 아울러 식양을 회수해 오게 했다.

인류의 입장에서 보면 곤은 고마운 의인(義人)이었거늘 처형까지 당했으니 너무나 억울하고 애석한 일이었다. 여기서도 우리는 깊이 헤아려야 한다. 왜 하늘이 곤(鯀)을 처형했을까? 어린 태양의 아들들을 활로 쏘아 떨어뜨린 후예(后羿)와 마찬가지로 곤이 고지식하게 인류의 편을 들었기 때문이다. 하늘에 적을 둔 신은 냉철해야 한다. 인간 구제를 하는 경우에도 천지간의 조화와 질서를 흩뜨리지 말아야 한다. 그러나 곤은 일방적으로 지상세계의 편을 들고 인간만을 위했던 것이다.

인류를 구하려다가 처형된 곤의 죽음은 인류 측에서 보면 너무나 애통한 노릇이었다. 그러므로 전국시대의 시인 굴원(屈原)이「공을 세우려고 애를 쓴, 착한 사람을 왜 처형했느냐?」하고 항변했던 것이다.

곤이 처형 된 우산은 북극(北極)이다. 그 곳은 영겁(永劫)의 얼음과 암흑에 갇힌 곳이다. 끝없는 한을 품고 북극에서 처형된 그의 넋은 잠들 수가 없었다. 그러므로 정령(精靈)은 곤의 뱃속에「새 생명」을 잉태하고 자라게 했다.

그래서 북극의 얼음바닥에 버려진 그의 시체는 삼 년이 되도록 생전과 같은 모습을 간직하고 있었다. 산해경(山海經)에 다음과 같은 기록이 있다.

『곤이 죽어 삼 년이 되어도 썩지 않았다. 오도(吳刀)로 배를 가르자 황용으로 변했다.』

사실은 뱃속에서 한 마리의 규룡(虯龍)이 나와 하늘로 솟아올랐다. 그러자, 곤(鯀)이 황룡으로 변해 우연(羽淵)이라는 바다 속으로 잠기었고, 그 순간에 곤(鯤)으로 변했던 것이다.

곤(鯤)은 큰 물고기의 이름이자 동시에 작은 알이기도 하다. 그를 의인화(擬人化)해서 신화의 주인공으로 삼은 것이다.

(6) 우(禹)의 정성과 효성

① 우의 집념과 정성 : 억울하게 죽은 곤(鯀)의 아들이 우(禹)다. 얼음에서 태어난 새 생명이 바로 우다.

우는 치수를 완성하고 인류를 구제하려는 집념의 결정이다. 신통력을 지닌 우는 아버지의 뜻을 계승하여 홍수로부터 인류를 구제하는 일에 온갖 열성을 바치기로 결심을 했다.

그 무렵에 요임금을 보필하던 순(舜)이 우의 탁월함을 알고 치수를 맡겼다. 우는 곤과 다르다. 곤은 정령이라 하늘땅을 오갈 수 있었다. 그러나 우는 지상에서 태어난 사람이다. 그래서 하늘에 올라가 직접 상제를 만날 수 없고 다만 하늘에 제사를 올리고 소원을 기구할 뿐이었다.

우는 먼저 억울하게 처형된 아버지의 원죄(冤罪)와 누명을 벗게 해달라고 빌었다. 또 지상의 무고한 백성들을 괴롭히는 홍수를 멈추게 해달라고 간청을 했다. 그리고 끝으로 자신에게 치수와 국토를 개발하는 지혜와 기능을 내려 달라고 빌었다.

정성이 통하여 그는 하늘에 가서 상제를 알현할 수 있었다. 총명한 우는 논리 정연하게 상제를 설득했다. 대략 다음과 같은 내용이다.

『눈에 보이지 않는 무형(無形)의 천상세계를 눈에 보이는 우형(有形)의 지상세계로 전개해야 한다. 사람은 곧 몸을 지닌 하늘의 아들딸이다. 그러므로 사람들로 하여금 하늘이 바라는 진선미(眞善美)의 지상천국을 건설케 해야 하며, 그러기 위해서는 지상세계를 안정시키고 인류를 사랑으로 품고 잘살게 해야 한다. 따라서 일부 몰지각한 천신(天神)들이 경솔하게 한발이나 홍수를 일으켜 지상의 인류를 괴롭히는 일을 못하게 막아야 한다. 저의 선친 곤이 바로 인류에 대한 의협심으로 홍수를 막으려다가 무고하게 처형되었다. 그러나 그의 아들인 저는 가친의 뜻을 계승하여 다시 홍수를 막고 지상세계를 안정되게 하고자 한다. 상제께서 저에게 많은 은총과 능력을 내려 주십시오. 아울러 저의 선친의 무고한 죄를 사하시고 원혼을 달래 주십시오.』

우의 효성에 감동한 상제는 즉석에서 그의 아버지 곤의 죄를 사하고 명예를 회복하고 그의 원혼을 달래 주었다. 뿐만 아니라 이번에는 식양을 손수 우에게 하사하고 또 옛날 황제가 치우를 퇴치할 때에 공을 세운 응룡(應龍)으로 하여금 우의 치수를 돕게 했다. 동시에 강물을 다스리는 「백안어신(白顔魚身)의 하백

응룡(應龍)이 하해(河海)를 그리다

(河伯)」이 하도(河圖)를 바쳤다. 또 산신(山神)이 나타나 용문산(龍門山) 신전에 있던 복희씨의 글을 주었다.

이렇듯이 우는 도움을 얻어 치수를 성취하고 아버지의 명예를 회복하고 인류를 구제할 수 있었던 것이다.

신화를 오직 옛이야기로만 취급하면 안 된다. 신화 속에서 삶의 철학과 인류의 역사와 문화 발전의 자취를 살펴야 한다. 오늘 우리가 누리고 있는 문화는 과거의 모든 사람들의 정성과 노력의 결정이다. 그러므로 우리도 정성과 노력을 기우려 문화 발전에 가치적으로 기여해야 한다. 우리는 착한 신화의 주인공이 되어야 한다. 악신이나 악인이 되면 안 된다.

사람이 우주의 주인이다. 시간과 공간을 초월한 절대인 하늘을 인식하고 그 하늘과 하늘의 도리를 따라 지상세계에 선과(善果)를 맺게 하는 주체가 바로 우리 자신이다.

그러므로 우리는 절대선(絕對善)의 천도(天道)를 따라 지덕(地德)을 세워야 한다.

② 효도(孝道)의 뜻과 실천 : 효도 효행은 다 천도를 따르고 실천해서 지덕을 세우는 선행(善行)이다. 이를 크게 셋으로 분류할 수 있다.

「우주적 차원의 큰 뜻과 실천 사항」

「가정적 차원의 뜻과 실천 사항」

「개별적 차원의 작은 뜻과 실천 사항」

등이다. 나누어 간단히 설명하겠다.

⟨1⟩ 효(孝)의 큰 뜻과 실천 사항 : 하늘의 도리를 따라 인류의 역사와 문화를 계승하고 발전시키는 것이다. 국가적 차원에서 상하 좌우가 합심하고 일치단결해서 천도를 따라 덕치를 펴는 것도 이에 포함된다. 이를 효경에서는 「천경(天經), 지의(地義), 민행(民行)」이라고 했다.

⟨2⟩ 효(孝)의 좁은 뜻과 실천 사항 : 「나 자신」이 선조나 부모의 뜻을 계승하고 정성으로 노력하고 일하고 또 근검절약해서 대대(代代)로 이어지는 가문(家門)과 가업(家業)을 더욱 발전시키는 것이 곧 효도 효행이다. 그렇게 되면 자연히 선조와 부모를 영광되게 한다.

⟨3⟩ 효(孝)의 인격적 차원의 뜻과 실천 사항 : 가정에서 부모를 잘 공양하고 형제가 서로 우애하고 자식을 잘 키우고 아울러 일가친척과 화합하여 정신적으로나 물질적으로나 잘살고 집안을 번창하게 하는 것이 개인적 차원의 효도다. 우가 죽은 아버지 뱃속에서 태어나 자기 아버지가 실패한 치수를 완성하고 아버지의 명예를 회복한 것은 효도 효행이다. 중용

(中庸)과 효경(孝經)에 있다.

『가장 큰 효도는 어른의 뜻을 계승하고 어른의 유업을 더욱 발전시키는 것이다.』[11]

『사회에 나가서 하늘의 도리를 따라 행동적으로 실천하여 이름을 후세에 남기고, 그렇게 함으로써 부모의 이름을 세상에 빛나게 함이 효도의 최종 단계이다.』[12]

총체적으로 볼 때 인류는 끈질기게 역사와 문화를 계승하고 발전시켜 왔다. 앞으로도 그럴 것이다. 신화는 곧 인류의 역사와 문화를 선가치적으로 발전시킨 착한 인간들의 기록이다.

(7) 우의 결혼과 그의 아들

우는 발분망식(發憤忘食)하고 분골쇄신(粉骨碎身)하고 국토를 개발하고 또 치수를 성취했다.

그러므로 나이 삼십이 지나도록 장가를 못 들었다. 도산(塗山 : 현 浙江省) 근처에서 흙먼지를 뒤집어쓰고 곡괭이질을 하던 우는 순간적으로 겁이 났다.

『미장가로 나이 삼 십을 넘겼구나. 이러다가 그대로 늙으

---

11) 夫孝者 善繼人之志 善述人之事者也.〈中庸 19장〉
12) 立身行道 揚名於後世 以顯父母 孝之終也〈孝經〉

면 후사를 얻지 못하고 또 가문의 대를 끊게 할지 모른다. 이보다 더 큰 불효가 없을 것이다.』

바로 그 때에 눈앞에 꼬리가 아홉 개 달린 구미호(九尾狐)가 나타나 우에게 말을 건넸다.

"걱정하지 마세요. 얼마 후에 어여쁜 각시를 만나 장가를 들게 될 것입니다."

구미호는 길조를 미리 알려주는 전설에 나오는 영물이다. 과연 우는 수일 후 도산 부근 산중에 숨어사는 도사로부터 자기의 딸을 아내로 취하라는 부탁을 받았다.

도사의 딸은 이름을 여교(女嬌)라 했고 절세미인이었다. 우는 한눈에 그녀의 아름다움에 매혹되어 그녀를 아내로 삼겠다고 승낙을 했다. 그러나 즉시 남쪽으로 시찰을 떠나야 했다. 그래서 그는 일을 마치고 돌아오는 길에 다시 들러 정식으로 맞이하겠다고 언약만을 했다.

그로부터 반년이 지났다. 우는 시찰을 마치고 돌아와 대상(臺桑)이라는 곳에서 화촉을 밝히고 여교를 아내로 맞이하고 신방을 꾸미고 꿀보다 더 달콤한 신혼의 맛을 보았다.

그러나 치수와 국토개발이란 막중한 책무를 완수해야 할 우는 사흘의 짧은 신혼생활을 끝내고 집을 떠나야 했다. 우는 아내를 우의 고향인 안읍(安邑 : 현 山西省)에 가 살게 하고 자신은 또 분주하게 오가며 국토개발에 전념했다.

홀로 안읍에 도달한 어린 신부는 아침저녁으로 높은 산에 올라가 사방을 둘러보며 남편의 모습을 그리며 안타까운 눈물을 흘렸다고 한다. 이윽고 남편이 귀가하자 아내는 결사적으로 매달리고 졸랐다.

"혼자서는 외로워 살 수가 없어요. 어디라도 좋아요. 당신을 따라 가겠으니, 현장 근처에 있게 해주세요."

당시 우는 환원산(轘轅山) 부근에서 치수공사를 대대적으로 벌이고 있었다. 그러나 산세가 너무 험난하여 연약한 아내를 공사장 가까이 데리고 갈 수가 없었다. 그래서 산기슭 안전한 곳에 머물게 하고 우는 아내에게 말했다.

"내가 산 절벽에 북을 걸어놓고 점심 때가 되면 북을 울리겠소. 그러니 당신은 북소리가 나면 점심을 들고 달려오시오. 그럼 잠시나마 함께 지낼 수가 있을 것이오."

산으로 돌아온 우는 거대한 바위산을 뚫고 물줄기를 트는 난공사를 시작했다. 그는 혼신의 힘을 기우려 산더미처럼 큰 바위덩이를 두 손으로 번쩍 들어서 계곡으로 굴렸다. 그렇게 하는 동안 그는 옷을 벗어 던지고 알몸이 되었으며 힘상궂은 그의 얼굴은 흡사 괴물의 낯짝처럼 흉악하게 보였다.

우가 수백 길 낭떠러지 암벽에서 두 발을 딛고 용을 쓰다가 삐끗하는 바람에 발끝에 돌덩이가 걸려 떨어졌다. 그 돌이 절벽에 걸린 북을 울렸다. 일에 열중한 우의 귀에는 북소리가 들리지 않았다. 한편 북소리 나기만을 고대하고 있던 아내는 '퉁!' 하고 울리는 북소리를 듣고 점심밥 광주리를 들고 쏜살같이 달려갔다. 그리고 먼발치에서 큰 소리로 외쳤다.

"여보, 제가 왔어요. 점심 가지고 왔어요."

그러나 어찌된 일인가? 흙먼지가 자욱한 시끄러운 일터에는 사람의 모습은 안 보이고 오직 한 마리의 험상궂은 큰곰이 바위덩이를 치켜들고 있을 뿐이었다.

암벽 모퉁이를 돌면 준수하고 다정한 신랑이 웃으며 자기를 맞이할 줄 예측했던 그녀는 덜컥 겁이 났다. 뿐만이 아니라, 전신이 검은 털로 뒤덮인 사람 아닌 곰이 일그러진 낯으로 버럭 소리를 질렀다.

"아직 북도 안 쳤는데 왜 불쑥 나타나서 나의 흉한 몰골을 훔쳐보는 거요."

"아차, 저 무서운 곰이 바로 내 낭군의 본 모습이었구나"

혼비백산한 여교는 광주리를 내던지고 줄달음쳤다. 그 순간 곰으로 변신했던 우는 정신을 차리고 자기를 보고 놀라 도망치는 아내의 뒤를 쫓으며 부드러운 소리로 아내를 달랬다.

"여보 나요, 놀라게 해서 미안하오. 별일 없으니 도망가지 말고 돌아와요."

소리를 듣고 그녀가 흘끔 뒤돌아보았다. 그러나 도망가는 아내의 뒤를 쫓기에 바빴던 우는 미처 사람의 모습으로 되돌아오지 못하고, 여전히 곰의 탈을 하고 있었다.

아내는 더욱 기겁하고 뛰었다. 쫓기는 아내나 뒤를 쫓는 남편이나 다 필사적이었다. 마침내 연약한 여자인 여교는 숭고산(崇高山) 기슭에 도달하자 기진맥진했고, 그 자리에 선 채로 굳어지면서 돌덩이로 변해버렸다. 곰으로 변신했던 우는 절망과 오뇌에 전신을 떨며 큰소리로 외쳤다.

"내 자식을 돌려주오."

그러자 돌덩이로 굳어졌던 여교가 벌떡 몸을 일으켰다. 그리고 뚜벅뚜벅 걸어서 석굴(石窟)로 들어갔다. 우는 자기도 모르게 뒤따라 들어갔다. 동굴 속에는 돌로 만든 신단(神壇)이 있고 여교가 북쪽을 바라보고 반듯하게 누워있었다. 그러자 얼마 후에는 참으로 기적이 일어났다. 돌로 변한 여교의 배가 제물로 갈라지면서 한 옥동자가 '으아 —' 하고 소리를 내며 태어났다. 이렇게 해서 우는 아들 하나를 얻었으며 이름을 계(啓)라고 지었다. 즉 돌로 화한 어머니 배를 열고 나온 자식이라는 뜻이다. 얼마 후에 제정신을 차린 우는 돌덩이가 되어 누워있는 여교를 손으로 쓸면서 울먹이며 중얼거렸다.

"당신이나 내나 좀 침착하게 살폈더라면 아무 일도 없었을 것을 피차에 허둥대다가 이제는 돌이킬 수 없게 되었구려. 남자는 본래 자기 일에 전념할 때에는 괴물이 되는 법이라오. 그걸 선량한 여자, 어리고 예쁘기만 한 당신이 미처 몰랐던 것이오."

(8) 우(禹)의 보정(寶鼎)

우가 치수를 완성하고 공을 세우자 하늘과 땅 및 만민이 함께 기뻐하고 칭송했다. 하늘을 다스리는 상제가 천자의 상징인 원규(元珪)를 하사했다. 원규는 검은 옥돌을 다듬은 상방하원(上方下圓)의 홀(笏)이다. 상방(上方)은 하늘의 방정(方正)을 뜻하고 하원(下圓)은 지상세계를 원만하게 다스리라는 뜻이다. 또 하늘은 성고(聖姑)라는 신선을 하강시켜 상처하고 외로운 우의 외로움을 달래고 곁에서 수발을 들게 했다. 이는 곧 하늘이 우를 다음의 천자로 인정한 것이나 다름이 없다.

순임금은 하늘의 뜻을 바르게 살피고 천하의 대권을 우에게 선양하기로 작정을 했다. 하늘에 제사를 드리고 제후 및 만백성에게 알리고 선양(禪讓)했다.

제순고릉(帝舜古陵)

선양을 받고 천자가 된 우임금은 국호를 하(夏)라고 일컬었다. 하(夏)는 여름철에 나무가 무성하듯이 문화가 흥성(興盛)한다는 뜻으로 「꽃 화(華)」와 뜻이 통한다. 한(漢) 민족이 애용하는 중화(中華)라는 말은 곧 문화가 찬란한 중심 국가라는 뜻이다.

하늘이 우를 축복하자 땅도 호응했다. 중원(中原)의 기름진 황토지대는 물론 변방의 황야에도 수목이 무성하고 백화가 만발했다. 식물만이 아니라 서방의 사막지대로부터 비토(飛菟)와 결제(趹踶)의 두 신마(神馬)가 달려왔다. 그 말은 하루에 3만 리를 번개처럼 달리는 준마로 우를 등에 태우고 천하 구주(九州)를 두루 누볐다. 우임금은 신마를 몰고 전국을 두루 순회하며 계속 국토를 개발하고 또 백성들의 삶을 더욱 향상시켰다. 그는 전국에서 산출되는 동(銅)이나 철(鐵)을 거두어「아홉 개의 보정(寶鼎)」을 주조했다. 하나의 크기나 무게가 엄청났으며 일시에 수백 명이 먹을 밥을 지을 수 있었다.

우임금은 구주(九州)의 방백(方伯)에게 보정을 하나씩 나눠주고 상하가 함께 보정의 밥을 먹고 화목하라고 일렀다. 보정 표면에는 백성에게 인덕을 베풀라는 훈계와 아울러 천하 전국의 지리 풍토 습속 및 귀신 괴물에 대한 기록이 조각되어 있었다. 그러므로 지방의 방백들은 저마다의 보정을 궁궐 문앞에 세워놓고 만민들에게 바른 덕치(德治)의 요체와 선악시비(善惡是非)를 알게 했다. 이 보정은 왕조가 바뀌어도 그 나라의 정통성을 상징하는 보기(寶器)로 존중되었다. 그러므로 역대의 왕들은 보정을 종묘 깊이 간직했던 것이다. 보정은 하(夏), 은(殷) 및 주(周)를 거치는 사이에 분실되기도 했다.

춘추시대(春秋時代)의 남쪽의 대국 초(楚)의 장왕(莊王)이 자신들의 강성한 무력을 과시하기 위하여 쇠약한 주(周)나라의 사신에게 물었다.

"그대의 나라가 간직하고 있는 보정의 크기와 무게가 얼마나 되느냐?"

이는 장차 그대의 나라를 치고 국가의 상징인 보정을 뺏겠다는 암시였다. 이에 대해 주의 사신이 응수했다.

"보정의 크기나 무게는 인덕(仁德)으로 재는 것이지 외형적인 크기나 무게로 헤아리는 것이 아닙니다."

한참 후에는 진(秦)나라 소양왕(昭襄王)이 서주(西周)를 치고 보정을 탈취했다고 한다.

산동성(山東省) 무량사(武梁祠)에 있는 화석상(畵石像)에는 사수(泗水) 강물 속에 빠진 보정을 건져 올리려다가 줄이 끊어져 사람들이 물에 빠지는 광경이 그려져 있다.

(9) 왕조의 세습(世襲)의 시작

이상에서 우리는 사화(史話) 및 신화를 통해서 우임금의 인간상을 살폈다. 그는 신비롭게 출생했음으로 신의 후예라고 말할 수 있다. 그러나 그의 행적은 인간적인 면이 많았다.

이와 같이 중국신화의 주인공들은 점차로 인간화 되었으며 동시에 우임금의 경우처럼 신화가 사화로 변모했음도 알 수 있다. 치수와 국토개발을 위해 전국을 돌며 노동을 한 우는 어렵사리 장가든 그의 처, 여교가 죽고 돌로 변한 다음 우도 회계산(會稽山) 부근에서 뚜렷한 병도 없이 붕어했다. 회계산에는 지금도 우혈(禹穴)이 있고 그 곳이 바로 우가 묻혔던 곳이라고 전한다. 우의 무덤이 있었던 언저리에는 항상 사랑스런 꽃들이 피어나고 귀여운 새들이 아름다운 소리로 울어, 그의 넋을 달랜다고도 한다.

우가 붕어하고 뒤를 돌에서 태어난 계(啓)가 계승함으로써 선양의 미덕이 무너지고 왕조를 세습(世襲)하는 폐습이 시작했던 것이다. 본래 우임금은 자기가 선양 받은 것처럼 자기도 제위를 선양할 의향으로 생전에 유능하고 덕 있는 사람을 결정해 놓았었다. 그러나 우가 죽자 제후들은 우의 아들 계를 받들고 자리에 오르게 했다. 제후들이 자기들의 기득권을 계속 유지하고 누리자는 심산에서 그랬을 것이다. 그 결과 천하위공(天下爲公)과 선양(禪讓)의 전통이 사심(私心)에 의해서 증발한 것이다.

이렇게 해서 왕조세습(王朝世襲)이 시작되었으며, 왕조의 찬탈교체가 거듭되었던 것이다. 즉 하(夏) 왕조가 타락하자 은(殷)의 탕왕(湯王)이 걸(桀)을 치고 새 나라를 창건했다. 다시 은나라가 타락하자 주(周)의 문왕(文王), 무왕(武王)이 주(紂)를 치고 새 나라를 창건했다. 이렇게 왕조의 교체가 되풀이되었으며 청조(淸朝)가 멸망할 때까지 약 25대의 왕조가 일어났다가 망하는 악순환이 되풀이 되었던 것이다.

제4편 하(夏)의 세습과 찬탈

　윤리 도덕을 높이는 전통사상은 요(堯)와 순(舜)을 성제(聖帝)로 높인다. 그 이유는 크게 두 가지다. 그들이 절대선의 천도를 따라 무위자연(無爲自然)의 덕치(德治)를 폈고 아울러 천하위공(天下爲公)의 원칙을 준수하고 대권을 유덕자(有德者)에게 선양(禪讓)했기 때문이다.

　요순(堯舜)은 실재인물이 아니고 신화적 존재다. 그런데 그들을 태고의 성제로 높이는 의도는 다름이 아니다. 덕치의 표본을 태고에 설정하고 이들을 본받고 또 근원으로 돌아가기를 바라서 일 것이나.

　그러나 중국의 역사적 사실은 이와는 반대였다. 즉 무력으로 나라를 찬탈하고 또 통치자가 국가와 인민을 사유화하고 가렴주구(苛斂誅求)하여 모은 재물을 황음연락(荒淫宴樂)하는 데 탕진했다. 뿐만 아니라 왕조를 자기 자손에게 넘겨주었다.

　이에 우매하고 덕 없는 자들이 권좌에 앉아 권모술수를 바탕으로 악덕정치를 펴서 백성을 도탄에 빠뜨렸던 것이다. 그러면 반드시 혁명(革命)이 일어난다.

즉 타락하고 낡은 왕조는 무너지고 새 임금이 나타나 천하를 바로 잡는다. 그러나 그 왕조도 역시 자손들이 세습하고 타락하고 결국은 그 나라도 멸망하게 마련이다. 이와 같은 악순환이 바로 하(夏) 왕조에서 시작되었고 청(淸) 말까지 3천 년에 걸쳐 거듭했던 것이다.

1. 하(夏)의 난맥상

(1) 세습으로 인한 왕조의 타락

요(堯)나 순(舜) 같은 태고의 성제들은 자신들이 노쇠하면 현명하고 인자한 유덕자에게 대권을 선양했다. 요임금은 효성이 지극한 순에게 선양했고 순임금은 치수와 국토개발의 공이 큰 우(禹)에게 넘겨주었다. 그러나 우의 뒤를 아들 계(啓)가 계승함으로써 선양의 전통이 무너졌던 것이다.

우에 대해서는 공자도 논어에서「그만하면 허물 잡을 데가 없다.」고 칭찬했다. 우는 죽기 전에 덕이 높은 익(益)이라는 신하에게 선양하겠다는 뜻을 분명히 밝혔다. 그러나 우가 죽은 다음에 제후(諸侯)들이 익(益)을 제쳐놓고 우의 아들 계(啓)를 제2대 왕으로 추대했던 것이다. 그래서 선양이 이루어지지 않고 왕조의 세습(世襲)과 사유화(私有化)가 시작되었던 것이다.

계(啓)는 죽어서 돌덩이가 된 여교(女嬌)의 배를 가르고 탄생한 반신반인(半神半人)의 아들이다. 그는 성장하여 영특한 청년이 되었으며 양쪽 귀에 푸른 뱀을 매달고 두 발로 두 마리의 용을 타고 구름을 뚫고 승천하여 상제를 알현하기도 했다.

그는 가무(歌舞)에도 능통했고 구초(九招)라는 악곡을 편곡하여 무녀들로 하여금 춤을 추게 했다. 한편 계는 신통력을 지닌 맹도(孟涂)를 등용하여 백성들의 죄를 다스리게 했다. 그러므로 초기에는 나라를 잘 다스렸다.

하우씨(夏后氏)

그러나 말년에 가서 해이해졌고 풍류와 유흥에 골몰했으며 난잡한 음악소리와 주효의 썩는 냄새가 하늘에까지 풍겼다. 이에 마침내 하늘은 계에게 내린 명을 거두기로 작정했던 것이다. 그 틈에 아들 다섯 형제들이 권좌를 놓고 서로 싸우고 반목하게 되었다. 바로 그 때에 유궁국(有窮國)의 임금 후예(后羿)가 무력으로 나라를 찬탈했던 것이다.

여기 등장하는 후예는 바로 태양의 아들 9형제를 쏘아 떨구어 상제의 노여움을 사고 지상으로 추방된 명궁 후예의 후손이다. 선조의 핏줄기를 받아 그도 활을 잘 쏘았다. 다섯 살 때에 파리를 활로 쏘아 떨구었다고 전한다. 어려서 부모를 여위고 초호부(楚狐父)라는 사냥꾼 밑에서 기량을 연마하여 천하제일의 궁수가 되고 마침내는 유궁국의 영주가 되었던 것이다.

(2) 후예(后羿)의 반란

무력을 남용하고 남의 재물을 갈취하고 황음무도(荒淫無道)하게 굴다가 패가망신한 악인들이 부지기수로 많다. 그 첫 번째가 후예다.

하의 제2대 임금, 계(啓)가 죽자, 왕위를 놓고 다섯 형제가 치열하게 다투었다. 결국은 제후들의 결정에 따라 첫째 아들 태강(太康)이 자리에 오르게 되었다. 그러나 태강은 우둔하고 또 나태하여 나라를 다스릴만한 인재가 못 되었다. 우의 장손이라는 이유만으로 자리에 올랐으나 그는 일개의 필부(匹夫)에 지나지 않았다.

임금은 마땅히 학문과 덕행을 닦고 백성들을 고르게 사랑하고 모두 함께 잘살게 하는 덕치(德治)를 펴야 한다. 그러나 태강은 반대로 사치와 낭비 및 향락만을 일삼았다. 이에 나라의 기강이 무너지고 재물이 탕진되었으며 제후들과 백성들의 원성이 높았다. 그런데도 우매한 그는 반성할 줄 몰랐다. 밤낮으로 풍악 잡히고 술 마시고 질탕하게 놀았다. 뿐만 아니라. 도성을 비우고 멀리 나가 사냥을 하기도 했다. 임금이 도성을 비운다는 것은 지극히 위험한 일이다.

음산한 겨울이 가고 포근한 봄이 오자 태강은 다시 먼 곳으로 사냥하러 나갔다. 이에 흑심을 품고 줄곧 태강의 동정을 살피고 있던 후예가 마침내 그를 축출하기로 결심했다.

후예에게는 태강이 보잘것 없는 존재로 보였다. 식견(識見), 덕성(德性), 무력(武力) 중 하나도 지니지 못한 주제에 주색잡기에 빠져 재물을 축내고 백성들을 괴롭히는 악덕한 임금에 불과했다. 그러므로 정의를 옹호하고 백성을 위하는 의협심으로 그를 제거해야 한다고 생각했던 것이다.

이와는 반대로 우둔한 태강은 후예를 믿었다. 요임금 때에 공을 세운 후예의 후손이며 천하에서 제일가는 명궁이기에, 그에게 도읍을 맡겨놓고 나갔던 것이다. 그러나 후예는 반대로 이 기회에 그의 대한 축출을 결행했던 것이다. 후예는 힘들이지 않고 도성을 점거했다. 그리고 정예부대를 강가에 배치하고 임금이 돌아오기를 기다렸다.

그런지 열흘이 지나 후예의 반란 소식을 들은 태강은 사냥을 중지하고 허둥지둥 도성으로 돌아왔다. 강가에 이르러 대안을 바라보니 이미 때가 늦었고 또 속수무책이었다.

마주 보이는 강가에는 후예의 군대가 구름처럼 포진하고 있었다. 그러나 이쪽 편에는 병장기 조차 제대로 지니지 못한 백여 명의 군졸들이 후줄근한 몰골로 서 있을 뿐이었다. 대세는 이미 결판이 난 것이다.

태강은 『아차!』하고 뉘우쳤다. 그러나 어찌 하랴. 오직 두 눈을 부릅뜨고 그를 향해, 소리를 지르는 것이 고작이었다.

해를 쏜 후예(后羿)

"대역무도한 역적, 이놈 후예야! 네놈이 감히 천자에게 반기를 들고 역적질을 하다니. 하늘이 두렵지 않으냐? 네놈은 필시 천벌을 받으리라"

그러나 그의 질타성(叱咤聲)은 도도히 흐르는 강물소리에 묻히고 바람에 날리어, 강 건너 후예의 귀에까지 들리지 않았다. 반대로 후예의 진영에서 울려대는 전고성(戰鼓聲)은 천지를 진동했다.

이윽고 구름 떼처럼 운집한 군졸들 사이로 칠흑의 갑옷을 입은 후예가 백마를 타고 나타나 붉은 활을 높이 치켜들고 큰 소리로 외쳤다.

"우둔한 자, 태강아, 듣거라. 하늘은 이미 그대를 버렸다. 무도한 놀이에 미쳐 국사를 돌보지 않고 재물을 탕진하고 백성을 도탄에 빠뜨린 그대를 용서하지 않는다. 그래서 하늘은 나로 하여금 그대를 벌주고 축출하게 명을 내린 것이다. 단 목숨만은 살려줄 것이니 말머리를 돌려 산속으로 들어가거라."

태강은 분통을 터뜨리고 이를 갈았다. 그러나 어찌 하랴? 혈혈단신 적수공권으로 막강한 후예의 대군에 대적할 수가 있겠는가. 태강은 피눈물을 흘리며 말을 돌려 산속으로 몸을 숨겼다. 그럼에도 누구 하나 나서서 그를 도우려 하지 않았다.

결국 태강은 이름도 모를 산중에서 외롭게 숨을 거두었다.

덕 없는 인간이 설사 임금의 아들로 태어나 세습으로 임금 자리에 올랐다 해도 결국은 비참하게 되는 법이다. 이것도 하나의 교훈이다. 그래서 왕손들은 어려서부터 제왕학(帝王學)을 배웠던 것이다.

(3) 무력과 무력의 싸움

무력은 오래 가지 못한다. 신화에 나타나는 최초의 찬탈자가 곧 후예였다. 화살 한 대 날리지 않고 태강을 추방한 그는 내심으로는 용상에 올라 천하를 호령하고 싶었을 것이다. 그러나 대신들과 제후들이 두려워 태강의 동생 중강(仲康)을 명목상의 임금으로 내세우고 자기는 뒤에서 실권을 휘둘렀다.

후예는 무력이 뛰어날 뿐, 학식이나 덕이 없었다. 그러므로 처음부터 천도를 바탕으로 한 덕치에는 뜻이 없었다. 오직 천하의 권력과 재물을 독차지하고 백성 위에 군림하겠다는 천박한 생각으로 나라를 찬탈했던 것이다. 그러므로 그는 안하무인격으로 악덕을 자행했다. 왕족이나 귀족의 토지나 재물을 트집 잡아 탈취했고 반반하게 생긴 부녀자들을 예사로 겁탈했고 또 제후들을 위협하고 영토나 재물을 몰수했다.

고금동서를 막론하고 졸지에 권력과 재물을 얻고 놀아나는 자들이 가는 길은 뻔하다. 잡배들과 어울려 먹고 마시고 계집질하다가 패가망신하는 것이 고작이다.

후예의 악덕이 극에 달하자 만민의 의분과 원성이 높아지고 마침내 충신과 제후들이 결탁하여 왕당파(王黨派)를 결성했다. 그리고 그들은 중강(仲康)을 옹호하고 역적 후예를 몰아내려고 획책했다.

그러나 막강한 무력을 장악하고 있는 후예에게 정면으로 대들 수는 없었다. 왕당파는 후예의 측근부터 제거하기로 계략을 세웠다. 잎을 치고 가지를 잘라서 몸통과 뿌리를 고사케 하자는 계책이었다.

왕당파가 지목한 첫 번째 숙청대상은 희화(羲和)였다. 희화는 대대로 천문과 달력을 관장하는 명문가의 후예로 당시에도 천문을 관찰하고 달력을 제정하여 백성에게 농사짓는 때를 바르게 알려주는 중책을 맡고 있었다.

그는 역적 편에 가담하여 후예와 함께 마시고 노느라고 제대로 천문을 관측하지 못하고 또 백성에게 때를 바르게 알리지 못하여 농업생산에 막대한 손실을 초래케 했다. 그래서 왕당파는 희화를 처단했던 것이다.

후예가 즉각 반격에 나섰다. 자기네가 흘린 피의 몇 배를 상대방으로 하여금 흘리게 하는 무자비하고 참혹한 복수를 감행했던 것이다. 후예가 제물로 삼은 인물은 백봉(伯封)이었다. 그는 왕족 출신으로 중강의 심복이며 국가의 재정과 왕궁의 재물을 관장하고 있었다. 또 그는 왕당파의 중심인물이기도 했다. 그러므로 백봉을 타도하면 국가의 재물을 손에 넣고 동시에 왕당파의 세력을 미연에 꺾을 수 있었다.

후예가 백봉을 죽이려고 한 보다 큰 또 다른 하나의 이유가 있었다. 그것은 천하절색으로 알려진 현처(玄妻)를 탈취하여 자기 아내로 삼으려는 음탕한 동기에서였다.

(4) 현처(玄妻)를 탐내는 찬탈자

현처는 백봉의 모친으로 언제까지나 시들 줄 모르는 만년 미인이었다. 그녀의 머리가 칠흑처럼 검고 윤이 나므로 현처라 했다. 좌전(左傳 : 昭公28)에 대략 다음과 같은 기록이 있다.

「옛날 유잉씨(有仍氏)가 딸을 낳았다. 머리가 칠흑처럼 검고 아름다웠으며, 거울처럼 밝게 광택이 났으므로 이름을 현처라고 불렀다. 그녀를 악정(樂正) 후기(后夔)가 취하여 아들 백봉(伯封)을 낳았다. 백봉은 돼지 같이 탐욕하고 또 성질도 사나웠으므로 사람들이 '백봉 돼지'라고 별명을 불렀다. 유궁국의 임금 예(羿)가 그를 멸했다. 이에 아버지 기(夔)는 사후에 제사도 못 받았고, 삼 대가 함께 멸망했으니, 결국 현처의 소생인 아들 때문이었다.」「유별나게 아름다운 여자는 남에게도 해를 끼친다. 스스로 덕과 의를 갖추지 못하면 반드시 남에게 화를 끼친다.」[13]

「숙향(叔向)이 한 여인을 처로 삼으려 하자, 숙향의 모친이 반대하고 나서서 말했다. 지나치게 아름다운 여자는 어딘가 악한 구석이 있다. 옛날에 자령(子靈)의 처는 세 명의 남편과 한 명의 임금과 또 자기 아들을 파멸케 했다. 그와 같이 악덕한 여자의 소생을 취하면 안 된다.」[14]

현처는 신화 전설 및 사화(史話)에 등장하는 절색의 미인이다. 그녀를 가까이 하는 남성은 반드시 불행하게 된다. 자고

---

13) 「〈昔有仍氏生女 黰黑而甚美 光可以鑑 名曰玄妻〉(樂正后夔取之 生伯封 實有豕心 貪惏無厭 忿類無期 謂之封豕 有窮后羿滅之)(夔 是以不祀 且三代之亡 共子之廢 皆是物也)(夫有尤物 是以移人 苟 非德義 則必有禍)」〈左傳 : 昭公28〉
14) 「初叔向欲娶於申公巫臣氏 其母欲娶其黨 其母曰 子靈之妻 殺三夫 一君一子 而亡一國兩卿矣 可無懲乎 吾聞之 甚美必有甚惡」〈同上〉.

로 요염한 미인은 남성을 파멸케 하는 수가 많다. 그런데도 불에 뛰어들어 타죽는 불나비처럼 뭇 남성들은 미녀를 탐하고 패가망신을 거듭하고 있다. 한서(漢書)에 유명한 구절이 있다.

「요염한 미인이 던지는 눈초리, 한 번에 성이 기울고, 두 번에 나라가 무너진다.(一顧傾人城, 再顧傾人國)」

후세에 큰 나라의 수많은 임금들도 미인 때문에 파멸했거늘, 어찌 태고 때의 신화의 주인공인 후예가 온전할 수 있었으랴? 바로 후예가 미인 때문에 나라 망치고 제 몸을 잃은 비극의 첫 주인공이 되었던 것이다.

후예는 일석삼조(一石三鳥)를 노리고 백봉을 치기로 결심했다. 중강을 옹립하는 왕당파의 핵심인물을 처형함으로써 국고의 재물을 수탈하고 동시에 미인 현처를 가로채자는 속셈에서였다. 그러나 후예는 야욕을 숨기고 대외적으로는 그럴듯한 명분을 내세웠다. 즉 탐욕스런 백봉이 백성들로부터 수탈한 재물을 중간에서 가로채고 사복을 채우고 있으므로 나라를 위해서 군대를 풀어 역적을 토벌한다고 떠 벌였던 것이다.

애당초 백봉은 후예의 적수가 될 수 없었다. 게다가 내부에서 부하들이 반역하고 미리 성문을 활짝 열고 후예의 군대를 맞이해 들였으므로 백봉은 갑옷도 걸치지 못하고 뒷문으로 도망갔다. 그러나 몇 발짝 뛰지도 못하고 후예의 화살을 맞고 죽었다. 즉시 백봉의 집으로 뛰어 들어간 후예는 고미다락에 숨어있던 현처를 수레에 싣고 돌아왔다.

후예는 천연덕스럽게 임금에게 백봉 토벌의 연유를 아뢰고 문무백관들을 한자리에 모아 승리의 주연을 베풀었다. 그 자리에는 얼굴이 수척하고 안색이 파리한 현처도 배석하고 있었다. 그리고 다시 며칠 후 임금 앞에 나타난 후예는 육장 한 쟁반을 바쳐 올리면서 능글맞게 아뢰었다.

"멀리 서역에서 보내온 천하의 진미입니다."

후예가 손수 임금에게 바친 것은 바로 백봉의 살을 저며서 포를 뜨고 다시 소금에 절여서 만든 것이었다. 그토록 끔찍한 것을 임금에게 내민 후예의 속내에는 『나에게 맞섰다가는 너도 이 꼴이 된다』라는 노골적인 위협이 숨어 있었다.

천인공노할 후예의 패악(悖惡)에 중강은 치를 떨고 이를 갈았다. 그러나 무력이 없으니 어찌 하랴. 결국은 울화통을 터뜨리고 화병에 시달리다 민절(悶絕)하고 말았다.

중강의 뒤를 어린 아들 상(相)이 계승했다. 그러나 그도 후예의 핍박에 못 견디어 도성을 버리고 멀리 동쪽 상구(商丘)

라는 곳으로 망명했다.

이에 하왕조는 명목상으로는 명맥을 유지했으나 실권은 후예 손에 넘어갔다. 그러자 후예는 용상을 차지했고 또 현처를 후비로 삼았다.

(5) 복수에 불타는 현처(玄妻)

후예에게 나라를 빼앗긴 하(夏)나라의 왕족들은 저마다 목숨을 구걸하여 도망가 숨었다. 이에 명실상부하게 정권을 장악한 후예는 고삐 풀린 말처럼 날뛰었다.

조정의 고관에게는 물론 지방의 제후나 호족들에게도 오만 불손하게 대했으며 또 백성들의 재물을 강제로 탈취했다. 뿐만 아니라 조금이라도 눈에 거슬리는 자가 있으면 불문곡직하고 잡아다 족쳤다. 반면에 후예는 항상 황음무도한 술잔치를 벌이고 끝 간 데 없는 향락에 빠져들었다. 그렇게 되면

유정문가(乳釘紋斝)
긴 다리가 셋 달린 술잔

하늘은 악덕을 용서하지 않는다. 반드시 천벌을 내린다.

하늘은 바로 현처를 내세워 후예를 멸하게 했던 것이다. 그녀에게 있어 후예는 자기 아들을 죽인 불구대천의 원수이자 또 임금을 추방하고 국권을 찬탈한 역적이다. 동시에 자신을 겁탈 유린한 인면수심(人面獸心)의 파렴치한이었다.

그런데도 후예는 자신의 대역죄를 깨닫지 못하고 그녀에게 미혹되어 있었다. 따라서 하늘은 후예를 멸하기 위해 현처를 내세웠던 것이다. 무력을 휘두르는 자는 반드시 멸망하는 것이 하늘의 도리이다. 칼로 얻은 것을 칼로 잃고 또 유린한 자가 유린을 당한 자에게 멸망당하는 것이 하늘의 도리이다. 그러므로 후예는 자기가 유린한 현처와 다른 악덕한 찬탈자의 손에 멸망당해야 했던 것이다. 후세에는 인과응보 혹은 자업자득이라고 한다. 그것이 바로 오묘한 하늘이 인간에게 내리는 법칙이다. 그러므로 사람은 동물적 탐욕이나 일시적 쾌락을 채우기 위해 남을 해치면 안 된다. 사람은 악한 마음을 버리고 항상 거시적 안목으로 모두가 함께 어울려 더불어 잘사는 하늘의 도리를 기준으로 살아야 한다. 하늘의 도리를 어기면 준엄한 하늘의 벌이 내린다.

(6) 현처(玄妻)와 한착(寒浞)의 야합

 무력으로 나라를 찬탈한 자는 무력에 의해 살육되고 폭력으로 여자를 능욕한 자는 그 여자로 인해 멸망한다. 이와 같은 도리에 의해 후예는 멸망해야 했다.

 현처가 짐승만도 못한 후예에게 몸을 더럽히고 온갖 치욕을 감내하면서도 자결하지 않고 살아남은 속내에는 무서운 복수심이 불타고 있었기 때문이다. 말하자면 현처는 이미 사람이 아니라 복수의 원귀로 화했던 것이다. 겉으로는 온순한 척 꾸미고 후예를 받들었다. 그러나 속으로는 복수의 칼을 갈면서 원수의 피를 볼 날을 기다리고 있었던 것이다. 능욕당한 여인의 원한은 끔찍한 복수심으로 변하는 법이다. 그러나 아둔한 후예는 그와 같은 미묘한 여심(女心)을 헤아리지 못하고 계속 자신의 음욕만을 채우려 했다.

 후예가 자기 임금을 무력으로 내쫓고 나라를 찬탈한 것 같이 또 다른 야심가가 후예를 몰아내고 모든 것을 탈취하려고 했으니 그가 바로 후예가 가장 신임하던 측근 중의 측근인 한착(寒浞)이란 자였다.

 총명하고 선량한 선비는 절대로 악덕한 자에게 빌붙지 않는 법이다. 그러므로 후예 밑에서 충성을 바친 한착은 역시 간악하고 음흉한 악한이었다. 그것을 우매한 후예가 가리지 못했던 것이다. 음흉하고 간사한 한착은 겉으로는 충성하는 척 했으나 속으로는 후예를 타도할 기회를 엿보고 있었다. 마침내 그는 후예를 타도하기 위해 현처와 짝이 되었던 것이다.

이러한 기미를 눈치 챈 현처는 후예가 사냥간 틈을 타서 한착을 불러 술대접을 했다. 구렁이 같은 한착이 자기에게 술대접을 하는 그녀의 속내를 모를 이가 없다. 그러나 그는 시치미를 떼고 근엄한 자세로 술잔을 받아 마시기만 했다. 이윽고 술이 여러 순 배 돌고 거나해지자 한착은 술잔을 내미는 현처의 옥수를 덥석 잡아당기었다. 현처도 이 순간을 기다렸다는 듯이 끌리는 대로 한착의 품에 안기었다.

치렁치렁 드리운 검은머리 달덩이처럼 희맑은 얼굴 요염한 자태로 한착을 사로잡은 그녀는 정염의 불을 사른 다음 나직이 그러나 결연한 어조로 말했다.

"이제 우리는 한 몸이 되었으며 또 한 배를 타고 생사를 같이할 처지에 놓였습니다. 그러므로 우리가 살기 위해서도 후예를 제거해야 합니다. 궐자는 저에게는 철천지 원수이고 그대에게는 포악한 지배자로 앞을 가로막는 장해물입니다. 뿐만 아니라 궐자는 나라를 찬탈한 역적이고 또 만민을 괴롭히는 악덕한입니다. 그러므로 우리가 거사를 하면 하늘도 도와줄 것입니다."

"옳소. 나도 이 날이 오기를 기다렸소. 우리의 거사는 하늘을 대신하여 천벌을 집행하는 것이오. 그러므로 지방의 제후들이나 만민들도 우리 편에 가담할 것이오. 그러나 후예의 무력이 막강한지라 자칫 빗나가면 도리어 우리가 처참하게 살육될 것이오. 그러니 계략을 치밀하게 짜야 하오."

"이를 말씀이옵니까? 저도 그 점을 염두에 두고 은밀히 지목해 둔 인물이 있습니다."

"그가 누구요?"

"바로 후예의 호위대장 봉몽(逢蒙)이옵니다. 봉몽은 한창 나이에 무예가 출중한 지라, 후예로부터 절대 신임을 받고, 자나 깨나 그림자처럼 곁에 붙어 있습니다."

"그를 어떻게 매수하고 우리 편에 가담시킨단 말이요? 섣불리 눈치를 보이거나 접근했다가는 먼저 그 자 손에 우리가 척살 당할 것이오."

"그 점은 염려 마십시오. 제가 이미 오래 전부터 봉몽을 사로잡아 놓았습니다."

(7) 봉몽(逢蒙)의 가담

 봉몽은 원래 고아였다. 후예는 그의 자질이 무예에 적합함을 알고 손수 훈련시키고 또 비법까지 전수하였다. 봉몽의 활 솜씨는 아직은 후예를 능가할 처지는 아니었다. 그러나 완력이나 봉술(棒術)에 있어서는 대적할 자 없게 되었다. 이에 후예는 그를 수양아들이자 호위대장으로 삼았던 것이다.

 현처가 봉몽을 손아귀에 넣었다고 장담한 까닭은 다름이 아니었다. 밤에 후예와 현처가 동침하는 침실 바로 곁에서 숙직하는 자가 호위대장 봉몽이다. 봉몽만이 잠자는 후예의 목을 노릴 수가 있다고 생각한 현처는 자기가 수양딸로 삼은 예쁘고 젊은 시녀를 봉몽과 짝을 맺게 하였던 것이다. 그리고 현처는 그녀에게 남자를 매혹하는 여러 가지 방중술을 전수하고 그녀로 하여금 봉몽을 푹 빠지게 했던 것이다. 결국 봉몽은 두 여인에게 완전히 사로잡히게 되었으며 그들의 말이라면 물불을 가리지 않고 따랐던 것이다.

 봉몽도 야심을 품고 있었다. 후예를 꺾고 자신이 완력이나 무술에 있어 천하제일임을 과시하려는 단순한 것이었다. 그러나 봉몽은 무사답게 정정당당히 일대 일로 맞서 싸워 이기기를 바라고 있었다. 그런데 후예가 무절제하고 황폐한 생활을 함으로써 그의 무예가 날로 녹슬고 시들어 가는 꼴을 곁에서 지켜본 봉몽은 실망과 초조를 느꼈던 것이다.

『이러다가는 정정당당하게 무술을 겨누고 싸울 상대를 잃을 것이 아닌가? 후예가 더 늙기 전에 한판 승부를 해야 하겠다.』고 벼르고 있었다. 그 무렵에 현처와 한착 및 자기의 처가 입을 모아 말하는 것이었다.

"하늘은 욕심 많고 우매하고 포악한 후예를 타도하고 천하 만민을 구제하기를 바라고 있다. 천명을 받들고 천벌을 대행할 진정한 용사가 바로 봉몽 자네가 아닌가. 자네가 거사하면 천하의 모든 제후들이 호응할 것이며 만민이 칭송할 것이다."

이 말은 하늘의 편에 서서 정의의 칼은 들어야 한다는 한착의 말이었다. 뒤이어 현처가 한마디 거들었다.

"인륜 도덕을 흐트러뜨리고 만백성의 재물을 노략질하고 아녀자를 겁탈하는 파렴치한 후예를 응징해야 한다. 호걸로 자처하는 대장부는 모름지기 정의와 명분을 높이고 또 연약한 아녀자를 보호하고 아울러 백성들을 구제해야 한다."

마지막으로 봉몽의 처가 앙칼진 목소리로 나무라듯이 쏘아붙였다.

"이녁이 나서서 후예를 처단하시오. 그래야 무도한 악한에 붙어 악을 방조한다는 죄명을 벗을 것이오. 더 주저하다가는 때를 놓치고 말 것이오. 하루 속히 그와 맞서서 싸워 이기고 천하에 참다운 용사가 당신임을 알게 하시오."

당장 하늘에서 벼락이 떨어질 형국인데도 우둔한 후예는 위험을 느끼지 못했다. 그 날 밤도 술에 취해 비틀거리는 후예는 양 겨드랑이에 궁녀를 끼고 침전으로 오다가 봉몽을 보고 이기죽거렸다.

"봉몽아! 너만이 충신이다. 너 같은 용사가 지켜 주기 때문에 다른 놈들이 감히 덤비지 못하는 것이다."

(8) 믿는 도끼에 발을 찍힌다

봉몽은 다른 때와는 딴판으로 험상궂게 목자를 부라리고 결연하게 내뱉었다.

"전하 그렇지 않소."

"무엇!? 안 그렇다?"

너무나 뜻밖의 말을 들은 후예는 분노에 일그러진 면상을 실룩거리며 성난 눈으로 노려보며 호통을 쳤다.

"네 놈이 환장을 했느냐? 실성을 했느냐? 한사코 대드는 까닭이 뭐냐?"

봉몽은 굽히지 않고 정면으로 대들고 큰 소리로 외쳤다.

"하늘을 대신하여 포학무도한 전하를 치려하오."

"뭐, 네 놈이 짐을 쳐? 짐은 임금이자 네 아비가 아니냐. 천하에 임금이자 아비에게 반역하는 자식 놈이 있느냐?"

"그런 자식은 없지요."

"그런데 너는 왜 짐에게 반역하려느냐?"

"전하는 이미 덕을 잃었으니 임금이 아닌 필부일 따름이오. 또 악행으로 인륜 도덕을 어기고 세상을 어지럽혔으니 저의 아비도 아니오. 전하는 일개의 파렴치한일 따름이오. 그러므로 제가 전하를 치려함은 신하가 임금을 치고 자식이 아비를 치려는 것이 아니요. 천명을 받은 정의의 용사가 악덕한 폭군을 치고 응징하려는 것이오."

"참으로 가소롭구나. 네 놈이 누구의 사주를 받고 일조에 변심하고 배은망덕하게 상전에게 칼을 들려고 하느냐? 네놈의 힘이나 기량으로 감히 짐에게 대적할 수 있을 것 같으냐? 하룻강아지 범 무서운 줄 모르고 날뛰는구나."

"바로 그렇소. 전하를 제거하는 것만이 목적이었다면 벌써 잠자는 틈을 타서 결판을 냈을 것이오. 그러니 나에게 무술을 전수해 준 스승이기에 정정당당히 승부를 가리고자 이날

이때까지 기다렸던 것이오. 그러니 아직도 자신만만한 때에 나와 싸워 호걸답게 승부를 가리시오."

"그러자. 네 놈의 본심을 안 이상 그냥 살려둘 수 없다. 네 놈을 도살해서 짐에게 항거하는 자의 처참한 말로를 세상에 알려주어야 하겠다."

봉몽은 후예로 하여금 활을 못 쓰게 하기 위하여 깊은 밤을 택해서 도전했던 것이다. 한편 후예는 욱하고 이에 응했으니 이미 계략적으로 한 수 넘어간 것이었다.

봉몽이 후딱 몸을 솟구쳐 정원으로 나가자 후예는 그를 놓칠세라 허둥대고 뒤따랐다. 밖은 칠흑 같은 어둠이라 인영(人影)이 안보였다. 시위에 살을 메긴 채 우두망찰하고 있을 때였다. 바로 옆에서

『예잇!』하는 기합소리가 귀청을 때리는 찰나에 육중한 곤봉이 후예의 머리통에 떨어졌다.

『으악!』 외마디 비명을 지르고 팍삭 쓰러지는 후예의 가슴패기에 봉몽의 단검이 날카롭게 박혔다. 후예는 손을 쓰거나 피할 겨를도 없이 그 자리에서 절명했다. 참으로 어처구니없는 죽음이었다.

화살 하나 날리지 않고 천하를 얻었던 후예는 화살 한 대

쏘지 못하고 봉몽의 손에 척살 되었다. 이를 가리켜「칼로 얻은 자는 칼로 망한다.」고 했으며 또「예를 죽이는 자는 바로 봉몽이다.」라고 한 것이다. 맹자는 다음과 같이 평했다.

『봉몽은 활쏘기를 예에게 배웠다. 그는 스승인 예의 기능이나 비법을 전부 터득한 다음에는 천하에서 자기보다 뛰어난 자는 오직 스승인, 후예(后羿) 뿐이라고 생각했다. 그래서 그를 꺾은 것이다. 이에 대해서 맹자는 말했다. 스승을 죽인 봉몽 같은 인간에게 무예를 가르쳐 준 예에게도 잘못이 있다.』[15]

원한이 골수에 사무친 현처는 후예가 자기 아들 백봉의 시체를 장조림해서 중강에게 바친 그 앙갚음으로, 이번에는 죽은 후예의 살을 소금에 절여 후예의 전실 아들에게 먹으라고 윽박지르며 말했다.

"이것을 먹어라. 먹으면 너를 살려주겠다."

겁에 질린 어린 후예의 아들은 도망가려다가 등 뒤에 화살을 맞고 그 자리에 고꾸라져 죽었다. 이에 요임금 때부터 무력을 과시하던 후예의 일족은 한 사람의 잘못으로 멸문지화(滅門之禍)를 입었던 것이다.

---

15) 逢蒙學射於羿 盡羿之道 思天下惟羿爲愈己 於是殺羿 孟子曰 是亦羿有罪焉 〈孟子 離婁 下〉.

(9) 한착(寒浞)의 멸망

 간특한 한착(寒浞)은 봉몽(逢蒙)을 매수하여 후예를 시역(弑逆)하는 데 성공하자 자기는 왕이 되고 현처는 황후가 되고 봉몽을 대사마(大司馬)에 임명했으며 복종하지 않는 제후들을 무력으로 다스렸다.

 그러는 사이에 현처는 병들어 죽고 한착도 노쇠하였다. 이에 한착은 현처와의 사이에서 태어난 두 아들 요(澆)와 희(豷)에게 나라를 맡기고 자기는 뒤에서 도왔다.

 한편 후예에게 나라를 찬탈 당하고 국외로 망명했던 하왕실(夏王室)의 중강(仲康)도 객지에서 울분을 터뜨리다가 죽자, 그 뒤를 상(相)이 계승하고 동쪽 상구(商丘)라는 곳에서 유신(遺臣)들을 규합하고 망명정부를 세우고, 하왕조의 재건을 꾀하고 있었다.

 한착은 뒤늦게 이 사실을 알고, 즉시 두 아들과 봉몽의 군대를 출동시켜, 동쪽에 있는 여러 나라들을 정벌케 했다. 특히 한착의 큰아들 요가 이끄는 중군(中軍)이 상구(商丘)로 진격하여 왕실을 재건하려는 상(相)을 일거에 쳐 부셨다. 상은 불의의 습격을 받고, 그 자리에서 자결하고 말았다.

 한착의 아들 요는 불탄 궁전에서 죽은 상의 목을 잘라, 창

끝에 높이 달고 돌아와, 재차 하왕조의 전멸을 선포했다. 그러나 하늘이 어찌 무심하랴. 요임금, 순임금, 우임금으로 선양되고 이어진 하왕조를 이렇듯이 악덕한 찬탈자에게 멸망당하는 것을 하늘이 보고만 있겠느냐. 하늘은 살릴 것은 살리고, 벌 줄 것은 어김없이 벌을 준다. 이번에도 하늘은 하(夏)의 후예를 보우(保佑)했던 것이다. 즉 상(相)의 아들을 잉태한 왕비가 천우신조로 불타는 궁전에서 도망하여 구사일생으로 친정의 나라, 유잉국(有仍國)으로 무사히 도피했으며 얼마 후에는 유복자 즉 하왕조의 후계자 소강(小康)을 출산했다. 유잉국의 임금 즉 소강의 외조부는 극비리에 외손자 소강을 양육했으며 어려서부터 무술을 가르쳤다. 이에 소강은 영웅의 기상이 넘치는 믿음직한 청년으로 성장하였다. 그러자 주변에 하왕조의 유신들이 모여들어 소강을 옹립하고 왕조의 중흥을 기도하게 되었다. 그 중에도 미(靡)라는 충신이 있었다. 그는 문무겸비(文武兼備)한 호걸로 각지의 애국열사들을 규합하고 또 천하의 제후들에게 밀사를 보내, 음흉하고 악덕한 한착일가(寒浞一家)를 섬멸하고 하나라 재건을 호소했다. 백성들 사이에서도 오만무례한 한착에 대한 반감이 날로 높아졌고 아울러 억압과 수탈만 당해오던 제후국들 사이에도 한착을 타도하고 하의 왕실을 부흥하자는 기운이 고조되었다.

 소강은 마침내 무력봉기를 독촉하는 격문을 띄웠다. 이에 정의의 투사들이 구름 떼처럼 모여들게 되었다. 이와 같이 천운을 타고 천하의 대세가 크게 바뀌게 될 무렵 유궁국의 병마의 대권을 한 손에 쥐고 있던 봉몽이 나서서 결정적인 역할을 했던 것이다. 봉몽은 후예를 죽이고 한착을 임금 되게 한 일등공신이었다. 그러나 모든 권력이나 재물은 한착과 그의 두 아들이 독점했다. 이에 뒤늦게 자신이 소외되고 있음을 깨닫게 되었다. 한편 현처가 죽은 다음에는 그의 처도 한착일가를 가까이 하거나 존경할 이유가 없게 되었다. 그래서 우직하고 소박한 봉몽이 사냥터에서 활로 한착의 큰아들 요를 사살하고 휘하 부대를 이끌고 소강에게 투항했던 것이다. 한착은 본시 신의(信義)가 없는 음흉한 인간이었다. 그가 당분간이라도 임금 자리를 차지할 수 있었던 것은 오직 천하무쌍의 무술을 자랑하는 봉몽이 뒤를 봐주고 있었기 때문이었다. 그러므로 봉몽을 잃은 한착은 풍전등화나 다름없게 되었다. 이와는 반대로 막강한 봉몽의 대군을 얻은 하왕조의 소강은 기사회생했을 뿐만 아니라 바람을 타고 승천하는 용의 기세로 한착일가를 어쭙잖게 멸할 수 있었다. 소강은 한착의 궁성을 포위하고 호통을 쳤다. 「간교하고 음흉한 한착아, 말을 듣거라. 마침내 하늘이 역적을 멸하고, 하왕조를 중흥시키려 한다. 그러니 천명에 따라 투항하고 엎드려 용서를 빌어라. 그러면 목숨을 부지할 수 있을 것이다.」

소강의 말이 끝나기가 바쁘게 한착의 부하 군졸들이 일제히 병장기를 버리고 땅에 엎드렸다. 그러나 한착의 둘째 아들 희(豷)가 한 손에 칼을 높이 치켜들고 오기를 부리며 말을 타고 달려 나왔다. 그러나 봉몽의 화살을 정통으로 맞고, 말에서 굴러 떨어졌다. 이에 하왕조는 국권을 잃은 지 40년 만에 다시 우임금의 후손이 등장하여 대통을 이어가게 되었다.

《춘추 좌전》 중의 하왕조 군사제도에 관한 기록

2. 하(夏)의 쇠퇴와 멸망

(1) 공갑(孔甲)과 걸(桀)

우(禹)에 의해서 건국된 하(夏) 왕조는 걸(桀)에 의해서 멸망했다. 그 간의 임금의 이름을 추리면 다음과 같다.『제1대 우(禹), 제2대 계(啓), 제3대 태강(太康), 제4대 중강(仲康), 제5대 상(相), 제6대 소강(小康), 제14대 공갑(孔甲), 제17대 걸(桀)』

치수의 공을 세운 우임금이 순임금으로부터 천자의 자리를 물려받고 하왕조를 세운 때가, 대략 기원전 2,200년경이었다. 그러나 제1대 우임금이 죽고 뒤를 아들 계(啓)가 이음으로써 중국 역사에서 최초로 왕조의 세습이 시작되었다. 제2대 임금 계는 처음에는 잘 다스렸으나 후반에는 해이해졌고 유흥에 골몰함으로써 나라가 문란하게 되었다. 제3대 태강(太康)은 우둔하고 무능했으며, 후예에게 나라를 찬탈 당하고 나라를 빈사상태에 빠지게 했다. 제5대 소강(小康)이 역적들을 처단하고 하왕조를 중흥했으며, 그로부터 약 4백 년간을 큰 탈 없이 명맥을 유지할 수가 있었다.

그 후 7대를 거쳐 제13대 왕 공갑(孔甲)에 이르러 하왕조는 다시 문란하게 되었다. 드디어 제17대의 걸에 의해 하왕조가 멸망했다. 그는 은의 주(紂)와 더불어 중국역사상 가장 잔학무도한 폭군이다.

사기(史記)에는 다음과 같이 기록했다.

『공갑은 오르자 귀신을 믿고 또 여색에 빠져 음란한 짓거리를 좋아했다. 그러므로 하나라의 덕이 다시 쇠퇴했고 제후들이 등을 돌렸다.』[16)]

또 다음과 같은 이야기도 전한다.

『하늘이 암과 수 두 마리의 용을 공갑에게 내려주었다. 마침 요임금의 후손으로 유루(劉累)라는 사람이 용을 잘 부렸으므로 공갑은 유루에게 어룡씨(御龍氏)라는 성을 내려주고 그로 하여금 두 마리의 용을 돌보게 했다. 그러나 뜻밖의 사고로 암 용이 죽자, 유루는 죽은 용의 고기를 소금에 절여서 임금 공갑에게 바쳐 먹게 했다. 공갑은 영문도 모르고 맛이 좋다고 하며 다시 바치라고 채근했다. 이에 유루는 용이 죽었다는 사실이 발각 될 것을 겁내고 멀리 도망가 몸을 숨겼다.』

이 사화 속에는 다음과 같은 상징적 의미가 숨어있다. 용은

---

16) 帝孔甲立 好方鬼神 事淫亂 夏后氏德衰 諸侯畔之.

하왕조를 창시한 우임금의 화신이다. 따라서 하늘에서 내려온 용을 잘 모시고 받들고 따라야 할 후손, 공갑이 잘못하여 죽게 하고 더욱이 용의 고기를 먹었다는 것은 후손이 선조의 공덕을 망치게 했다는 뜻이 내포되어 있는 것이다. 이렇듯이 선조를 모독하고 또 선조를 상징하는 용의 고기를 먹고 나온 후손이 바로 하왕조를 멸망케 한 걸(桀)이다.

십팔사략(十八史略)은 걸을 다음과 같이 기술했다.

『호를 걸이라고 했다. 성품은 탐욕하고 잔학했다. 완력은 쇠사슬을 당겨 끊을 수 있었다.』

『걸왕이 유시씨(有施氏)의 나라를 무력으로 정벌하자, 유시씨가 말희(末喜)라는 미녀를 걸왕에게 바쳤다. 걸은 그녀에게 매혹되고 총애했으며 그녀의 말이라면 무엇이든 다 들었다.』

『그리하여 옥으로 장식한 화려한 궁전을 세우고 나라와 백성의 재물을 탕진했다.』

『한편 고기를 산더미로 쌓고 육포를 숲처럼 사방에 걸어놓고 술을 가득 채운 연못에는 배를 띄우고 먹고 마시며 온갖 난잡한 짓을 다 했다. 지게미로 쌓은 높은 둑에서는 십리까지 내려다 볼 수 있었다.』

『북소리가 나면, 소처럼 술 연못에 엎드려 술 마시는 사람들의 수가 삼천을 헤아렸다.』

『이와 같은 낭비와 광란을 말희는 좋아했다. 그러나 반대로 만백성의 민심은 크게 이탈되고 말았다.』

『마침내 은나라의 탕왕이 하나라를 정벌하자, 걸왕은 명조라는 곳으로 도망가서 죽었다. 하왕조는 전후 17대 도합 430년 이어오다가 멸망했다.』

사기(史記)에는 다음과 같이 간략하게 적었다.

『공갑 때부터 제후들의 마음이 이탈했고 걸왕 때에는 더욱 심했다. 그런데도 걸왕은 덕치에 힘을 쓰지 않고 무력을 휘둘러 백성들을 다쳤으므로 백성들이 참고 견딜 수가 없게 되었다.』

『〈형세가 험악해지자〉 걸왕은 탕(湯)을 하대라는 곳에 감금했다. 얼마 후에 석방된 탕은 더욱 덕을 닦았으며 이에 제후들이 모두 탕을 따르게 되었다.』

『탕왕은 드디어 무력을 동원하여 하나라의 걸을 토벌했으며 걸은 명조로 도망가 쫓기던 끝에 죽었다. 걸은 죽기 전에 말했다. 내가 탕왕을 하대에서 죽이지 못하고 이 지경이 된 것을 후회한다.』

『탕이 천자에 자리에 올라 하나라를 대신하여 천하를 다스렸다.』

 이상이 하의 망국왕(亡國王) 걸을 중심으로 한 역사 기록이며, 그것은 지극히 간단하다. 그러나 걸에 대한 신화나 전설은 내용과 곡절이 다양하고 또 많다. 다음에서 걸을 중심으로 신화를 살펴보겠다.

(2) 걸(桀)과 말희(末喜)

 걸은 용의 육장을 먹은 공갑의 후손이다. 그러므로 걸의 핏줄기 속에는 마귀의 악성이 박혀 있었다. 걸은 천성이 잔학했을 뿐만 아니라 남달리 뛰어난 완력과 지능을 지니고 있었다. 그는 맨손으로 억세고 굵은 쇠사슬을 당기어 끊기도 했고 알몸으로 물속에 뛰어들어 손에 든 단도로 사나운 악어를 일격에 죽이기도 했다. 때로는 깊은 산에 들어가 맨주먹으로 호랑이나 승냥이를 때려잡기도 했고 또 광활한 들판을 달리는 노루나 사슴을 한 대의 화살을 날려 잡기도 했다.

 완력이나 무력뿐만이 아니라 또 다식하고 구변도 뛰어났다. 그러므로 그는 간교한 말재주나 괴변으로 자신의 비리나 잘못을 그럴 사하게 얼버무렸으며 또 절대로 남의 충고나 간언을 받아들이는 법이 없었다.

걸(桀)과 말희(末喜)

그러므로 그는 끝없는 탐욕으로 천하의 재물을 노략질했으며 동시에 오만 무례한 태도로 천하 만민들을 모욕하고 유린했다. 본래 임금은 하늘을 두려워하고 천도와 천명을 경건하게 받들고 따라야 한다. 그러나 걸은 하늘을 무시하고 천도와 천명에 어긋나는 짓거리를 서슴없이 자행했다. 임금은 백성의 어버이로서 인덕(仁德)을 베풀어 만민을 고르게 사랑하고 잘살게 해주어야 한다. 그런데 걸은 반대로 백성을 학대하고 만민의 재물을 수탈하고 못살게 굴었다.

　자고로 학정에는 무자비한 형벌이 따르게 마련이다. 걸은 순순히 따르지 않는 제후나 혹은 불평의 기색을 보이는 신하나 백성들을 마구 잡아다가 혹독하게 처형했다. 이에 어질고 덕 있는 충신들이 걸을 멀리 했고 반대로 간악한 소인배들이 모여들고 또 득세를 했다. 그 결과 백성들의 원성이 날로 높아졌으며 마침내는 하늘도 그를 버리게 되었다. 시경(詩經)에 천명미성(天命靡常)이라는 말이 있다. 천명도 바뀔 수 있다는 뜻이다. 임금이 덕을 잃으면 하늘은 그에게 내렸던 천명을 거두어 다른 유덕자(有德者)에게 넘겨준다.

　하왕조도 천벌을 받고 멸망할 운세에 놓이게 되었다. 이에 기름을 붓고 불을 사른 요물이 바로 말희(末喜)라는 악독한 미인이었다. 걸이 전에 산동(山東) 지방에 있는 유시씨(有施氏)라는 작은 나라를 정벌한 일이 있었다. 그 때에 투항한 유시씨의 임금이 재물과 함께 바친 요녀(妖女)가 바로 말희다.

　인간의 성품을 선과 악의 두 가지로 양분할 수 있다. 남을 사랑하고 함께 어울려 잘살려는 인애(仁愛)를 베푸는 선성(善性)이 있는 반면에, 폭력으로 남을 죽이고 남의 재물을 탈취하려는 탐학(貪虐)한 악성(惡性)이 있다.

선천적으로 타고난 핏줄기에 의해 선한 사람도 있고 혹은 악한 사람도 있다. 허나 사람은 학문을 익히고 마음을 수양 하면 어느 정도까지 악성을 억제할 수가 있으며 더욱 노력하 고 정진하면 선천적으로 악한 사람도 후천적으로 선한 사람 이 될 수 있다. 그러므로 옛날의 성현들은 학문과 덕행을 중 시했던 것이다.

자고로 개인이 남을 죽이거나 해치고 남의 재물을 탈취하 는 행위를 범죄로 치부하고 벌을 내린다. 그런데 국가적 차 원에서는 남의 나라를 침략하고 토지나 재물을 강탈하고 또 백성들을 잡아다가 노예로 부려 쓰는 무력침략을 도리어 미 화하거나 영웅적 행위라고 칭송된다. 즉 개인적 악행은 벌을 받지만 국가적 악덕은 도리어 영광의 승리라고 칭송한다. 이 에 악덕한 임금들은 무자비하게 남의 나라를 침공했던 것이 다. 참으로 한심스러운 우매한 짓거리가 아닐 수 없다. 이와 같은 국가적 횡포를 개인이 나서서 제재하거나 처벌할 수 없 다. 그래서 결국은 하늘이 나서서 마지막으로 심판하고 또 벌을 내리게 마련이다. 그래서 노자(老子)는 말했다.『하늘의 그물은 성기면서도 악을 빠뜨리거나 놓치지 않는다.』

그럼에도 불구하고 태고 때부터 수천 년이 지나고 문명이 발달한 오늘의 세계에 아직도 무력으로 탐욕을 채우려는 악덕 정치가들이 득실대고 있으니 한심스럽다. 걸은 하나라를 멸망케 했다. 신화를 통해 역사적 교훈을 얻어야 한다.

(3) 망국의 한을 품은 말희

말희는 본래 유시씨(有施氏)라는 나라의 미인이었다. 걸이 무력으로 그 나라를 정복하자, 그 나라 임금이 살아남기 위해서 바친 미녀였다. 그녀의 타고난 미모는 걸을 한눈에 매료했고 전신에 넘치는 요염한 교태는 걸의 넋을 사로잡았다. 이에 걸은 적의 나라의 여자를 왕비로 삼았던 것이다. 그러나 망국의 한을 품고 정복자의 품에 안긴 말희는 즐겁지만은 않았다. 귀를 막고 눈을 감아도 침략자의 칼을 맞고 죽어간 동포들의 아우성이 귓전에 울렸고, 처절한 몰골이 망막에 선명하게 떠올랐다. 그러므로 그녀는 가슴속으로 복수의 칼날을 갈고 있었다. 뿐만 아니라 그녀는 극과 극을 달리는 이중 성격의 소유자였다. 겉으로는 절색으로 요염한 교태가 넘쳤다. 그러나 속에는 모질고 앙칼진 복수의 불이 사납게 타고 있었다. 그녀는 일찍이 고국에 있을 때에 이따금 남장을 하고 말을 타고 사냥을 즐겼으며 또 번잡한 거리에서 시비를 벌이다가 칼을 휘둘러 남을 다치기도 했다. 열녀전(列女傳) 얼페전(孼嬖傳)에 다음과 같은 기술이 있다.

『말희는 하나라 걸의 왕비다. 용색은 아름답지만 덕이 없고 잔학하고 무도하여 남을 해쳤다. 여자이면서 남자의 사나운 마음을 지니고 또 허리에 칼을 차고 관을 쓰고 다녔다.』[17]

유시국의 임금이 걸에게 말희를 바친 속셈에는 그녀의 이중성격을 양면으로 이용하려는 의도가 숨어 있었던 것이다. 즉 그녀의 요염으로 걸을 홀리고 숨겨진 칼로 하나라를 멸망케 하자는 것이었다. 이와 같은 유시국의 임금의 계략은 적중했고 말희는 자신의 이중 역할을 완벽하게 수행했던 것이다. 우선 그녀는 요염한 미모와 음란한 작위로 걸을 완전히 사로잡았다. 그러면서 그녀는 걸에게 순종하고 무슨 말이던지 잘 따랐다. 이에 걸은 자신과 말희를 혼동하게 되었다. 자신이 바로 말희이고, 말희가 바로 자신인 것처럼 착각하게 되었다. 마침내는 말희의 생각이나 말을 바로 자기의 생각이나 말이라고 믿게 되었으며 그녀의 말을 다 따르고 행했던 것이

---

17) 末喜者 夏桀之妃也 美于色 薄于德 亂孼無道 女子行丈夫心 佩劍帶冠.

말희(末喜)

다. 말희는 걸에게 천자의 권위와 국가의 위세를 높이 세우기 위해 장엄하고 화려하고 거창한 궁전을 세우자고 졸랐다. 걸은 너무나 당연한 말이라고 찬성하며 한마디 덧붙였다.

"총명하고 아름다운 황후를 위해 후세에 길이 남을 장엄하고 또 눈 부실만큼 찬란한 궁전을 신축합시다."

새 왕궁의 건축을 위해 만백성이 혹독한 노동에 시달려야 했고 천하의 재물이 탕진되었다. 신축된 궁전은 하늘을 찌를듯이 높았다. 쳐다보면 무너져 내릴듯 하여 사람들은 이를 「경궁(傾宮)」이라고 했다. 한편 금은보석 및 옥돌로 치장을 했고 아울러 상아로 층계나 난간을 장식했다. 그래서 「경궁(瓊宮)」이라고도 불렀다.

(4) 주지육림(酒池肉林)의 광란

궁전 안의 전원의 꾸밈 또한 희한했다. 복판에 큰 연못을 파고 물이 아닌 '술'을 가득 채웠다. 못 둘레 잔디밭에는 산해진미를 고인 식탁을 늘어놓고 숲에는 육포를 주렁주렁 매달았다. 이를 가리켜 후세의 사람들은 주지육림(酒池肉林)이라 일컬었다.

왕궁 낙성의 축하연이 성대하게 열리는 날이었다. 하늘에는 오색의 무지개가 걸렸고 풍악이 은은하게 울리자 걸과 말희가 '술연못[酒池]'에 띄운 배를 타고 건너가, 찬란하게 장식한 누각에 올라가 앉았다. 그들의 좌우에는 역시 화려한 옷차림의 제후들과 중신들이 배석했고 한층 아랫자리에는 벼슬아치들이 득시글거렸다. 이윽고 '퉁!' 하고 북소리가 울렸다. 이를 신호로 사방의 숲속에서 오색이 찬란한 비단옷을 걸친 천여 명의 무희(舞姬)들이 요염한 몸짓을 짓고 나타났다. 흡사 숲에서 안개가 피어나는 듯 황홀했다. 뒤이어 아랫도리만 가린 날렵한 용사들이 먹이를 쫓는 굶주린 이리떼처럼 우르르 쏟아져 나와 여자들을 에워싸고 도열했다. 다시 '퉁' 하고 북이 울렸다. 그러자 용사들이 저마다 앞에 있는 무희를 하나씩 낚아채고 벌떡 '술연못'에 엎드려 꿀꺽꿀꺽

술을 마셨다. 그리고 또 다시 '퉁' 하고 북이 울리자, 이번에는 술 취한 남녀들이 일제히 몸에 걸쳤던 겉옷을 벗어 던지고 알몸으로 서로 엉키어 춤을 추었다. 걸과 말희는 광란하는 무리들을 내려다보면서 흡족한 듯이 크게 웃으며 좋아했다. 이를 후세에는 「일고우음삼천(一鼓牛飮三千)」이라 기록했다. 「북 소리에 삼천 명이 소 같이 엎드려 술을 마셨다.」는 뜻이다. 이번에는 홀연히 뿔피리 소리가 날카롭게 울렸다. 그러자 사람들은 숨을 죽이고 누각 위를 쳐다보았다. 말희가 성큼 일어나 몸을 내밀고 군중을 향해 손을 높이 들었다. 그러자 군중들은 천지를 뒤흔들 듯 소리 높여 환호성을 올리고 쌍수를 들어 화답했다.

광란의 열기가 절정에 오르자, 말희는 몸에 걸치고 있던 비단옷을 홀떡 벗었다. 그리고 한바탕 허공에 대고 흔들고는 그 비단옷을 두 손으로 잡고 매몰차게 잡아 찢었다. 비단이 '싹' 하는 소리를 내고 찢어지자, 말희는 그 조각을 다시 치켜들고 열광하는 군중을 향해 자랑스러운 듯이 흔들어 보였다. 이에 군중들은 다시 아우성을 치고 저마다 입고 있던 비단옷을 벗어 저마다 '싹!' 하고 찢어발겼다.

말희가 광란의 잔치를 벌이는 근저에는 음모가 숨어있었

다. 자기의 조국을 멸하고 또 자신을 유린한 걸과 하나라를 멸망케 하자는 속셈에서 꾸며낸 수작이었다. 즉 정복자를 음탕한 주색으로 타락시키고 또 사치와 낭비로써 나라를 멸망케 하자는 계략이었다. 그러나 요염한 말희에게 미친 걸은 눈치를 채지 못하고 음모에 빠져 자신도 모르게 멸망의 수렁으로 빠졌다. 열녀전에는 다음과 같이 적었다. 『말희을 무릎 위에 앉히고 그녀의 말을 다 들어주고 어리석게 광란하고 길을 잃었다.』

(5) 폭군의 멸망

① 관룡봉(關龍逢)과 이윤(伊尹) : 많은 사람 중의 관룡봉이란 충신이 있었다. 마침내 그는 비장한 각오를 하고 걸에게 충간(忠諫)을 올렸다.

"하왕조를 창건하신 시조 우임금의 본을 받으셔야 하십니다. 천명을 받으신 전하께서는 덕으로 나라를 다스리시고, 인애(仁愛)로써 백성을 잘살게 해야 하십니다. 그래야 하늘도 천명을 거두지 않습니다."

충고라고 할 것도 없다. 덕치(德治)의 원론을 환기하고자 했을 뿐이다. 그런데도 걸은 화를 버럭 내고 술잔을 내던지

이윤(伊尹)

며 고함을 쳤다.

"내가 바로 하늘이다. 내가 누구의 본을 받고 또 누구의 명을 받는단 말이냐. 나의 말이 천명이고 나의 행동이 바로 법도이거늘 네놈이 감히 나서서 지절거리느냐? 네놈은 목숨도 아깝지 않느냐?"

"소신의 목숨은 이미 전하께 바친 지 오래이옵니다. 소신의 죽음으로써 전하께서 선정(善政)을 베푸신다면, 그 이상 바랄 것이 없사옵니다."

"네놈이 그렇게 죽기가 소원이라면 원대로 죽여주마."

살기등등한 걸이 목자를 부라리고 영을 내렸다.

"여봐라, 이 대역 무도한 놈을 당장 끌어내다가 목을 치고, 성문 높이 효시해라. 감히 짐에게 거역하는 자, 그 말로가 어떠한지를 천하에 알게 하라." 그 길로 충신 관룡봉은 처형되었다. 한편 이윤(伊尹)이라는 현명한 사람이 있었다. 그는 직분 상으로는 높은 자리에 있지 않았다. 고작 왕궁의 선관(膳官 : 주방장)으로 임금의 수라를 조리하는 책임자였다. 그래서 직접 말을 할 수 있었다. 마침내 이윤도 나서서 걸왕에게 간언을 올렸다.

"지난번에 충신 관룡봉을 처형하신 처사는 잘못이었습니다. 그로써 천심(天心)과 민심(民心)을 동시에 잃으셨습니다. 그러므로 앞으로는 심기일전하시어 씀씀이를 아끼시고 백성들의 고통을 덜어주는 데 진력하셔야 하십니다. 백성들이 풍족하게 살아야 나라도 흥성하고 임금도 평안할 수가 있습니다. 백성이 궁핍하면 나라도 위태롭게 되고 따라서 임금 자리도 안전하지 못할 것이옵니다."

이윤의 말도 새삼 간언이라고 할 수 없는 지극히 상식적인 제왕학(帝王學)의 원론이었다. 그런데 걸은 평범한 정치의 상도(常道)를 가지 않고, 요녀(妖女) 말희와 짝이 되어, 황음무도(荒淫無道)하고 잔인포학(殘忍暴虐)을 일삼아 나라의 재물을 탕진하고 백성들을 유린했다. 그런데도 독선과 오만에 빠진 걸은 간언을 듣지 않을 뿐더러 도리어 충신을 무참하게 처형함으로써 만민의 미움을 사고 스스로 고립되고 급기야는 멸망하기에 이르렀다. 걸은 이윤이 바친 산해진미를 맛있게 먹으면서 그를 경멸하는 투로 한마디 했다.

"경의 요리솜씨는 천하일품인 지라, 이번만은 못들은 척

넘기겠다. 그러나 앞으로는 말을 삼가고 함부로 흰소리하지 말라. 짐이 바로 태양이고, 황후가 바로 달이다. 해와 달이 하늘에서 영원히 빛을 발하듯이 짐과 황후도 지상에서 영원히 권세를 누릴 것이다."

② 민심의 이탈과 폭군의 멸망 : 대궐에서 나온 이윤은 절망에 빠진 심정으로 어둔 밤길을 재촉하며 귀가하고 있었다. 오늘까지는 목숨을 보전하고 살아 있으나, 언제 관용봉 같이 화를 당할지 모른다. 그 때에 한 행인이 스치면서 나직한 소리로 시를 읊듯이 중얼거리는 것이었다.

"어찌 박(亳)으로 가지 않으리, 그 곳에는 빛과 희망이 있노라."

박은 바로 탕왕(湯王)이 다스리는 은(殷)나라의 도읍이다. 당시의 은나라는 제후국에 불과했다. 그러나 탕왕의 덕이 높다는 소문이 퍼져, 전국에서 많은 뜻있는 선비들이나 백성들이 모여들었다.

이윤은 본래 은나라 출신이었다. 그러므로 그는 그 자리에서 발길을 돌려 동쪽 박을 향해 걸음을 재촉했다. 후세의 공자는 논어에서 말했다. 『위태롭게 기운 나라에는 들어가지 말고, 흐트러지고 문란한 나라는 버리고 떠나라.(危邦不入

亂邦不居)』『천하에 도가 행해지면 나서서 참여를 하고, 도가 없으면 은퇴하고 숨어라.(天下有道則見 無道則隱)』

 무도한 나라는 다른 나라가 아니다. 바로 포학한 걸 같이 권세를 남용하고 충신을 마구 죽이는 나라다. 동시에 통치자가 유흥함으로써 나라의 재물을 탕진하고 백성을 못살게 구는 나라다. 따라서 모든 백성들은 악덕한 독재자 잔학한 폭군을 증오하고 하루라도 빨리 그가 죽기를 바라게 마련이다. 당시의 하왕조의 백성들은 다음과 같은 노래를 입버릇처럼 불렀다.『저 지긋지긋한 해가 언제나 슬어질까? 차라리 내가 네놈과 함께 죽으리라.』민심이 천심이라 했다. 천하 만백성에게 미움과 저주를 받으면 그 임금은 오래 견디지 못한다. 마침내 하늘은 덕이 있는 탕(湯)으로 하여금 걸을 치고 새 나라를 세우게 했던 것이다. 탕은 이윤을 재상으로 등용하고 덕치를 펴 민심을 사고 나라를 부강하게 발전시켰다. 그 무렵 걸 밑에서 녹을 먹던 비창(費昌)이라는 선비가 있었다. 그가 어느 날 대낮에 황하(黃河) 강변을 걷고 있는데 홀연히 하늘에 두 개의 태양이 떠올랐다. 하나는 서쪽에, 다른 하나는 동쪽에 떠서 서로 대립하는 듯이 보였다. 그런데 기이하게도 동쪽의 태양은 눈이 부시도록 찬연한 데 비해, 서쪽의 태양은 먹구름 속에 묻혀 암담하게 보였다. 비창이 본 두 개의 태양은 바로 동쪽의 신흥 왕국 은나라를 상징하고, 서쪽의 태양은 허물어지는 하왕조를 상징한 것이었다.

탕왕과 이윤은 마침내 대군을 동원하여 하를 쳤다. 이에 천하의 제후들이 기다렸다는 듯이 호응하고 나섰다. 한편 걸을 돕고자 하는 제후는 하나도 없었다. 뿐만 아니라 그 밑에서 녹을 먹던 고관이나 무장들도 사방으로 도망을 가고 행방을 감추었다. 이에 고립무원 하게 된 걸은 명조(鳴條)라는 곳까지 쫓기어 갔다가, 토벌군의 칼을 맞고 처참하게 죽었다.

말희는 어찌 되었을까? 그녀의 최후를 전하는 기록은 없다. 아마 그녀는 자기의 고국, 유시국에 돌아가 자결했을 것이다. 이렇게 하여 우임금의 뛰어난 치수와 국토관리의 공으로 창설된 하왕조는 종국에는 포학무도한 걸의 의해 비참하게 멸망하게 되었던 것이다.

탕왕(湯王)

제5편 은(殷) 왕조 편

 우(禹)가 창건한 하(夏)가 폭군 걸(桀)에 의해 기울게 되자 은(殷)의 탕왕(湯王)이 나타나 새 나라를 세웠다. 왕조의 교체를 역성혁명(易姓革命)이라고 한다. 즉 하늘의 절대 명령으로써 악한 임금을 추방하고 착한 임금을 새로 등장케 한다는 뜻이다. 그러나 새 나라도 오래가면 역시 타락하고 쇠퇴한다. 그러면 또 다른 새 나라가 천명을 받고 나타난다. 이편에서는 먼저 중국 고대의 왕조교체를 개관하고 아울러 은나라의 흥망성쇠를 살펴보겠다.

 은나라를 초기에는 상(商)이라고 했다. 상 민족이 중심이 되어 세운 나라이기 때문이다. 고대의 은나라는 몽매한 노예제도(奴隷制度)와 신권통치시대(神權統治時代)였다. 무력이 강한 부족이 다른 부족을 강제로 노예로 부려먹는 것을 노예제도라 했다. 몽매한 고대에는 인간 자체에 대한 의식(意識)이나 자아의식(自我意識)이 거의 없었다. 그래서 통치자나 피통치자나 거의 동물적 존재로 비문화적 삶을 살고 있었다.

그러나 시대의 흐름에 따라, 계층 간의 격차가 심해지고 권력과 재물에 대한 욕심이 커짐에 따라 통치계층이 잔인해지고 노예계층이 더욱 핍박을 받게 되었다. 한편 인간의 지혜가 발달하고 자의의식이 높아짐에 따라 혁명이 빈번히 일어났던 것이다.

1. 「하·은·주(夏殷周)」 삼대(三代)

(1) 악은 망하고 선이 이긴다

오랜 세월을 두고 흥망성쇠를 거듭한 인류역사를 우주적인 안목으로 보면 「선은 흥하고 악은 멸망한다.」는 낙관과 희망을 갖게 된다. 그것이 하늘의 뜻이고 또 하늘의 도리다. 우(宇)는 공간이고 주(宙)는 시간이다. 「공간과 시간의 통합체」를 「천(天)」이라 하고 또 「하늘의 도리」를 「천도(天道)」라고 한다.

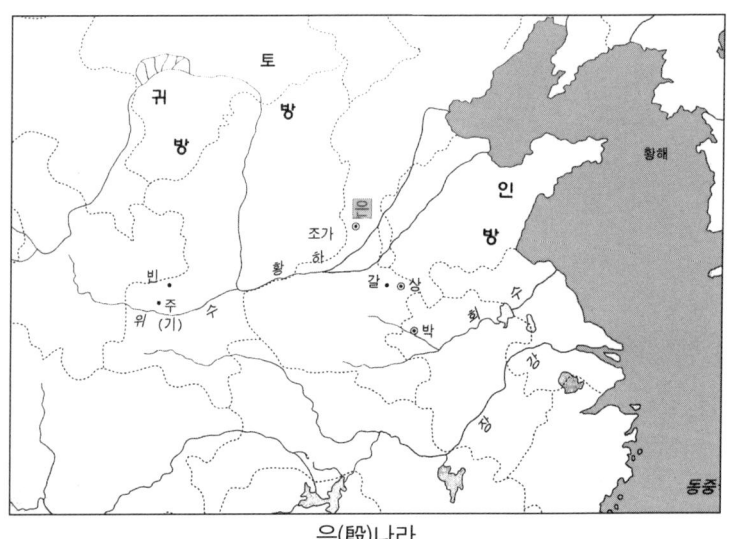

은(殷)나라

왕조의 흥망성쇠도 그와 같은 맥락에서 보아야 한다. 오천 년에 걸친 중국의 역사변천은 복잡다단하게 엉키고 또 우여곡절도 많다. 그러나 우주적인 안목과 발전적인 견지에서 종합하면 대체로 낙관할 수 있다. 즉 새 왕국이 나타나면 총체적으로 향상하고 발전했음을 알 수 있다. 이러한 낙관론이 곧 유교의「역사관(歷史觀)」이자 동시에「천도관(天道觀)」이다. 공간과 시간을 통합한 우주를「하나의 큰 생명체」로 본다. 공간과 시간을 통합한 우주 속에서 자연 만물이 부단히「생성(生成), 변화(變化), 발전(發展)」하고 있다. 그래서「우주를 하나의 생명체」라고 한다.

그것이 곧 유교의「생명철학적발전관(生命哲學的發展觀)」의 기본원리다. 역경(易經)에서는「생생불이(生生不已)」라고 했다. 천지 만물 및 인류의 역사와 문화는 천도를 따라 쉬지 않고 선 방향으로 발전하고 있다.

(2) 혁명(革命)과 방벌(放伐)

인류의 역사 발전도 그렇다. 부분적 일시적으로는 악이 이길 때도 있다. 그러나 총체적으로는 선이 이기고 악은 멸망한다. 따라서 개별적 나라에서나, 총체적 인류 사회에서도,

착한 신흥의 체제나 세력이 악하고 낡을 체제나 세력을 몰아내게 마련이다.

고대 중국에서는 이를 「방벌혁명(放伐革命)」이라고 한다. 「방벌」은 「악을 타도하고 물리친다.」는 뜻이다. 「혁명」은 「하늘이 명을 바꾸어 내린다.」는 뜻이다. 그 예를 「하·은·주」세 왕조에서 볼 수 있다.

하의 마지막 왕 걸(桀)이 타락하자, 은의 탕(湯)이 나타나 걸을 치고 새 나라를 창건했다. 다시 은의 마지막 왕 주(紂)가 타락하자 주(周)의 문왕(文王)과 그의 아들 무왕(武王)이 나타나 새 나라를 창건했다. 악(惡)은 스스로 물러나지 않는다. 반드시 무력으로 쳐야 멸망하다. 그래서 무력방벌(武力放伐)이 필요한 것이다.

「왕조의 교체」를 「역성혁명(易姓革命)」이라고 한다. 「역성」은 「성을 바꾼다.」는 뜻이고 「혁명」은 「하늘이 명을 바꾸어 내린다.」는 뜻이다. 동양의 「혁명」은 서양의 혁명과 뜻이 다르다. 서양에서는 인위적으로 새로운 강한 세력이 낡고 약한 세력을 축출하는 것을 혁명이라 한다. 그러나 유교에서 말하는 혁명은 「하늘이 명을 바꾸어 내린다.」는 뜻이다. 본래 하늘은 「유능하고 유덕한 사람」에게 「천명」을 내려 임금이 되고 백성을 다스리게 한다. 그러나 임금이 되어도 그들의 후손이 실덕하면 하늘은 명을 거두어 새 사람에게 바꾸어 내린다.

(3) 「하·은·주」의 교체

「하(夏)·은(殷)·주(周)」를 삼대(三代)라고 한다. 이때에는 천명(天命)에 의한 「무력방벌」과 「역성혁명」이 여실하게 나타났다. 그러므로 유교는 이때의 왕조교체를 바탕으로 「악은 망하고 선이 이긴다.」는 덕치사상을 강조한다. 우(禹)임금이 창건한 하(夏)왕조가 말기에 포학무도하고 황음잔인한 걸(桀)에 의해 타락하자, 신흥의 은(殷) 민족이 일어났다. 그리하여 덕망 높은 지도자 탕(湯)임금을 옹립하고 새 왕국을 창건했다. 그러나 탕왕이 창건한 은(殷)도 후세에는 타락하고 주(紂)에 와서는 도저히 수습할 수 없게 되었다. 그래서 하늘은 주(周)나라의 문왕(文王)에게 천명을 내리고 또 그의 아들 무왕(武

하왕조 하우씨(夏王朝 夏后氏)

王)으로 하여금 무력으로 주(紂)를 타도하고 새 나라를 세우게 했던 것이다.

악한 임금이란 하늘의 도리를 따르지 않고 인간적, 동물적, 이기적 차원의 탐욕을 채우기 위하여 백성을 학대하고 무력을 휘둘러 남을 살상하고 남의 재물을 탈취하고 자기만의 향락을 추구하는 악한을 말한다. 한편 착한 임금은 하늘의 도리를 따르고 만민을 사랑하고 생산을 높이고 재물을 절약하여 나라를 더욱 흥성하게 만드는 지도자 곧 유덕자를 말한다.

그러나 하늘로부터 인정을 받고 또 천명(天命)을 내려 받고 또 새 왕조를 창건하기까지는 오랜 세월에 걸친 수많은 시련을 극복해야 한다. 이와 같이 「천도와 천명」을 「정치적 선악」에 결부시키는 것이 유교의 특색이며 전통이다. 이러한 정치사상은 서양에는 없다. 서양 사람들은 무력이 강하면 승리하고 무력이 약하면 패한다는 단순 논리를 따른다. 서양 사람들은 개인주의 이기주의를 바탕으로 하고 권력과 재물 및 육체적 쾌락을 끝없이 추구한다. 동시에 자신의 탐욕을 채우기 위해서는 권모술수와 무력행사를 당연시 한다. 서양 사람들은 대체로 동양 사람처럼 존엄한 정신과 윤리 도덕을 높이는 일이 없다.

2. 은(殷)을 세운 탕왕(湯王)

(1) 은의 시조(始祖) 설(契)

① 상(商)과 은(殷) : 은나라(BC.1766 - BC.1122)를 전에는 상(商)이라고 했다. 엄밀히 말하면 전반기는 상이고 후반기는 은이다. 탕왕이 하(夏)의 걸(桀)을 추방하고 새로 나라를 창건했을 때는 상이라 했다. 그 후 19대 왕 반경(盤庚)이 BC. 1400년경에 도읍을 안양(安陽)으로 옮기고 이름을 은(殷)이라고 고치고 12대 후인 주(紂)에 이르러 멸망할 때까지 은이라 일컬었다. 여기서는 전후를 통해서 은이라 부르겠다. 〈연대는 추측 연대로, 학설에 따라 다르기도 하다.〉

서기 1899년 하남성(河南省) 안양현(安陽縣) 소둔촌(小屯村)에서 갑골문자(甲骨文字)가 나타났고 계속해서 그 일대의 은허(殷墟)에서 청동기(靑銅器)를 위시한 많은 유물이 발굴되었다. 그리하여 은(殷) 왕조를 역사적으로 실재하던

수렵갑골문

나라로 인정하게 되었다. 그러나 갑골문자의 기록은 반경이 도읍을 옮기고 나라 이름을 은이라고 개칭한 이후로부터 멸망할 때(BC. 1127년)까지 약 270년간의 쓰여진 것들이다. 그러므로 기원전 1776년경에 탕왕이 하의 폭군 걸을 방벌(放伐)하고 새 왕국을 창건한 때의 기록은 아직 발견된 것이 없다. 고로 여기 서술한 은의 이야기도 대개는 신화나 전설에 속한다. 은나라를 중흥한 19대 왕 반경을 중심으로, 은왕조의 시작과 끝을 대략 다음과 같이 세 시기로 나눌 수 있다.

기원전 1,776년 경 : 탕왕이 하의 걸을 추방하고 새 나라를 세우고 상이라고 일컬었다.

기원전 1,350년 : 탕으로부터 19대가 되는 반경이 도읍을 안양에 해당하는 은 지방으로 천도(遷都)하고 나라 이름도 은이라고 고쳤다. 은허에서 발굴된 여러 가지 유물들은 그 이후의 것들이다.

기원전 1,127년 : 은나라의 마지막 폭군 주(紂)왕이 신흥의 주(周)의 무왕(武王)에게 주멸(誅滅)되었다. 하(夏), 은(殷) 두 왕조의 세계(世系)는 다음과 같다.

하(전 2300 －전 1766) : 우(禹)〈1대〉―계(啓)〈2대〉―태강(太康)〈3대〉―소강(少康)〈6대〉―공갑(孔甲)〈14대〉―이계(履

癸) 걸(桀)〈17대, 멸망〉

은의 시조 : 제곡(帝嚳)—설(契)—탕(湯)〈건국〉

은왕조(전1766 - 전1127) : 탕왕(湯王)〈1대〉반경(盤庚)〈19대〉무정(武丁)〈22대〉제신(帝辛) 주(紂)〈31대 : 멸망〉〈이상의 연대는 대략의 추정 연대, 따라서 학자에 따라서는 100년의 차이가 날 수도 있다.〉

역사학자들은 은(殷)이라는 국호(國號)보다 상(商)이라는 칭호를 많이 쓴다. 본래 민족의 시조인 설(契)이 하남성(河南省) 상(商)에 봉해졌기 때문에 그들 자신들이 상이라 자칭했던 것이다. 다른 왕조도 대개 시조가 봉해진 나라 이름을 따서 국호로 삼았다. 주(周), 진(秦), 한(漢), 당(唐), 송(宋)의 국명이 다 그러하다.

은나라의 시조는 순임금 밑에서 사도(司徒 : 교육장관)를 지낸 설(契)이다. 그의 14대손이 은(殷)을 세운 탕왕(湯王)이다. 그들 부족은 여덟 번이나 중심지를 옮겼다. 그 이유는 그들이 화전농경(火田農耕)을 했으므로 농경지를 자주 옮겼을 것으로 추측된다. 탕왕에 이르러 비로소 도읍을 설의 부친 제곡(帝嚳)이 거주했던 박(亳)으로 정했으며, 그 때부터 은나라는 두각을 나타내고 대외적으로도 세력을 확장하게 되었

다. 〈이 책에서 서술하는 은나라의 고사의 전반부는 신화 전설에 속하고 후반부는 역사적 고사에 속한다.〉

(2) 설(契)의 출생과 공적

은 민족의 시조는 설(契)이다. 설의 출생에 얽힌 기이한 설화가 전한다. 설의 아버지는 오제(五帝)의 한 사람인 제곡(帝嚳)이고, 어머니는 간적(簡狄)이다. 간적은 제곡의 차비(次妃)였다. 어느 초여름 날 저녁, 어둠이 내리기 시작할 무렵에 그녀는 시녀를 데리고 궁전 뒤에 있는 맑은 강물에 들어가 목욕을 했다. 목욕을 마치고 풀밭에 누워 있었다. 그 때에 한 마리의 제비가 그녀의 치마폭에 알을 사뿐히 떨구고 사라졌다. 그녀는 반사적으로 알을 입에 넣고 꿀꺽 삼켰다. 그리고 그 날 밤에 임금 제곡과 동침을 했고, 잉태해서 열 달 후에 출산한 왕자가 바로 설이었다.

『은나라의 선조는 설이다. 그는 제곡의 아들이다. 어머니 간적은 유융씨의 딸이다. 그녀가 신비로운 제비가 떨어뜨리는 알을 삼키고 아들 설을 출산했다.』[18]

---

18) 其先曰契 帝嚳子也 母簡狄 有娀氏女 見玄鳥墮卵 吞之生契 〈十八史略〉.

태어날 때부터 남달리 총명한 설은 마침내 높은 학식과 인덕을 겸비한 의젓한 선비로 성장하였다. 그는 순(舜)임금의 명을 받고 치수의 전념하고 있는 우(禹)를 성심으로 보좌했다. 이에 순임금은 그의 성실한 인품과 탁월한 능력을 인정하고 그에게 사도(司徒)의 직책을 맡겼다. 사도는 만민을 교육하고 감화하는 책임자로 오늘의 문교장관에 해당한다. 맹자(孟子)에 다음과 같은 기록이 있다. 『사람에게는 따라야 할 도리가 있다. 배불리 먹고 따뜻하게 입고 안락하게 살되, 바르게 교육을 받지 않으면, 금수와 비슷한 존재가 된다. 성인은 그것을 걱정해서

치수(治水)의 조신(祖神), 우(禹)의 묘(廟)

설(契)을 문교장관 격인 사도에 임명하고 사람들에게 인간의 윤리를 교육했다. 즉 부모와 자식이 서로 친애하고, 임금과 신하는 서로 도의를 지키고, 남편과 아내는 서로 직책을 나누어 수행하고, 연장자와 나이 어린 사람은 서로 질서를 지키고, 벗이나 친구들은 서로 신의를 지키게 했다.」[19)]

현조사희도(玄鳥賜喜圖)
제곡의 비로 현조의 알을 삼키고 설(契)을 낳았다고 한다.

윤리 도덕이 문란하면 인류 사회는 파탄난다. 윤리 도덕을 높이기 위해서는 그에 대한 교육을 강화해야 한다. 백성에 대한 윤리교육의 중책을 맡은 설은 혁혁한 공을 세웠다. 이에 순(舜)임금은 그를 상(商)이라는 지방에 봉하고 자씨(子氏)라는 성을 내려주었다. 설의 14대 후손이 바로 은나라를 창건한 탕왕(湯王)이다.

---

19) 人之有道也 飽食煖衣 逸居而無敎 則近於禽獸 聖人有憂之使契爲司徒 敎以人倫 父子有親 君臣有義 夫婦有別 長幼有序 朋友有信.

(3) 탁월한 은(殷) 민족

설(契)이 순임금으로부터 영토를 받고 상(商)이라는 제후국을 수립한 후, 그들 상 민족은 도읍을 여덟 번이나 옮기면서 세력을 확장했다.

상 민족은 말 잘 타고 또 활 잘 쏘는 동방의 기마민족(騎馬民族)에 속하였다. 그러므로 무력으로 주변의 작은 나라들은 굴복시키고 날로 세력과 영토를 확장했다.

또 그들은 무력만이 아니라 기능 면에서도 남달리 슬기로운 민족이었다. 그들은 일찍부터 청동기(靑銅器) 제작을 위시하여 여러 가지 수공업을 발달시켰다.

마침내 그들은 마차(馬車)를 고안했으며 그 마차의 탁월한 기동력과 적재능력(積載能力)을 이용하여 여러 나라를 오가면서 교역을 했으며 막대한 경제적 부를 축적할 수 있었다.

탕이 임금의 자리에 올랐을 때는 그들의 국력이 제법 신장되었던 때였다. 그러므로 그는 또 다시 도읍을 박(亳)으로 천도했다. 박은 그들 민족의 시조 즉 설의 부친 제곡의 근거지였다. 탕왕이 박을 도읍으로 정했다는 것은 민족의 발상지를 중심하고 세력을 사방으로 확대하려는 의도가 숨어 있었다. 그러나 국력의 신장은 무력이나 재력만으로 이뤄지는 것이 아니다. 나라를 대표하는 임금에게 높은 인덕(仁德)과 감화력이 있어야 한다. 이 점에 있어서도 탕왕은 탁월했다.

국내적으로 그는 백성을 사랑하고 또 민생을 안정시켰으며 동시에 국외적으로도 신의를 잘 지키고 친선과 교역에 힘을 써 다른 나라의 제후들로부터 높은 신망을 얻고 있었다. 우수한 민족에서 탁월한 인물이 나타나는 법이다. 동방의 기마민족 속에서 탕이 나타났다.

탕(湯)은 양(陽)과 통한다. 굴원(屈原)은 천문(天問)에서 「태양이 탕곡에서 나온다(出自湯谷).」라고 했다. 신화에서는 탕왕을 태양신(太陽神)이라고 보기도 한다. 즉 암흑의 바다의 파도를 타고 새벽에 세차게 떠올라오는 태양신의 화신이 바로 탕왕이다. 그는 오제의 한 사람인 제곡과 또 순임금 밑에서 백성들을 교화하는데 혁혁한 공을 세운 설의 후예로 태어났다. 특히 그는 때를 맞추어 지상에 나타났다. 즉 하의 걸이 포학무도하여 백성이 신음하고 있을 때, 점차로 국력을 진작하고 있는 신흥의 은 민족을 바탕으로 삼고 출현했던 것이다.

(4) 탕왕의 인덕(仁德)

사략(史略)에는 탕왕의 인덕을 알리는 일화가 둘 있다. 먼저 「새 그물」에 관한 고사를 말하겠다. 탕왕이 교외로 사냥을 나간 일이 있었다. 넓은 사냥터에는 이미 다른 나라의 제후들이 와서 진을 치고 사냥을 하고 있었다. 그들은 모두 제각기 사방으로 그물을 빈틈없이 둘러치고 하늘을 나는 새들을 일망타진하고 있었다. 이를 본 탕왕은 길게 탄식하며 혼잣말을 흘렸다.「사냥에도 지킬 도리가 있는 법이다. 저렇게 사방을 틀어막고 새들을 모조리 잡으면 새들의 갈 곳이 없게 될 것이며, 종국에는 날짐승의 씨가 마를 것이다. 따라서 하늘의 노여움을 사게 될 것이다.」 탕왕은 다른 제후들과 다르게 세 방향을 터놓고 오직 바람에 쫓기는 한쪽에만 그물을 쳤다. 그리고 외쳤다.

「날짐승들아, 너희들 뜻 내키는 대로 동서남북 사방으로 자유롭게 흩어져 날아가거라. 다만 하늘의 바람에 쫓겨 오갈 데 없는 새들 만은 내가 친 그물에 와서 걸려라.」

그런데 어찌 된 일인지, 다른 제후들이 사방을 막고 쳐놓은 그물보다, 세 방향을 비어놓고 한쪽만을 막고 친 그물에 잡히는 새들이 엄청나게 많았던 것이다. 그게 바로 하늘의 도리이다. 탐욕에 눈이 어둡고 냉철하게 사리를 분별하지 못하는 어리석은 사람들은 사방을 꽉 틀어막으면 모든 새를 다 잡을 것으로 착각한다. 그러나 사방을 틀어막으면 애당초 새가 들어올 틈이 없으며 따라서 그물에 걸릴 것도 없게 된다. 그러나 슬기로운 탕왕 같이 세 방향을 터놓고 바람에 쏠리는 방향으로 한쪽만 그물을 쳐놓으면 모든 새들이 바람을 타고 모여들게 마련이다. 그것이 바로 하늘의 도리 즉 우주의 이법(理法)이다. 사람을 다스리는 정치도 같다. 인민을 핍박하고 착취하면 인민이 사방으로 흩어지고 나라가 쇠망한다. 반대로 인민을 사랑하고 양육하면 사방에서 사람들이 모여들고 따라서 나라가 더욱 흥성하게 된다. 자고로 성군(聖君)은 하늘의 도리를 따라 나라를 흥성하게 했다. 반대로 우둔하고 포악한 임금은 하늘의 도리를 따르지 않고 자기 욕심을 무한정 채우려고 백성을 못살게 착취하다가 망했던 것이다.

(5) 스스로 제물이 된 탕왕

혹심한 가뭄이 칠 년이나 계속되었다. 태사(太史)가 점괘를 보고 탕왕에게 말했다.「사람을 제물로 바치고 축원해야 할 것입니다.」 그러자 탕왕이 말했다.「하늘에 제사를 지내

탕왕상(湯王像)

고 축원하는 까닭은 백성들을 잘살게 함이다. 그런데 사람을 제물로 바쳐야 한다면, 별 수 없이 임금인 내가 제물이 되야 하겠구나.」 그리고 탕왕은 목욕재계하고 손톱과 머리를 자르고 흰 띠[白茅]를 몸에 걸치고 자신을 희생으로 삼고 상림(桑林)에서 제사를 드리고 다음과 같이 반성하며 하늘에 축원을 올렸다.

『소자가 다스림에 있어 절도를 잃었나요? 백성들이 자기네들의 생업을 잃었나요? 대궐이나 궁전을 호화롭게 차리고 사치를 했나요? 여색을 지나치게 탐했나요? 뇌물이나 비행이 성행하기 때문입니까? 아첨 혹은 참언하는 간신들이 많은가요?』 탕왕이 스스로 반성하며 축원을 올리자, 하늘에서 즉시 큰비가 쏟아져 내렸다.

(6) 이윤(伊尹)과의 만남

인덕을 갖춘 탕왕을 보필하고 은나라를 창건하는데 혁혁한 공을 세운 재상(宰相)이 바로 이윤(伊尹)이었다. 이윤은 본래 유신씨(有莘氏)라는 작은 나라에 묻혀 살던 빈천한 처사(處士)였다. 그가 탕왕과 인연을 맺게 된 복잡하고 기구한 경위에 대해서 여러 가지 설이 있다.

하나는 이윤이 탕왕의 인덕을 흠모하고 그를 섬기려고 했으며 마침 유신씨의 딸이 탕왕과 결혼하게 되자, 그녀의 잉신(媵臣)으로 수행하여 탕왕에게 접근했다고 한다. 잉신은 시집가는 여성을 따라가는 비천한 하인이다. 탕왕 곁에 접근한 이윤은 주방장으로서 특유한 요리 솜씨를 발휘하여 탕왕의 환심을 샀다고 한다.

다른 하나는 이윤이 하(夏)의 폭군 걸(桀)의 요리사로 있다가 간언을 하고, 생명이 위태롭게 되자 은나라로 피신해 왔다고 한다. 또 다른 하나는 탕왕이 먼저 이윤의 현명함을 알고 막대한 예물을 보내어 그를 초빙했다고 전한다.

다른 설도 있다. 탕왕이 동쪽 유신씨의 나라에 가서 먼저 이윤을 발견했고 다음에 유신씨의 딸을 아내로 맞이했을 거라고 한다. 선견지명(先見之明)을 갖춘 이윤이 탕왕에게 후덕한 왕비를 추천했으며, 부족 간의 결합을 시도했을 것이다.

(7) 이윤의 출생과 만남의 뜻

비범한 인물은 비범하게 태어난다. 이윤의 출생도 기이했다. 여씨춘추(呂氏春秋)나 열자(列子)에 다음과 같은 고사가 있다. 이수(伊水) 가에 살고 있는 이윤의 어머니가 잉태한 지 얼마 후의 일이었다. 꿈속에 신령이 나타나 그녀에게 말했다. 『이수에 절구통이 떠내려 오는 것을 보는 즉시 동쪽을 향해 달려라. 절대로 뒤돌아보면 안 된다.』 이튿날 과연 절구통이 떠내려 왔다. 그녀는 신령의 계시대로 즉시 쏜살같이 동쪽으로 뛰어 달렸다. 10리 쯤 달린 다음 이제는 괜찮겠지 하고 뒤를 돌아보았다. 그 순간 마을이 완전히 물바다로 변하고, 그녀는 한 그루의 공상(空桑) 즉 속이 빈 뽕나무로 돌변했다.

얼마 후, 한 여인이 뽕잎을 따러 왔다가 뽕나무 속에 어린 아이가 있는 것을 발견하였다. 그 아이가 바로 이윤이었다. 인류의 시조 복희(伏羲)와 여와(女媧)가 속이 빈 표주박에서 탄생했듯이 이윤은 속이 빈 뽕나무에서 태어난 것이다. 이들이 다 홍수와 관련이 있다. 아이를 발견한 여인은 유신국(有辛國)의 임금에게 바쳤다. 그러나 임금은 괴상하게 태어난 아이를 포인 즉 주방의 요리사에게 기르게 했다. 이로 인하여 이윤은 요리 솜씨가 뛰어났으며, 요리 솜씨가 계기가 되어 후일에 탕왕에게 접근할 수 있게 되었다.

사마천(司馬遷)

사마천은 탕왕과 이윤의 만남에 대해서 두 가지 설을 내세웠다. 하나는 이윤이 어진 탕왕에게 접근하려 했다는 설이고, 다른 하나는 탕왕이 슬기로운 이윤을 후한 예물로 맞이했다는 설이다. 전자의 전설을 먼저 소개하겠다. 궁중의 주방에서 성장한 이윤은 탕왕이 인자하고 인덕이 높다는 소문을 듣고 왕에게 접근하려고 했다. 그러나 좀처럼 연줄이나 기회를 얻지 못했다. 그러다가 마침 유신씨(有辛氏)의 왕녀가 탕왕에게 시집을 가게 되자, 이윤이 자청해서 그녀의 잉신(媵臣)이 되었다고 한다. 잉신은 신부를 따라가는 노예와 같은 존재다. 결국 이윤은 높은 신분으로 탕왕 앞에 나타난 것이 아니고 천한 신분으로 나타났던 것이다. 즉 그는 주방장으로서 탕왕에게 접근했으며, 우선은 맛있는 요리로 탕왕을 즐겁게 해주었다. 그리고 점차로 왕도

(王道)의 덕치(德治)를 논하는 상대가 되었던 것이다.

그러나 이설(異說)도 있다. 굴원(屈原)은 천문(天問)에서 다음과 같이 읊었다. 『탕왕이 동쪽 나라를 순행하다가 유신국에 이르러, 어째서 미천한 신분인 이윤의 말을 듣고, 그 나라 왕녀를 왕비로 맞이했을까? 본래 이윤은 개울가에서 자란 속이 빈 뽕나무에서 태어난 현인이거늘 유신국에서는 왜 그를 미워하고 왕녀의 잉신으로 딸려 보냈을까?』 굴원의 천문편의 시는 표면적으로는 질문만 하고 해답은 없다. 그러나 그 속에는 해답이 숨어 있다. 즉 탕왕이 동순(東巡) 하자, 공상에서 태어난 현인 이윤의 말을 듣고 탕왕이 길복(吉福)을 안겨다 줄 유신국의 왕녀와 결혼을 했다. 그리고 또 이윤을 잉신으로 딸려서 함께 은나라로 오게 했다는 것이다.

여기서 우리는 신화 전설 속에 숨어 있는 의미를 터득해야 한다. 탕왕이 동순한 것은 부족의 연합을 위해서 여러 나라를 찾아 다녔던 것이다. 마침 그 때에 유신국의 현인 이윤이

굴원(屈原)

있었다. 비록 신분은 천했으나 그는 현인이었다. 그래서 탕왕이 그의 건의를 받아들이고 부족 연합을 위해서 유신국의 왕녀를 왕비로 맞이하고 아울러 이윤을 잉신이란 이름으로 함께 은나라로 오게 했던 것이다. 다시 말하면 탕왕은 걸(桀)을 치기 위하여 여러 부족들과의 연합 세력을 구축하고 있었으며, 이에 이윤이 슬기롭게 도왔던 것이다. 이와 같은 탕왕의 의도를 알면, 사기의 다른 설도 쉽게 이해가 간다. 즉 탕왕이 민간의 숨어 있는 이윤에게 예물을 후하게 보내고 또 사신을 다섯 번이나 보내서 맞이했으며, 이윤이 탕왕에게 소왕(素王)과 구주(九主)의 도리를 말했던 것이다. 「소왕의 도」는 장차 왕도덕치(王道德治)를 펴는 좋은 임금이 되는 도리이고, 「구주의 도」는 「삼황오제 및 우임금」의 덕치의 도리이다. 결국 탕왕과 이윤의 만남은 악덕한 하나라의 걸을 치기 위한 연합 전선을 구성하는 과정에서 순조롭게 이루어진 것이다. 이와 같은 전설은 탕왕을 태양신으로 모시고, 그를 보좌한 이윤을 이수(伊水)의 수신(水神)의 후예로 짝지으려는 의도에서 꾸며진 설화일 것이다. 탕왕이 이윤을 등용한 다음부터 은나라는 지방의 작은 제후의 나라에서 비약하여 다른 제후들을 통합하고 천하를 통일하는 대국으로 성장하게 되었다.

⑻ 탕왕이 갈(葛)을 치다

 탕왕의 높은 인덕과 이윤의 탁월한 지략이 합하여 은나라의 국력은 눈부시게 성장했다. 그러나 천하는 아직도 하(夏)에 속해 있으며 통치권은 여전히 걸왕(桀王)의 손아귀에 잡혀 있었다. 그러나 지방 국가를 다스리는 제후들은 너나없이 포악무도한 걸에게 등을 돌리고 점차로 조공도 바치지 않게 되었다.

 이에 걸왕은 탕왕을 방백(方伯)에 임명하고 제후들을 단속하게 했다. 방백은 「여러 지방을 다스리는 제후들의 장(長)」이라는 뜻이며 때로는 무력으로 반항하는 제후들을 제압할 수도 있었다.

 탕왕은 본래 성품이 인자(仁慈)하고 모든 지방 국가들이 평화롭게 공존하기를 바랐다. 그래서 그는 방백이 된 것이지 결코 걸왕의 악덕한 무력 통치를 방조하기 위해서가 아니었다.

 방백이 된 탕왕은 갈(葛)이라는 작은 나라를 정벌했다. 갈은 은나라의 도읍 박(亳)에서 그리 멀지 않는 곳에 있는 작은 나라다. 그 나라의 임금은 폭군이었다. 무식한 그는 인애(仁愛)의 덕치(德治)를 알지 못하고, 오직 무력 통치만을 좋아하고 백성들을 억압하고 못살게 굴었다. 더욱이 그는 자기 나라에 있는 산천이나 자기 조상에 대한 제사도 지내지 않았다.

당시, 나라를 다스리는 임금이 제사를 안 지낸다는 것보다 더 큰 죄가 없었다.

천하를 다스리는 천자는 천신(天神)과 지기(地祇)를 모시고 또 종묘에서 선조에 제사를 드려야 한다. 지방의 임금은 그 지방의 산천을 모시고 자기 선조에 제사를 지내야 한다.

제사는 영적(靈的)으로 천지인(天地人)을 일관하고 또 과거, 현재, 미래를 계승하고 역사적으로 더욱 발전하기를 축원하고 다짐하는 엄숙한 의식이다. 만물의 영장인「사람」은 개인이나 임금이나 천도(天道)를 따르고 행하여 지덕(地德)을 세워야 한다. 그러므로 경건하게 제사를 지내고 하늘이나 선조의「계시」를 내려 받고 실천해야 한다. 동물이나 동물적 존재는 제사를 알지 못하고 지내지도 않을 것이다.

제사의 깊은 뜻을 아는 탕왕은 사신을 보내서, 제사를 지내지 않는 갈(葛)의 임금에게 물었다.「귀국에서는 선조에 제사를 안 지내는데, 그 이유가 무엇입니까?」

그러자 갈왕(葛王)이 말했다.「제사를 올려야 하지만, 나라가 가난하여 값비싼 희생(犧牲)을 미처 마련하지 못해서입니다.」탕왕은 속는 줄 알면서, 여러 마리의 값나가는「소, 양, 돼지」등의 희생을 보내주었다. 그러나 갈왕은 그들을 먹어

버리고 여전히 제사를 지내지 않았다. 이에 탕왕이 또 사신을 보내서 묻자 간교한 갈왕이 괴변을 늘어놓았다. 「희생으로 바칠 동물은 있으나, 정작 중요한 뫼로 바칠 정백미(精白米)가 없어서 못 올렸습니다.」 탕왕은 다시 한 번 노기를 눌러 잡고 수십 대의 마차에 양곡을 실어 보냈다. 그러나 갈왕은 그 양곡도 먹어버리고 여전히 제사를 지내지 않았다. 이에 탕왕은 하늘을 대신하여 그를 징벌하는 뜻으로 정예부대를 파견하여 그를 처형했던 것이다. 마침내 인간적인 오만과 간교한 꾀를 부리던 악덕한 갈왕이 천벌을 받은 것이다. 탕왕은 이와 같이 하늘의 도리를 따라서 천하를 바로잡으려고 애를 썼다. 그러나 하의 걸왕은 여전히 무도한 짓을 되풀이했다.

(9) 걸의 단말마적 발악

탕왕은 갈(葛) 같은 무례한 나라를 무력으로 치고 천하의 종주국인 하를 돕고 또 가능하면 걸(桀)을 바르게 인도하려고 애를 썼다. 현명한 재상 이윤을 하에 파견하고 걸을 설득하여 백성들의 고통을 덜어주려고 했다. 그러나 걸은 이윤의 헌책(獻策)을 들으려고 하지 않았다.

걸왕(桀王)

마침 그 때에 충신 관용봉(關龍逢)이 간언을 올리자 걸은 그를 무참하게 처형했다. 이에 신변의 위험을 느낀 이윤은 즉시 은나라로 돌아왔다. 불길한 소식을 들은 탕왕은 길게 한탄하고 억울하게 죽은 충신 관용봉을 애도하고 또 원혼(怨魂)을 달래주었다. 그렇지 않아도 날로 세력이 커지는 은나라와 탕왕을 혐오하던 걸은 밀고하는 첩자를 통해 그 소식을 듣고 대노하고 즉시 탕왕을 체포하여 하대(夏臺)라는 곳에 감금했다.

걸의 이와 같은 폭거(暴擧)는 한마디로 단말마적 발악이다. 그러므로 전국의 제후들은 물론 백성들은 결정적으로 하나라에 등을 돌리고 은나라로 모여들었다. 한편 은나라에서는 이윤을 중심으로 긴급대책을 세우고 탕왕의 석방을 백방으로 서둘렀다. 즉 욕심 많고 미색을 탐하는 걸왕에게 금은보석과 미녀들을 바쳤다. 그래서 죄 없이 구금되었던 탕왕이 하대에서 석방되고 은나라로 귀환할 수 있었다.

⑽ 탕왕의 무력 토벌

 탕왕이 무사히 돌아오자, 천하의 모든 제후들이 모여들었다. 그들은 저마다 무장을 하고 또 자기나라의 군대를 성 밖에 주둔시키고 있었다. 제후들은 너나없이 정의감에 불타는 격한 어조로 말했다.
「이 이상 더 두고 볼 수 없습니다. 하늘의 뜻과 도리를 거역하고, 온갖 악행을 자행하는 폭군 걸과 그의 도당을 격파하고 천하를 바로잡고 백성들을 구해야 합니다.」
 바로 탕왕이 할 소리를 제후들이 이구동성으로 주장하는 것이었다. 탕왕은 이윤을 총사령관으로 삼고 무력으로 폭군 걸(桀)을 방벌(放伐)하기로 결심했다. 「방벌」이란 곧 악덕한 자를 추방하고 토벌한다는 뜻이다. 이때의 기준이 있다. 하늘의 뜻과 도리를 따르지 않고, 동물적, 이기적 욕심을 채우기 위해, 권력과 무력을 남용하는 임금을 폭군이라고 한다. 그러므로 방벌은 하늘의 명으로 행해지는 것이다. 이와 같은 탕왕의 깊은 뜻을 모든 제후들이 다 이해하는 것은 아니다.

개중에는 무식하고 우매하고 고집스럽게 걸왕과 한패가 되어 탕왕의 신성한 방벌을 반대하고 대드는 자도 있었다. 그 대표적인 나라가 바로 북쪽에 있는 곤오(昆吾)라는 나라였다. 곤오는 영토도 크고 역사도 오래된 나라로 하왕조(夏王朝)가 가장 신임하는 부용국(附庸國)이다. 그래서 탕왕은 이윤으로 하여금 연합군을 지휘하고 출격하여 일거에 그 나라를 점령케 했다.

(11) 명조(鳴條)의 결전

 방패라고 믿었던 곤오가 연합군에게 격파되자 가장 놀란 자는 걸(桀)이다. 주지육림의 향락과 꿈에서 깨어난 걸은 노기충천하고 핏발 선 눈을 부릅뜨고 서둘러 전 군대에 동원령을 내렸다. 즉각 탕왕과 그의 편을 드는 제후들을 격파하라고 엄하게 영을 내렸다. 걸 자신이 도성의 군대를 지휘하고 출동했다.

 비로소 포학무도한 하의 걸왕과 천도를 따르는 인자한 은의 탕왕 간의 최후의 대결전이 임박했다. 천하양분의 대결은 명조(鳴條)라는 넓은 벌에서 전개될 판이었다.

 결전을 앞두고 탕왕은 모든 장병과 백성에게 다음과 같이 출정하는 이유를 말하고 아울러 엄숙하게 천지신명에게 맹세를 했다.

『그대들이여 짐의 말을 잘 듣거라. 소자(小子)는 일부러 세상을 어지럽히려는 것이 아니다. 하가 죄를 많이졌음으로 하늘이 나에게 명하여 하를 멸하게 하는 것이다.』[20]

『혹 그대들 중에는 백성들을 불쌍히 여기고 또 생업을 생각하지 않고 무슨 이유로 하나라를 정벌하려느냐? 하고 생각하는 사람도 있을 것이다. 그러나 나는 백성을 사랑하는 상제(上帝)의 뜻을 받들어 하를 정벌하지 않을 수 없는 것이다.』[21]

『상제의 명을 받고 자리에 오른 천자는 마땅히 천하를 평화롭게 다스리고 백성을 사랑하고 잘살게 해주어야 한다. 그러나 걸은 반대로 제후들의 나라를 무력으로 침략하고 백성의 재물을 강탈할 뿐 아니라, 자기는 황음무도한 놀이만을 일삼고 있다.』

『그러므로 하의 백성들의 원성이 높고 하루라도 빨리 걸이 죽기를 바라고 있다. 이에 상제가 노하여 천벌을 내리고 짐으로 하여금 그를 치려고 하는 것이다.』

---

20) 格爾衆庶 悉聽朕言 非台小子 敢行稱亂 有夏多罪 天命殛之.
21) 予畏上帝 不敢不正.

『그대들은 짐을 도와서 상제의 뜻인 천벌(天罰)을 이루도록 해라. 그러면 그대들에게 상을 내려줄 것이다.』

『만약에 짐의 말을 믿지 않고 따르지 않으면, 짐은 반드시 그 자들을 용서하지 않고 멸할 것이다.』

이상은 상서(尙書) 탕서(湯誓)에 있는 말이다. 하늘의 명을 받고 하늘의 뜻과 도리를 어기고 악을 행하는 걸을 치려고 한다. 그러니 백성들도 다 협조하라고 명한 것이다.

탕왕(湯王)

탕왕은 무력을 과시하거나 남을 죽이기 위해 정벌에 나선 것이 아니다. 하늘의 뜻을 따라 정의의 군대를 동원한 것이다. 하늘 편에 선 정의의 군대는 여러 가지 새로운 정예무기를 활용했다. 그 중에도 가장 위력적인 것이 은나라 사람들이 발명한 전차(戰車)였다. 네 마리의 말이 끄는 전차의 위력이나 기동성은 엄청났다. 전차 위에는 갑옷을 두른 날렵한 무사가 탔고, 뒤에는 견고한 우혁(牛革)으로 만든 방패와 청동기의 칼 혹은 창을 든 용감한 보병들이 따랐다. 당시로 말하자면 최신식 첨단무기를 갖춘 정예부대였다.

이에 비해 걸이 이끄는 하의 군대는 허약하기 짝이 없었다. 걸이 평생을 두고 음주주색에 빠져 나라의 재물을 탕진했으니, 무사다운 무사도 없고 또 무기도 낡고 녹슨 것 뿐이었다. 더욱이 대부분의 병졸들은 강제로 동원된 노예였음으로 전의가 없을뿐더러 틈만 나면 은나라 진영으로 도망했다. 그럴 수 밖에 없는 이유가 있었다.

하나라의 노예는 생명의 자유가 없었다. 싸워서 이겨도 죽고 저도 죽는다. 그러나 은나라 탕왕은 노예도 사람으로 대접하고 생명의 자유를 인정해주었다. 그러므로 하늘 편 은나라로 귀순하는 것이 당연했다.

아울러 명조(鳴條)의 결전은 싸울 필요없이 승부가 났다. 하늘의 미움을 받고 민심이 이탈한 걸이 패하고 하늘의 뜻과 도리를 따르고 백성들의 지지를 받는 탕이 승리한 것이다.

걸은 남소(南巢)라는 곳으로 도망가 숨었다가 탕왕에게 잡히고 옥에 유폐되었다. 이로써 중국 역사상 처음으로 방벌이 이루어진 것이다. 곧 천명을 받고 새로 등장한 유덕자가 무도하고 타락한 폭군을 무력으로 치고 내쫓았던 것이다. 동시에 「낡고 타락한 왕조를 새 왕조로 바꾼다.」는 뜻에서 「역성혁명(易姓革命)」이라고도 한다.

탕왕 멸망에 얽힌 다음과 같은 전설이 죽서기년(竹書紀年)이라는 책에 있다. 이 책은 위서(僞書)라 믿을 만한 것은 못 된다. 그러나 논리상 그럴 수도 있을 만한 이야기다. 『폭군 걸왕은 여색을 무척 좋아했다. 그가 민산국(岷山國)이라는 작은 나라를 점령했을 때, 두 미녀를 데리고 왔다.

그 때는 과거의 총비(寵妃) 말희(末喜)가 이미 나이 들고 여색도 쇠퇴하였다. 그래서 걸왕은 새로 얻은 두 젊은 미녀만을 총애했다.

이에 말희가 조용히 있지 않았다. 그녀는 천생으로 총명하고 결단력이 있는 여성이다. 원래 그녀는 자기 나라를 멸망시킨 걸왕에게 복수를 하려는 음모를 품고 행동한 요부였다. 고로 그녀는 이윤에게 내통하고 여러 가지 국가 기밀이나 군사 정보를 넘겨주었다. 이로써 걸왕의 몰락을 결정적으로 만들었다.』

칼이나 무력으로 나라를 얻은 자는 남의 칼이나 무력에 의해 멸망하게 마련이다. 동시에 음심을 품고 남의 여자를 범하고 유린하는 자는 바로 여자 때문에 패가망신하게 마련이다.

 그것이 하늘의 도리다. 과학이 발달한 오늘의 인류 사회도 마찬가지다. 첨단 무기를 악용하고 남의 나라를 유린하고 나의 동물적 탐욕을 채우려는 자는 반드시 천벌을 받는다.

은허(殷墟)의 건축 유적

3. 은(殷)나라의 임금들

(1) 태갑(太甲)과 이윤(伊尹)

탕왕(湯王)의 태자 태정(太丁)은 일찍 죽었으며, 태정의 동생 외병(外丙)이 뒤를 이었다. 은나라는 장자상속(長子相續)이 아니고 형제상속(兄弟相續)이었다.

외병도 2년 만에 죽고, 뒤를 그의 동생 중사(仲士)가 이었다. 중사도 4년 만에 죽고, 뒤를 태정의 아들 태갑(太甲)이 이었다.

태갑(太甲)은 탕왕의 적손(嫡系)이며, 5대의 왕이다. 그러나 시조(始祖)인 탕왕(湯王)의 법도를 따르지 않고 방자하고 무도했다. 그래서 어린 임금, 태갑을 보좌하는 개국공신 이윤(伊尹)이 심히 걱정을 했다. 그대로 두면 제후들이 등을 돌리고 민심이 이탈될 우려가 컸다. 그래서 이윤이 태갑을 동궁(桐宮 : 山西省)으로 추방했다. 동궁은 탕왕의 무덤이 있는 곳이다. 그곳에서 반성하고 덕을 쌓으라고 기회를 준 것이다.

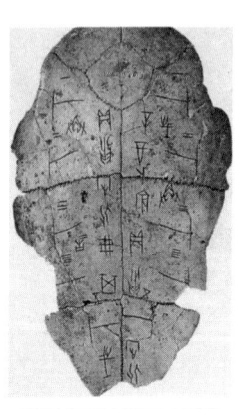

갑골문자(甲骨文字)

태갑은 다행히 동궁에서 3년을 살면서 조부 탕왕의 신령의 감화를 받고 개과천선했다. 이에 이윤은 태갑을 다시 국도 박(亳)으로 돌아오게 하고 대권을 넘겨주었다.

 태갑은 근신하고 성실하게 정사에 임했다. 그래서 제후들의 신망을 다시 받게 되었으며 태종(太宗)이라 존칭되었다. 그의 뒤를 아들 옥정(沃丁)이 이었다. 그 무렵에 이윤이 사망했다.

(2) 태무(太戊)와 이척(伊陟)

 옥정(沃丁)으로부터 3대를 거쳐, 태무(太戊)가 제10대 왕으로 자리에 올랐다. 그때에 이윤의 아들 이척(伊陟)이 그를 보필했다. 〈이척은 이윤의 손자라는 설도 있다.〉

 당시 은나라 대궐에 불길한 징조가 나타났다. 뽕나무 줄기에 닥나무가 붙어 자라고 하루 만에, 한 아름의 크기로 성장했다. 임금 태무는 괴상하게 여기고, 재상 이척에게 점을 치고 요괴를 쫓으라고 했다. 그러자 이척이 다음과 같이 대답했다.

「국가는 점보다도 임금의 덕으로 다스려야 합니다. 이와 같은 변고가 발생하는 것은 임금에게 잘못이 있을 때, 나타나는 징조일 것입니다. 그럴수록 임금을 비롯하여 백관들이 더욱 수신하고 백성들에게 덕을 베풀어야 합니다.」

임금 이하 모든 신하들이 목욕재계하고 하늘과 종묘에 제사를 올리고 또 정사를 바르고 경건하게 집행했다. 그러자 정원의 괴상한 나무가 제물로 시들어 죽었다. 당시는 신권통치(神權統治) 시대로 무술과 복점(卜占)을 중시했다. 임금이나 지방의 제후들은 사제장(司祭長)이며, 신의(神意)의 대변자로 절대권력을 행사했다. 그런 임금에게 복점보다 수덕(修德)을 권했다는 것은 놀라운 혁신이 아닐 수 없다. 맹목적인 신권통치를 도덕정치로 전환하자는 의식의 발로라고 높이 평가할 만하다.

(3) 형제 상속과 빈번한 천도

임금 태무(太戊), 중정(仲丁), 외임(外壬)을 거쳐 제13대 하단갑(河亶甲)에 이르러 홍수를 피해 도읍을 상(相)에 옮겼다. 다시 조을(祖乙)왕 때에는 경(耿)에 도읍했다. 그러나 경도 홍수로 파괴되었다.

그 후 「조신(祖辛), 옥갑(沃甲), 조정(祖丁), 남경(南庚), 양갑(陽甲)」 등을 거쳐 제20대 왕, 반경(盤庚) 때에 다시 도읍을 경(耿)에서 박(亳)으로 옮겼다. 이름은 같으나, 그 위치는 틀리다. 탕왕의 도읍 「박」은 「하남성 언사현(河南省 偃師縣)」이며, 반경이 옮긴 「박」은 「안양현(安陽縣)」 부근이다. 반경은 도읍을 옮긴 후 국호를 「은(殷)」이라 고쳤다. 사략(史略)에서는 천도의 이유를 홍수 때문이라고 했다. 그러나 보다 더 큰 이유는 왕들이 자기의 「세력 근거지」로 도읍을 옮기려고 한 것이다. 예나 지금이나 국가의 세력은 「생산과 무력」을 바탕으로 한다. 당시의 은나라의 경제적 생산은 지역에 따라 틀렸다. 즉 서북쪽에서는 유목(遊牧)과 목축(牧畜)이 발달했고, 중남부에서는 농경과 농업생산을 주로 했다. 이들 생산의 노동력은 오직 노예로 충당했다. 노예는 곧 은 민족이 무력으로 정벌한 나라의 백성들이다. 은나라는 노예제도 시대였다. 그런데 임금이 갈리고 도읍을 빈번히 옮기면 필연적으로 「생산과 무력」이 약화되게 마련이다.

(4) 반경(盤庚)의 천도와 중흥

이와 같은 은나라의 약화를 막고 국력을 중흥케 한 임금이 바로 제20대 왕, 반경(盤庚)이다. 〈반경을 제19대로 계산하기도 한다.〉 본래 탕왕(湯王)이 하(夏)의 걸(桀)을 타도하고 박(亳)에 도읍을 정함으로써 고대 중국의 중원 일대를 장악하고 주변의 제후들로부터 조공을 받았다. 그런데 후대의 왕들이 도읍을 빈번히 옮김으로써 국가의 세력도 약해졌다. 따라서 제후들이 조공을 안 둘 뿐만 아니라, 때로는 주변의 강한 제후국이 무력으로 은나라의 영토를 침략하고 은나라 부족을 능멸하기도 했다.

제11대 중정(仲丁) 때에는 은나라의 도읍 오(敖)가 적의 습격을 받고 파괴된 일도 있었다. 이렇게 하여 중정에서 반경까지 도읍을 다섯 번이나 옮겼다. 사기(史記)에는 「양갑(陽甲) 때에는 은나라가 극도로 쇠잔했다.」고 적었다. 이를 만회하려고 제20대 왕, 반경이 도읍을 다시 중앙에 위치한 박(亳)으로 천도했으며, 무력만이 아니라 갑골문자 및 청동기문화도 발전하게 했다. 또 그는 나라 이름을 상(商)에서 은(殷)으로 고치기도 했다.

(5) 무정(武丁)과 부열(傅說)

반경(盤庚)으로부터 소신(小辛), 소을(小乙)을 거쳐, 무정(武丁)에 이르렀다. 무정은 꿈속에서 좋은 보필을 만났는데, 이름을 열(說)이라 했다. 열은 실존하는 인물로 중죄를 지고 부암(傅巖 : 山西省)이라는 곳에서 토목공사에 복역하고 있었다. 무정은 각지로 수소문해서 열을 찾아냈으며 그를 재상에 임명했다. 그래서 「열」을 후세에 부열(傅說)이라 불렀다.

무정이 탕왕의 제사를 지낼 때에 들꿩이 날라 와서 솥 위에

부열(傅說)

앉아 울었다. 이에 무정이 겁을 먹고, 스스로 반성하고 나라를 바르게 다스렸다. 그러므로 은나라의 운세가 다시 흥성했다. 무정을 고종(高宗)이라 높였다. 이상은 사략(史略)에서 추린 글이다.

(6) 하늘을 모독한 무을(武乙)

무정으로부터 조경(祖庚), 조갑(祖甲), 늠신(廩辛), 경정(庚丁)을 거쳐, 무을(武乙 : 제28대)에 이르렀다.

무을은 무도했다. 인형을 만들어 천신(天神)이라 하고 또 천신과 박혁(博奕) 같은 내기놀음을 한다고 실제로는 인형 대신 사람을 내세워 놀음을 했으며, 그 사람이 이기지 못하면 욕하고 창피를 주었다. 또 가죽부대를 만들어, 그 속에 피를 가득 넣고 높이 매달아 놓고, 위를 향해 활을 쏘아 올리면서「하늘을 쏘아 맞춘다.」고 큰 소리를 쳤다.

결국 무을은 사냥에 나갔다가 날벼락을 맞고 무참하게 죽었다. 오만 무도하게 하늘을 능욕하고 하늘의 도리를 따르지 않는 자는 멸망한다.

4. 주(紂)와 은(殷)의 멸망

(1) 주(紂)의 탄생과 자질

요(堯)임금과 순(舜)임금을 최고의 성제로 꼽는다. 그와 반대로 하(夏)의 걸(桀)과 은(殷)의 주(紂)를 가장 악덕한 폭군으로 친다. 은나라는 제23대 무정(武丁) 다음에는 임금다운 임금이 나타나지 않았다. 그래서 은나라는 더욱 쇠퇴했다. 특히 제28대 무을(武乙)이 하늘을 능욕하다가 날벼락을 맞고 즉사한 것은 하늘이 은나라를 멸하려는 징조였던 것이다. 드디어 제31대 주(紂)에 이르러 은나라는 멸망했다.

주(紂)의 이름은 수(受), 호가 주(紂)다. 그의 아버지는 제30대 왕 무을(武乙)이다. 주는 무을의 둘째 아들이다. 무을의 큰 아들은 미자(微子)다. 그러나 미자의 모친은 신분이 천했기 때문에 사자(嗣子)가 되지 못하고 정비(正妃)의 소생 주가 자리에 올랐다고 한다.

(2) 선인(善人)과 악인(惡人)

주(紂)는 우매하고 재능이 없어서 나라를 망친 것이 아니다. 그는 남달리 뛰어난 자질을 타고 나왔다. 힘이 세고 말

잘하고 눈치 빠르고 머리가 잘 돌았다. 탁월한 자질을 선량하게 활용하면 좋은 임금이 되고 악덕하게 쓰면 폭군이 된다. 범인도 같다. 선인과 악인을 다음과 같이 구분한다.

◇착한 사람 : 착한 본성을 따라 도(道)를 행하고 덕(德)을 베푼다. 또 서로 사랑하고 협동하여 함께 잘사는 공동체를 만든다. 더 나가서는 인류의 역사와 문화를 더욱 창조적으로 발전시키는데 기여한다. 즉 학식과 기능을 선가치적으로 활용한다.

◇악한 사람 : 숭고한 정신과 착한 본성을 바탕으로 행동하지 않고 반대로 동물적, 육체적, 관능적, 이기적 욕구를 채우기 위하여 남을 속이거나 살상하고 남의 재물을 탈취하여 혼자만 호강을 한다. 그러기 위하여 지능을 무력화(武力化)하고 악용한다. 이러한 사람이나 나라가 곧 악한 사람 악한 나라다.

〈불행하게도 오늘의 세계는 악한 사람, 악한 강대국이 판을 치고 있다. 그래서 위기라고 하는 것이다. 고대 중국에만 포학무도한 걸(桀)이나 주(紂) 같은 나쁜 임금이 있는 것이 아니다. 오늘에 더 많은 악인들과 악한 나라가 있다.〉

(3) 주(紂)와 달기(妲己)

주(紂)는 말 잘하고 동작이 민첩했다. 맨 주먹으로 맹수를 때려잡을 만큼 힘도 세었다. 그러나 교지(狡智)가 넘쳐 남의 간언을 반박하고 물리쳤으며 또 간교한 술책으로 자기의 죄악을 감추고 얼버무리는데 악용했다.

폭군의 대표자는 하(夏)의 걸(桀)과 은(殷)의 주(紂)다. 이들은 다 권력을 남용하고 무력을 행사하여 백성들의 재물을 겁탈하고 백성들을 도탄에 빠뜨렸다. 자신은 음탕한 관능적 쾌락에 빠져 재물을 낭비하고 마침내 나라를 망치고 자신도 죽었다. 이들에게는 또 다른 공통점이 있다. 폭군은 반드시 요염한 독부와 짝한다. 걸이 말희(末喜)와 놀아나다가 망했 듯이 주는 요부 달기(妲己)와 짝이 되었다.

달기(妲己)

(4) 사치와 낭비

역경(易經)에 있다. 서리[霜]가 점차로 굳은 얼음[堅氷]이 된다. 작은 악이 싸이면 큰 악덕이 된다. 학정(虐政)은 임금의 사치와 낭비에서 비롯된다. 주왕이 상아(象牙)로 젓갈을 만들어 쓰자 기자(箕子)가 탄식하며 말했다.

『저렇게 상아저를 만들어 쓰고 있으면 필경 흙으로 만든 그릇에는 음식을 담아 먹지 않고 장차는 옥으로 술잔을 만들어 쓸 것이다. 옥 술잔과 상아저를 쓴다면 필경 채소나 콩잎의 국을 먹지 않을 것이며 또 짧은 베옷을 입거나 띠를 덮은 지붕 밑에서는 살지 않을 것이다. 비단 옷을 여러 겹으로 포개 입고 높은 대 위에 큰 궁전을 짓고 살 것이니 그 같은 사치를 충족하기 위해 재물을 모으면 천하의 재물을 다 거두어도 모자랄 것이다.』

기자의 예언은 적중했다. 주왕과 달기는 녹대(鹿臺)에 호화로운 궁전을 신축하고 거교(鉅橋)라는 창고에는 금은보화 및 비단 재물을 가득 채웠다. 또 사구(沙丘)라는 곳에 거창한 원유(苑囿)를 축조하고 숲에는 새와 동물을 풀어 키웠다.

(5) 주지육림(酒池肉林)의 광란

 망국의 임금 뒤에는 반드시 요염한 독부가 있게 마련이다. 그게 바로 악명 높은 달기(妲己)였다. 그녀는 바로 주(紂)가 유소씨(有蘇氏)의 나라를 토벌하고 전리품으로 탈취해 온 미인이었다. 그녀는 천하에 둘도 없는 요염한 절색이었다. 그래서 주는 다른 여자들을 제쳐놓고 그녀만을 총애하고 또 그녀의 말이라면 다 들어주고 따랐다.

 왜 그녀를 독부라고 하나. 달기는 자기나라를 멸망케 한 원수의 품에 안겼다. 그녀 가슴속에는 원한과 복수의 불길이 타고 있었다. 곧 자기나라를 정복한 주를 음탕한 여색으로 사로잡음으로써 은나라를 멸망케 하려고 시도했던 것이다.

 칼은 칼로 망하고 악은 악에 의해서 망한다. 이것이 하늘의 도리다. 폭군 걸과 독부 달기가 엉킨 것도 보이지 않는 악의 도리의 일환이었다. 말하자면 하늘이 뒤에서 벌을 내린 것이다. 〈이 점이 하(夏)나라를 망친 걸(桀)과 말희(末姬)의 경우와 같다. 이 모두가 신화의 가르침이다.〉

 악덕한 폭군과 요염한 독부가 어울렸으니 그자들의 소행이 좋을 리 없다. 나라를 바르게 다스리고 백성에게 덕을 베푸는 착한 정치와는 정 반대가 되는 악한 짓만을 했던 것이다. 즉 사치하고 낭비하고 낮이나 밤이나 주색잡기에 몰두했다.

요염한 달기는 가무(歌舞)에 능숙했다. 그녀는 악사(樂士)에게 명하여 관능적이고 음란한 음악이나 춤을 만들게 했다. 그것이 바로 「북리의 무[北里之舞]」와 「미미의 악[靡靡之樂]」이었다. 그리고 이궁(離宮) 안의 연못을 술로 가득 채우고 둘레의 숲에 고기 안주를 주렁주렁 매달고 연일 술잔치를 벌였다.

잔치의 서막은 홀랑 벗은 젊은 무희들이 음탕하고 난잡한 춤으로 시작되었다. 자고로 광란(狂亂)의 잔치에는 미친 사람이 많으면 많을수록 흥이 고조되는 법이다. 무희들의 나체춤이 끝나면 '퉁, 퉁, 퉁' 북소리가 울린다.

그것을 신호로 모든 참석자들도 환성을 올리며 저마다 옷을 벗어 던지고 알몸이 되어 연못가에 몰려와 소 같이 엎드려 꿀떡꿀떡 술을 마신다. 이를 우음(牛飮)이라고 했다.

얼마 후에, 다시 '퉁' 하고 북이 울린다. 그러면 술 취한 알몸뚱이 남녀가 서로 껴안고 숲속으로 들어가 엉키고 소리를 지르며 난장판을 벌인다. 이와 같은 광란을 후세의 사가(史家)들은 「주지육림(酒池肉林)」이라고 기술했다.

(6) 참혹한 포락지형(炮烙之刑)

모든 재물은 백성들의 고혈이다. 무거운 세금으로 백성들의 재물을 수탈한 것이다. 또 혹독한 부역으로 백성을 부려 쓴 대가로 이루어진 사치와 낭비요 또 쾌락이었다.

폭정과 학정의 뒤에는 반드시 기아에 허덕이는 백성들의 원성이 따르기 마련이다. 백성들의 불평과 원한이 쌓이면 비방하고 저주하고, 필경은 등을 돌리고 이탈하게 마련이다. 그러면 완악(頑惡)한 폭군은 더욱 백성들을 매질하고 가혹한 형벌을 가한다.

그와 같은 악덕의 절정이 곧 「포락지형(炮烙之刑)」이라는 잔인한 형벌이었다. 깊은 구덩이를 길게 파고 그 위에 둥근 동주(銅柱)를 걸쳐놓고 죄지은 사람에게 무사히 건너가면 죄를 용서해준다는 이상한 형벌이었다.

그러나 뜨겁게 달군 기름 바른 둥근 쇠기둥을 맨발로 무사히 건너갈 수는 없다. 그래서 모든 사람들이 실족하고 불속으로 떨어져 처참하게 타 죽는다. 달기는 그와 같은 단말마적인 참상을 보면서 깔깔대고 웃었으니 그녀는 참으로 마녀의 화신이다. 한편 주왕은 임산부의 배를 갈라 태아를 죽이고 또 노인의 머리를 잘라 골수를 보기도 했다고 한다. 불에 타 죽는 많은 사람들은 애당초 죄가 있는 사람들이 아니었다. 폭군 걸과 독부 달기를 비방한 사람들이다. 그것도 사실은 그런 것이 아니다. 악독한 임금 밑에는 반드시 간악한 밀고자가 있게 마련이다. 그들은 대게 정의로운 사람들을 밀고한다. 그러므로「포락지형」에 걸려서 처참하게 죽은 사람들이야말로 참으로 착하고 정의로운 사람들이었다. 예나 지금이나 악독한 독재자는 정의를 내걸고 악을 반대하는 선량한 사람들을 무참히 죽이려는 잔인성이 있다. 오늘의 세계에도 이와 같은 참상이 각처에서 일어나고 있으니 한탄할 노릇이다.

(7)「미자·비간·기자·태사」의 수난

세상에는 악인보다 선인이 더 많다. 우주 천지 만물은 하늘에 의해서 창조되고 또 하늘의 도리를 따라 저마다 생성(生成) 번식(繁殖)하고 또 역사적으로 발전하고 있다. 인간세계도 자기의 욕심만을 채우려는 악인보다 하늘의 도리를 따르고 남을 사랑하고 덕을 베풀려는 선인이 더 많게 마련이다.

폭군 걸과 독부 달기 때에도 그러했다. 당시에는 선량한 사람이 수난을 받았으며 간신들이 득세를 했다. 그러나 착한 사람은 반드시 고개를 들고 나타나게 마련이다. 그래서 은나라 말기에도 바르고 착한 왕족이나 충신들이 수없이 나타났던 것이다. 물론 주는 그들의 충고를 안 들었다. 안 들었을 뿐만 아니라 그들을 박해하고 죽이기도 했다. 그 대표자가 곧 미자(微子)·비간(比干)·기자(箕子)·태사(太師)였다.

폭군과 독부의 광란이 절정에 달하자 서형(庶兄) 미자(微子)가 행방을 감추었다.

숙부 비간(比干)이 참다못해 주를 꾸짖고 훈계를 했다. 그러자 달기가 곁에서 한 마디 거들었다.

「성인의 심장에는 구멍이 일곱 개 있다고 하더군요.」

「나도 그렇다고 들었소. 사실인지 아닌지 봅시다.」

왕은 맞장구를 치고 즉석에서 비간의 가슴을 도려냈다.

다른 숙부인 기자(箕子)는 미친 척 가장하고 행방을 감추었다. 한편 제례를 관장하는 태사(太師)가 제기와 악기를 가지고 아무도 모르게 주(周)나라로 갔다.

(8) 삼공(三公)의 수난(受難)

삼공은 천자를 보좌하는 최고의 직책이며 제후 중에서 가장 덕이 높은 세 사람으로 구성되었다. 당시의 삼공은 「구후(九侯), 악후(鄂侯) 및 서백(西伯 즉 문왕)」 세 사람이었다.

주는 일찍이 구후의 아름다운 딸을 왕비로 삼았다. 그러나 그녀는 달기와는 정반대로 정숙하고 우아했다. 따라서 그녀는 주지육림 같은 음탕하고 난잡한 놀이에 끼어들지 않았다.

이에 주왕과 달기는 그녀를 살해하고 또 그의 아버지 구후도 딸을 잘못 키웠다는 구실로 죽이고 시체를 소금에 절였다. 참으로 천인공노할 무참한 짓이었다.

소식을 듣고 악후가 힐난하자 주왕은 그도 살해하고 시체를 포로 떴다. 한편 서백 문왕은 그 소식을 듣고도 겉으로는 아무런 반응을 보이지 않았다. 집안에서 홀로 길게 탄식을 했다. 독재자 밑에는 밀고자가 있게 마련이다. 문왕이 탄식했다는 밀고를 받은 주왕은 문왕을 유리(羑里:河南省)에 감금했다.

이에 당황한 문왕의 충신 굉요(閎夭)와 산의생(散宜生) 등 주(周)나라의 충신들이 서둘러 많은 보물과 수십 명의 미녀들과 백 필의 준마(駿馬)를 은나라 주왕에게 바쳤다. 이에 문왕은 석방되었다.

풀려난 문왕은 방대한 영토를 바치는 조건으로 주에게「포락지형」의 철회를 간청했다. 그리고 삼공의 벼슬을 반납하고 주나라로 돌아왔다.

상공을 몰아낸 은나라 주왕은 간악한 아첨꾼 비중(費中)과 오래(惡來)를 등용하고, 음흉하고 악질적인 정보정치를 강화했다.

한편 서백 문왕은 전보다 더욱 나라를 잘 다스리고 또 백성에게 은덕을 베풀었다. 이에 전국의 제후들이 주(紂)에 등을 돌리고 문왕을 따랐다. 그리하여 31대, 약 6백 년을 이어오던 은나라는 주에 의해 드디어 멸망했던 것이다.

(9) 기자(箕子)의 맥수가(麥秀歌)

주(周)나라의 서백(西伯) 문왕(文王)이 죽자 아들 무왕(武王)이 뒤를 이었다. 무왕은 만반의 준비를 갖추고 아버지 문왕의 소망인 은나라의 폭군 주(紂)를 무력으로 토벌했다. 토벌에는 태공망(太公望) 여상(呂尙)과 전국의 제후들이 참가했다.

주는 목야(牧野)에서 크게 패하고 도망가 자기 궁전에 불을 지르고 보물에 묻혀 타 죽었다. 이로써 은나라가 멸

주문왕(周文王)

망했다. 〈무왕의 토벌에 대해서는 다음 편에 자세하게 나온다.〉

후일, 기자(箕子)가 주(周)나라로 가면서 폐허가 된 은의 도읍을 지나갔다. 기자는 궁전과 가옥이 파괴되고 허물어져 밭으로 변하고 벼와 기장이 자란 것을 보고 상심했다.

그는 소리 높여 통곡하고 싶었다. 그러나 사내대장부로서 함부로 울 수도 없었다. 또 소리 죽여 흐느껴 울자니 아녀자의 짓 같은 지라 그렇게 할 수도 없었다.

그래서 결국 「맥수가(麥秀歌)」를 지어 다음과 같이 읊었다.

『보리가 무럭무럭 자라는구나.

벼와 기장이 기름져 탐스럽구나.

그 포악하고 간교한 주왕이

나와 함께 나라를 잘 다스리지 못하고

결국 나라를 망쳤구나.』

(麥秀漸漸兮 禾黍油油兮

彼狡童兮 不與我好兮)

은나라 유민들은 기자의 노래를 듣고 모두 눈물을 흘리고 흐느껴 울었다. 거듭 말한다. 은나라는 31대 총 629년을 이어오다가 폭군에 의해 멸망했다.

⑽ **천명사상(天命思想)**

하늘은 유덕자(有德者)에게는 귀한 자리를 주지만 실덕(失德)하면 추방한다. 이것이 중국의 전통적 천명사상이다.

하늘은 항상 지상세계를 감시하고 살핀다. 임금이 유덕하면 나라가 흥성하고 백성들이 잘산다. 반대로 임금이 실덕하면 나라가 쇠퇴하고 백성들이 고생한다.

그러면 하늘은 다른 유덕자를 내세워, 새 나라를 세우게 한다. 그래서 주(周)의 문왕(文王)과 무왕(武王)이 천명을 받고, 은나라의 폭군 주를 멸하고 새 나라를 세우게 했던 것이다.

여기서 우리는 중국역사에서 가장 대조적인 두 임금을 본다. 「주문왕(周文王)」과 「은주왕(殷紂王)」이다. 문왕은 서백(西伯)으로 있으면서 하늘을 잘 섬기고 덕으로써 민심을 얻어 주나라 건국의 바탕을 세웠다.

반대로 주(紂)는 천자이면서 백성을 돌보지 않고 달기(妲己)에 홀려 음탕한 짓거리로 민심을 잃고 급기야는 나라도 망치게 했다. 맹자(孟子)는 말했다. 「하늘의 뜻은 곧 백성성의 뜻이다.(天意卽民意)」

제6편 주(周) 왕조 편

무력으로 은(殷)의 폭군 주(紂)를 토벌하고 주(周)나라를 창건한 제1대 왕은 무왕(武王)이다. 무왕은 곧 문왕(文王)의 아들이다.

문왕은 생전에는 임금이 아니었다. 그는 서백(西伯)에 불과했다. 그러나 높은 인덕(仁德)으로 많은 제후들을 귀순(歸順) 시키고 있었다. 그래서 문왕은 도덕적으로 천하의 3분의 2를 지배하고 있었다.

이에 하늘이 그에게 천명(天命)을 내려주었던 것이다. 그러므로 아들 무왕이「천명을 받은 문왕의 신주(神主)」를 모시고 출정하여 무력으로 은나라의 폭군 주(紂)를 멸하고 새 나라를 세우고 아버지를 문왕(文王)으로 추시(追諡)했던 것이다.

공자나 유가 사상에서는 주(周)나라 초기 특히 서주(西周) 시대를 이상적인 왕조로 높인다. 은(殷)나라의 맹목적 신권통치(神權統治)를 지양하고 인본주의적(人本主義的) 예치(禮治)로 전환했다. 또 참혹한 노예제도를 폐하고 인정(仁政)과 덕치(德治)를 하려고 애를 썼다. 그러나 주나라도 점차로 쇠약해지고 도덕이 문란하게 되었다.

1. 주(周)의 시조와 농업 진작

(1) 주나라 개요

후반기의 은(殷)은 안양(安陽)을 중심으로 발달했다. 신권통치와 노예제도를 유지하면서 고도의 청동기 문화의 꽃을 피우고 또 교역(交易)이나 무력(武力) 면에서도 그 영향력이 컸다.

한편 섬서성(陝西省) 위수(渭水)와 경수(涇水) 유역의 고원지대에서는 주(周) 민족이 농업을 바탕으로 차츰 세력을 확대하기 시작했다.

주 민족의 시조는 후직(后稷)이다. 그는 요(堯), 순(舜) 때에 농업으로 공을 세워 「후직」이란 관직과 희(姬)라는 성을 내려 받았다. 후직의 손자 공류(公劉)는 빈(豳)에서 농업을 진작했다. 공류의 아들 고공단보(古公亶父)는 특히 적덕행의(積德行義)하여 백성들로부터 숭앙을 받았다. 그러다가 오랑캐의 침입을 피해 도읍을 기(岐)로 옮기고 나라 이름을 주(周)라고 고쳤다.

고공의 셋째 아들이 왕계(王季)이고 왕계의 아들이 바로 주(周) 나라의 터를 굳힌 문왕(文王)이다. 그는 생전에는 임금이 못 되고, 서백(西伯)이었다. 그러나 문왕의 아들 무왕(武

王)이 무력으로 은(殷)의 주(紂)를 멸하고 주(周)를 창건하고 아버지를 문왕이라 추시(追諡)했다. 무왕의 동생 주공단(周公旦)이 주나라의 문물제도를 새로 제정했다.

후세에 가서는 주도쇠미하게 되었고 마침내 여왕(厲王)이 추방되고 유왕(幽王)이 견융(犬戎)에게 피살되었으며 뒤를 이은 평왕(平王)은 도읍을 동쪽 낙읍(洛邑 : 洛陽)으로 옮겼다. 이로써 서주(西周)가 막을 내리고 춘추(春秋)와 전국(戰

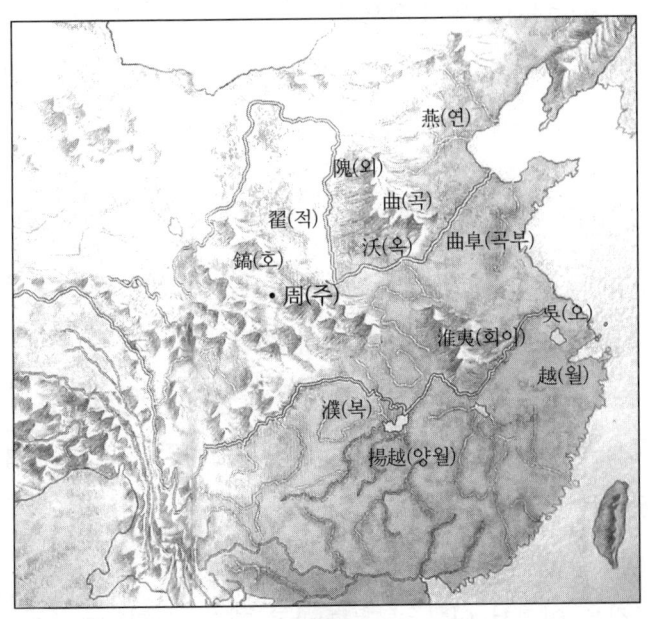

주(周)나라

國)의 난세가 뒤를 이었다.

공자(孔子)를 비롯한 유학자는 주왕조를 왕도덕치(王道德治)의 모범으로 친다. 그래서 시경(詩經)이나, 상서(尙書)에도 주왕조의 임금들의 덕을 칭송하는 글들이 많으며, 그 글들을 모두 경전으로 받든다.

공자(孔子)

그러므로 주나라 때의 신화는 거의가 사화로 변했다. 이 책도 사화를 바탕으로 했다.

(2) 시조 후직(后稷)의 탄생

주(周)나라의 시조는 후직(后稷)이다. 그 15대 후손이 문왕이고, 16대 후손이 무왕이다. 성(姓)은 희(姬)다. 후직(后稷)의 후(后)는 임금 혹은 토지 신이라는 뜻이다. 일반적인 존칭으로도 쓴다. 후직은 요(堯)임금 및 순(舜)임금 때에 농업을 관장하는 장관을 지냈으며 그 때에 농업을 진작하여 백성들의 식량을 풍성하게 한 성인이다.

후직은 어려서 이름을 기(棄)라고 했다. 어머니는 강원(姜

嫄)이다. 그녀는 제곡(帝嚳)의 원비(元妃 : 첫째 황후)다. 제곡은 황제(黃帝)의 증손이며 오제(五帝)의 세 번째 성제(聖帝)다.

그녀가 들에 나가서 거인의 발자국을 보고 마음이 즐거워져, 그 발자국을 밟았다. 그리고 기를 잉태하고 또 출산했다.

강원은 상스럽지 않게 여기고 아이를 좁은 길거리에 내다 버렸다. 그러나 말과 소가 그 아이를 피하고 밟지 않았다.

이에 그 아이를 다시 산림 속으로 옮기자 숲속으로 많은 사람들이 모여들었다. 다시 얼음 위에 내다 버렸다. 그러자 새들이 날개로 그 아이를 덮고 보호해주었다. 강원은 비로소 신령한 아이라 생각하고 거두어 키웠다.

(3) 농업을 진작한 후직(后稷)

대지의 정령(精靈)을 받고 태어난 후직은 특히 식물재배에 탁월했다. 어려서 장난하고 놀 때에도 나무를 심고 재배하는 것을 좋아했으며 어른이 되자 땅을 보고 농사에 적합한 지 아닌 지를 가릴 수 있었다. 그래서 사람에게 땅을 갈고 농사를 짓고 추수하는 법을 가르쳐 주었다.

그가 심은 과일 나무에는 과일이 탐스럽게 여물고 그가 마당에 화초를 심으면 오색의 꽃이 아름답게 피어났다. 그는 삼[麻]을 심어 옷을 만드는 기술도 가르쳐 주었다. 특히 전답을 개간하여 토질과 지형에 맞게 여러 가지 곡물을 재배해서 사람들의 식량을 풍족하게 했다. 백성들은 그의 덕택으로 철따라 옷을 입고 또 배불리 먹을 수 있었다.

후직(后稷)

요임금이나 순임금이 그를 등용하고 농업을 진흥했다. 특히 순임금 때에 전국에 큰 기근이 들었다. 순임금이 후직에게 말했다.

「지금 전국에 기근이 들어 백성이 굶주리고 있다. 경(卿)을 후직(后稷)에 임명하니 때맞추어 농업을 진작하고 백성들을 구제하시오.」

명을 받은 후직은 불철주야 각지로 다니면서 토지를 개간하고 치수(治水)하여 농업생산을 높이고 기근을 극복했다. 이에 순임금은 공을 세운 후직을 태(邰)라는 곳의 영주로 봉했으며 그의 본래의 성인 공손(公孫)을 희(姬)라고 고쳤다. 희(姬)는 곧 주(周) 왕실의 성이다.

(4) 불줄(不窋)과 공류(公劉)

 후직이 죽고 그의 아들 불줄(不窋)이 뒤를 이었다. 불줄은 농업에 전념하지 않고 하(夏)나라에서 벼슬을 살았다. 그러나 하의 임금이 도를 잃고 정치가 쇠퇴하자 불줄은 벼슬을 버리고 몸을 서북쪽 오랑캐 땅으로 피했다. 불줄이 죽은 다음에 아들 국(鞠)이 자리에 올랐다.

 국(鞠)이 죽고 아들 공류(公劉)가 뒤를 이었다. 즉 공류는 불줄의 손자요, 후직의 증손자다. 공류는 어려서 융적(戎狄) 땅에서 성장했다. 그러나 총명하고 부지런했으며 증조부 후직의 유업을 계승하고 다시 농업을 흥성케 했다. 주나라 민족은 그를 따라 황야를 개척했으며 드디어 빈(豳: 陝西省)에 주나라의 터를 새로 잡고 농업을 진작했다. 그래서 그 일대에는 농산물이 풍족하고 평화가 넘쳤다. 공류가 죽자 아들 경절(慶節)이 뒤를 이었다.

 이렇게 주족(周族)은 미개한 융적(戎狄)의 땅에서 점차로 농업을 바탕으로 문화국가의 기초를 다지고 세력을 펴나갔던 것이다. 「시경 대아 공류(詩經 大雅 公劉)」가 그의 공적을 칭송한 시다.

(5) 탁월한 영도자 고공단보(古公亶父)

공류(公劉) 다음에 다음과 같은 후손들이 주나라를 이어 가면서 점차로 발전하고 세를 확대했다.

「황복(皇僕)·삼불(參弗)·훼유(毀隃)·공비(公非)·고어(高圉)·아어(亞圉)·공숙서(公叔鉏)」등이다. 그 다음에 나타난 탁월하고 인자한 영도자가 바로「고공단보(古公亶父)」다.

그는 날로 심해지는 오랑캐의 침략을 피해, 오랜 세월 대대로 개척하고 또 풍요롭고 안락하게 살 수 있는 빈(豳)을 뒤로 하고 일족을 이끌고 기산(岐山 : 陝西省 岐山縣)으로 가서 새로 터를 잡았다.

원래 서북지방에는 유목민족 오랑캐가 많이 살고 있었다. 그들 야만족은 농경을 모르고 약탈만을 일삼았다. 그 중에도 가장 사나운 훈육(獯鬻)이 빈(豳)을 침략하려고 했던 것이다. 당시 고공은 빈의 실질적인 영주로서 백성들을 슬기롭게 잘 지도했음으로 백성들이 풍요롭고 안락하게 잘살고 있었다.

오랑캐가 침략해 오자 백성들은 분개하고 무력으로 침략자를 격퇴하려고 들고 일어났다. 그러자 덕이 높은 고공이 침착하게 타이르고 말했다.

「영주는 모든 백성들의 지도자로 모든 사람을 안락하게 잘

살게 해줄 책임이 있다. 백성들이 있어야 농사를 짓고 곡식을 생산할 수 있다. 지금 무력전쟁을 하면 백성도 죽고 생산도 못하게 된다. 오랑캐들은 땅을 점령하려고 침략하는 것이 아니다. 백성들로 하여금 농사를 짓게 하고 재물을 차지하려는 것이다.」

「그러므로 지금 당장 영주인 나만 물러나면 일단 싸움을 면할 수 있다. 오랑캐들의 가혹한 요구는 시간을 두고 점차로 조절해야 한다. 그러므로 당장에 싸움을 해서 백성을 죽게 할 수 없다.」

무력으로 남의 땅과 재물을 탈취하는 것은 악덕이다. 그러나 악덕한 침략을 그 자리에서 악덕한 무력으로 마주 싸우면 필연코 서로 피를 흘리고 무고한 생명을 죽게 한다. 그러므로 일단 적에게 넘겨주고 소중한 백성의 생명을 보호하자는 것이었다. 호전가(好戰家)가 보면 비겁하게 보일 것이다. 그러나 인덕(仁德)에 서서 보면 고공의 처사는 현명한 처사라 하겠다.

악을 덕으로 교화하자는 것이 유교의 가르침이다. 그래서 유교에서는 고공의 인덕을 칭송한다.

고공은 스스로 영주의 자리를 버리고 일가 친족을 데리고 빈을 뒤로 하고 칠수(漆水)·저수(沮水)를 건너 양산(梁山)을 넘어 기산(岐山 : 陝西省) 밑으로 옮아갔다. 그리고 기산 아래, 주원(周源)이라는 곳에 새로 터를 잡았다. 그래서 나라이름을 주(周)라고 한 것이다.

한편 모든 백성들이 그의 인덕을 칭송하고 이구동성으로 「고공은 인인(仁人)이다. 그를 잃을 수 없다.」고 말하고 노인을 부축하고 어린아이를 손으로 잡아끌고 고공을 따랐다. 부근의 다른 부족들도 떼 지어 고공을 따라 와서 귀순했다. 그래서 기산 밑에 새로 번화한 도성 즉 주(周)가 생겼던 것이다. 「시경 대아 면편(詩經 大雅 緜篇)」이 바로 고공을 칭송한 시다.

(6) 태백(太伯)과 우중(虞仲)

고공단보의 원비는 태강(太姜)이다. 태강은 세 아들을 낳았다. 장자는 태백(太伯)이고 차자는 우중(虞仲)이고 막내가 계력(季歷)이다. 셋째 아들 계력의 부인 태임(太壬)이 창(昌)을 낳았다. 창은 바로 고공의 손자다. 그가 곧 후의 주문왕(周文王)이다.

창이 태어날 때 하늘에서 새가 단서(丹書)를 물고 내려와 지붕에 앉았다고 전한다. 성인은 출생할 때부터 남다른 데가 있게 마련이다. 할아버지 고공은 어린 손자의 상을 보고 장차 위대한 인물이 될 것을 간파했다. 그래서 속으로 영주의 자리를 셋째 아들 계력을 거쳐 손자 창(昌)에게 물려주려고 다짐했다. 그러나 창의 아버지 계력은 셋째 아들이

주문왕(周文王)

었다. 부자상속으로 보나 형제상속으로 보나, 오랜 세월을 기다려야 했다. 이러한 사정을 눈치 챈 큰아들 태백이 우중에게 말했다.

「부친께서는 영주의 자리를 셋째 동생의 아들 창에게 물려주고자 하신다. 우리가 있으면 여러 가지로 지장이 있을 것이다. 그러니 우리가 몸을 숨기면 일이 쉽게 해결될 것이다.」
우중이 「지당한 말씀이오.」 하고 동의했다. 그 후, 태백과 우중은 아무도 모르게 행방을 감추었다. 그리고 멀리 형만(荊蠻 : 남쪽 오랑캐) 땅으로 가서, 문신단발(文身斷髮)했다. 즉 오랑캐와 똑같이 몸에 문신을 그려 넣고, 머리를 짧게 자르

고 오랑캐의 옷을 걸치고 완전히 오랑캐인으로 변신했다. 그래서 주나라에서는 그들의 행방을 모르고 또 찾지도 못했다. 결국 그들의 양보로 해서, 주나라에서는 고공의 뒤를 셋째 계력이 계승했고 또 그 뒤를 창(昌 : 문왕)이 계승했던 것이다.

【참고 보충】 태왕(太王)의 아들과 손자

고공단보(古公亶父) 태왕(太王)의 비(妃)는 태강(太姜)이며, 세 아들을 낳았다. 태백(太伯), 우중(虞仲), 계력(季歷)이다. 계력의 비 태임(太姙)이 창(昌=文王)을 낳았다.

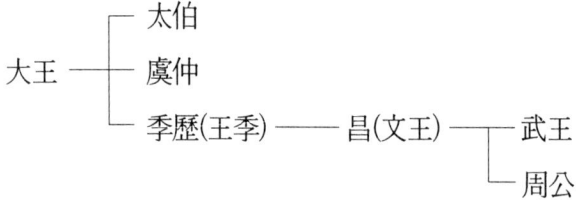

2. 서백(西伯)과 태공망(太公望)

(1) 덕이 높은 서백(西伯)

중국역사에서 최고로 칭송되는 임금이 주(周)나라의 문왕(文王)이다. 그러나 그는 생전에는 임금이 아니고, 서백(西伯)이었다. 서백은 서쪽 여러 나라의 제후들의 영도자라는 뜻이다. 아들 무왕(武王)이 은을 치고 주를 세우고 문왕(文王)이라 추시(追諡)했다.

그는 탁월한 집안에서 출생했다. 먼 선조는 후직(后稷)과 공류(公劉)이다. 문왕의 할아버지가 고공단보(古公亶父) 즉 태공(太公)이다. 아버지는 왕계(王季) 즉 대왕(大王)이다. 아버지 왕계의 두 형이 곧 「태백(太伯)과 우중(虞仲)」이다.

강태공(姜太公)

「태백과 우중」이 할아버지 태공의 의중을 살피고 자진해서 형만(荊蠻)의 땅으로 몸을 숨긴 덕택으로, 아버지 왕계가 뒤를 이었으며, 따라서 문왕도 영주가 될 수 있었던 것이다.

영주의 자리에 오른 창(昌=文王)은 할아버지의 기대에 어긋나지 않았다. 서백(西伯)이 된 그는 은(殷)의 폭군 주(紂)와는 정반대로 모든 제후나 백성에게 인덕(仁德)을 베풀었다. 그는 삼황오제(三皇五帝)의 덕치를 본받았고 특히 노인을 공경하고 의지할 곳 없는 불우한 사람들을 잘 돌봐주었다. 그는 천도를 따르지 않는 무도한 나라를 정벌해서 백성들을 해방시켜 주기도 했다. 또 서백은 주(紂)의 학정을 한탄하고 비판하다가 유리(羑里)에 감금되기도 했다.

그의 덕망은 날로 높아졌으며 천하의 현명한 선비들이 그에게로 귀순했다. 마침내 서백은 도읍을 기산 밑의 풍읍(豊邑)으로 옮겨 본격적으로 주나라의 바탕을 다졌다. 그는 인덕으로 천하의 삼분의 이를 귀순시켰다. 이에 하늘은 그에게 천명을 내렸던 것이다.

(2) 우예쟁전(虞芮爭田)

우(虞)와 예(芮)는 국경이 붙어있는 두 나라로 서로 토지와 전답을 많이 차지하려고 다투고 싸웠다.

그러다가 덕망이 높은 주나라 서백의 판결을 받으려고 주나라로 갔다.

가서보니 주나라 사람들은 서로 밭두둑을 양보하고 또 젊은이가 노인들을 공경하고 부자가 가난한 사람들을 성실하게 도와주고 있었다. 점심 때가 되면 논밭에 부인과 아이들이 와서 함께 먹으며 즐겁게 담소를 하는 것이었다. 이와 같이 화목하고 예절 바르고 또 윤리 도덕이 돈독하게 행해지는 것을 본 두 나라 사람은 창피함을 느끼고 즉시 발을 돌려 자기 나라로 돌아갔다.

그리고 서로 토지와 밭을 양보했다고 한다.

(3) 복수난수(覆水難收)

여상(呂尙)은 전설적 인물이다. 전하는 바, 그는 「전반 80년은 궁핍하게 살았고, 후반 80년은 부귀를 누렸다.(窮八十 達八十)」고 한다. 일찍이 그는 독서에 몰두했으며 생업이나 가정을 돌보지 않았다. 그래서 부인이 집에서 뛰쳐나갔다. 그런데 누가 알았으랴? 그는 주(周)나라 문왕(文王)과 무왕(武王)의 군사(軍師)가 되어, 은(殷)나라 토벌에 공을 세우고 마침내 제(齊)나라의 제후(諸侯)가 되었다. 제후는 즉 지방 국가의 임금과 같은 절대 권력자다. 뒤늦게 소식을 들은 늙은 부인이 찾아와서 다시 살게 해달라고 간청을 했다. 그러나 여상은 받아주지 않았다. 여상은 항아리의 물을 바닥에 쏟고 부인을 보고 물을 다시 그릇에 담으라고 했다. 이것이 「엎어진 물은 다시 거둘 수 없다(覆水難收).」라는 고사의 기원이다.

(4) 문왕과 여상의 만남

태공망(太公望)은 「태공(太公)이 만나기를 소망하던 사람」이라는 뜻이다. 태공은 바로 문왕(文王)의 할아버지 고공단보(古公亶父)다. 문왕은 어려서부터 할아버지가 「장차 위대한 군사(軍師)가 나타나 우리나라를 도와줄 것이다.」라고 말한 것을 기억하고 있었다.

태공망(太公望)

문왕이 사냥에 앞서 점을 치자, 점괘가 이상하게 나왔다. 「얻는 것은 용도 곰도 교룡도 호랑이도 아니다. 우리나라를 패왕(覇王) 되게 보필(輔弼)해 줄 사람이다.」

과연 그 날은 종일토록 잡히는 것이 없었다. 빈손으로 터덜터덜

말을 몰고 위수(渭水) 강물 가를 지나가다가 무심코 보니 백발노인이 낚시질을 하고 있었다.

노인이 바로 여상(呂尙)이었다. 그는 본래 동해 가에서 태어났다. 머리가 총명하고 기상이 웅대한 그는 어려서부터 글 읽기를 좋아했으며 특히 병법과 전술에 능통했다.

그러나 때를 못 만난 탓으로 항상 궁핍하게 살았다. 결국 그의 부인마저 참지 못하고 도망갔던 것이다. 그래서 그는 홀로 낚시질을 하면서 황하를 따라 서쪽 주(周)나라를 바라고 왔던 것이다.

여상은 강물에 낚시를 드리우고 있었다. 마침 그 때에 문왕이 그 곁을 지나가다가 그를 발견한 것이다.

문왕은 말에서 내려 곁으로 다가갔다. 그러나 백발의 노인은 지그시 두 눈을 감은 채 아는 척을 하지 않았다. 문왕은 '에헴!' 헛기침을 하고 물었다.

「고기가 잘 잡힙니까?」

노인은 고개도 돌리지 않고 눈도 뜨지 않고 낮은 소리로 혼잣말을 했다.

「고기야 잡히던 말든 아무래도 좋소이다.」

문왕은 직감적으로 그가 바로 할아버지 태왕이 말하던 성인(聖人)인줄 알았다. 그래서 큰 소리로 외쳤다.

「선생이 바로 태공망(太公望)이십니다.」

그러자 노인은 눈을 뜨고 빙그레 웃으면서 「무어라 하셨소.」 하고 되물었다.

이에 문왕은 허리를 굽혀 절을 하고 말했다.

「저는 주나라의 서백(西伯)입니다. 저의 조부 태공께서 생전에 『장차 성인이 나타나 우리나라를 도울 거라.』고 말씀하셨거늘 바로 선생님이 그 분이십니다.」

문왕은 여상을 수레에 태워 모시고 돌아왔으며 「태공망(太公望)」이라 높이 불렀다. 본래 그는 성(姓)이 강(姜)이므로 강태공(姜太公)이라고도 한다. 그래서 우리나라에서도 낚시꾼을 강태공이라 불렀다.

문왕(文王)과 여상(呂尙)의 만남에 대한 다른 설도 있다. 문왕이 이웃 나라에서 강씨 성을 가진 왕비를 맞이했을 때 수행한 잉인(媵人 : 몸종이나 수행원)이라는 설도 있다.

옛날에는 부족과 부족이 결혼을 통해 결합하고 국력을 강화하는 경우가 많았다.

3. 무왕(武王)의 벌주(伐紂)

(1) 무왕(武王)의 무력시위

주(周)나라의 서백(西伯)은 인덕(仁德)으로 백성을 사랑하고 제후들을 귀순케 했으며 또 도성(都城)을 풍읍(豊 : 陝西省 邠縣)으로 옮겼다. 그래서 실질적으로 천하의 삼분의 이를 귀속시키고 아울러 천명을 내려 받고 있었다.

이와 같이 나라의 바탕을 굳게 다진 서백(西伯) 창(昌=文王)이 죽자, 그 뒤를 맏아들 무왕(武王 : 이름은 發)이 계승했다. 무왕은 아버지가 존경하던 여상(呂尙)을 그대로 군사(軍師)로 높이고 받들었다. 여상은 우주적인 안목을 가지고 천하를 통합할 원대한 경륜을 지닌 위대한 군사였다. 한편 무왕의 동생 주공(周公 : 이름은 旦)은 학문과 덕행을 겸비한 학자이자 동시에 사려가 깊고 또 인품이 온유한 군자였다. 주공은 덕치의 바탕이 될 문물제도를 새롭게 제정했다. 이에 주

주무왕(周武王)

나라는 경제적으로도 번창하고 또 무력도 증강되고 문화도 높아졌다.

맏아들 무왕 즉 발(發)은 뒤를 이은 지 9년이 되자 여상과 동생 주공과 함께 군대를 이끌고 동쪽으로 가서 무력을 과시했다. 그 목적은 크게 두 가지가 있었다. 무도한 주왕(紂王)에게 경고를 주는 동시에 천하의 제후들이 얼마나 자기에게 편들고 호응하는 지를 보고자 해서였다.

무왕이 맹진(盟津 : 河南省 남쪽, 黃河의 요지)에 이르자, 기약하지 않은 제후들 8백 명이, 저마다 자기 나라 군대를 이끌고 달려왔다. 그리고 이구동성으로 외쳤다. 「무도하고 잔학한 주를 토벌합시다.」

한편 하늘도 그들에게 길상을 내려주었다. 하나는 무왕이 탄 배 속으로 흰 물고기가 뛰어들었다. 흰색은 은나라를 상징한다. 이는 곧 은나라의 병사들이 자진해서 무왕에게 귀순한다는 뜻이다. 다른 하나는 밤에 무왕이 묵고 있는 군막 지붕 위에 붉은 새가 날아왔다. 붉은 새는 효덕(孝德)을 상징한다. 이는 곧 하늘이 무왕의 효성을 칭찬해준다는 뜻이다. 즉 무왕이 아버지 문왕의 뜻을 계승하여 천하를 바로잡으려는 것을 칭찬해 준 것이다.

이로써 무왕은 천하의 모든 제후들이 자기를 받들고 있음을 확신했고 또 대부분의 은나라의 병사들이 자기에게 귀순할 것도 알았으며 또 하늘도 자기를 도와줄 것을 믿게 되었다.

그러나 무왕은 그 자리에서 즉시 싸우지 않고 조용히 군대를 거두어 철수했다. 왜 그랬을까? 더 때를 기다리자는 생각에서였다. 아무리 주왕이 실덕하고 민심을 잃었다 해도 은나라는 수백 년간이나 유지되었던 왕조다. 그와 같이 역사가 오래 된 나라가 하루아침에 후딱 무너질 수 없다. 그래서 무왕은 때를 기다리자는 것이었다. 이러한 생각은 아버지 문왕의 생각이기도 했다. 동시에 은나라의 주왕 자신이 스스로 깨닫고 반성하고 동시에 주(周)나라의 무력을 보고 스스로 투항하라는 뜻도 있었다.

(2) 은(殷)의 민심 이탈

그래도 주(紂)는 반성할 줄 몰랐다. 오히려 반대로 더욱 광란적인 주지육림(酒池肉林)에 몰두하고 나라의 재물을 탕진했다.

뿐만 아니라 참혹한 「포락지형(炮烙之刑)」을 한층 더 강화하고 충신들을 학살했다. 간하는 왕자 비간(比干)을 산 채로 심장을 도려내기도 했다.

이에 왕족인 미자(微子), 기자(箕子)가 행방을 감추었다. 이어 태사(太師)와 소사(少師)가 국가의 상징인 제기와 악기를 들고 주나라로 망명했다. 하늘과 선조에 제사지내는 제기가 주나라로 옮겨져 왔다는 것은 은(殷)나라의 국권이 넘어왔다는 뜻이다.

주(周)의 무왕은 최후의 결단을 내렸다. 왕족으로부터 버림을 받고 민심을 잃고 제기마저 상실한 허수아비 주(紂)를 처단하기로 결단을 내렸다.

(3) 목야(牧野)의 승리

무왕이 동방에서 무력을 과시한 지 만 2년이 지났다. 무왕은 만반의 준비를 갖추고 최후의 출동명령을 내렸다. 때는 한파에 눈보라가 휘날리는 엄동설한이었다. 무왕은 아버지 문왕의 위패를 모신 전차를 타고 진두지휘를 했다. 곁으로는 군사 여상이 말을 달렸고, 뒤로는 동생, 주공(周公), 소공(召公), 필공(畢公)이 따랐다.

문왕의 위패를 선두에 모신 것은 이 토벌이 문왕의 친정(親征)을 뜻하는 것이다. 문왕이 생전에 달성하지 못한 평천하

(平天下)의 이상을 실현한다는 뜻이 담겨있었다. 그러므로 무왕의 출전은 하늘에 충성하고 부친에 효도한다는 이중의 의미를 지닌 거룩한 거사가 된다.

위대한 군사 태공망(太公望) 여상(呂尙)은 3백대의 천자, 3천명의 장군, 4만 5천명의 병사를 이끌고, 맹진(盟津 : 河南省 孟縣 남쪽)에 이르렀다. 그곳에서 다시 전국에서 모인 4천대의 전차와 6만의 병력을 통합해서 총지휘하고 최후의 결전장인 목야(牧野 : 殷의 도읍 朝歌의 남쪽)로 진격했다. 결전에 앞서 무왕은 모든 장병에게 엄숙하게 말했다.

「천하 전국에서 모인 정의의 용사에게 고하노라. 은나라 주왕은 여색에 빠져 나라를 망치고 백성을 도탄에 떨어지게 했다. 이에 하늘은 아버지 문왕에게 천명을 새로 내리고 우리로 하여금 천벌을 집행하게 명한 것이다. 그러니 우리 모든 용사들은 하늘을 대신하여 악을 토벌해야 한다.」

음탕한 놀이에 취했던 주(紂)는 화들짝 놀랐고 즉각 모든 군대를 소집했다. 이에 전국에서 70만 대군이 모였다. 그러나 은(殷)나라 군대는 이름만의 군대였다. 대부분이 노예인 졸병들은 이 기회에 은나라를 뒤집어 엎고 주나라에 붙어 자유로운 농민이 되려고 했던 것이다. 또 한편 항상 술 마시고 놀기만 했던 은나라의 장군들도 누렇게 녹슨 칼과 다름없었다. 천명을 받고 하늘의 권위를 등에 업은 주나라 군대가 노도같이 밀려오자, 은나라의 군대는 광풍에 휘날리는 모래같이 흩어졌다. 뿐만 아니라 많은 병사들은 등을 돌리고 주나라 편이 되었으며 저마다 무기를 주(紂)에게 꼬나 세우고 덤볐다.

이렇게 하여 주나라와 은나라 간의 결전은 싱겁게 결판이 났다. 제대로 싸우지도 못하고 패한 주(紂)는 녹대(鹿臺)로 도망가서 스스로 불을 지르고 보물더미에 묻혀 타죽었다. 무왕은 그의 시체에 세 발의 화살을 쏘고, 다시 황월(黃鉞 : 황금도끼)로 목을 쳐, 백기(白旗)에 달았다. 물론 달기도 처형했다. 이렇게 하여, 덕이 높은 탕왕(湯王)이 세운, 은나라는 약 6백 년 만에 덕을 잃은 주(紂)에 의해 멸망했다.

(4) 무왕의 뒤처리

주(紂)가 오래 하늘제사를 지내지 않았음으로 천단(天壇)이 황폐했다. 무왕은 제단을 새로 수축하고 제물을 바치고 제사를 올렸다. 하늘은 무왕에게 새삼 천명을 내렸다. 「은의 마지막 왕, 주(紂)가 실덕하고 천하를 어지럽히고 만민을 돌보지 않았음으로 그대 주(周)의 무왕으로 하여금 은나라를 멸하고 주나라를 세우게 한 것이다. 천명을 받고 덕치를 펴라.」

명실상부 성천자(聖天子)가 된 무왕은 아버지를 문왕(文王), 할아버지 계력(季歷)을 왕계(王季), 증조부 고공단보(古公亶父)를 태왕(太王)으로 추시(追諡)했다. 그리고 공을 세운 여상(呂尙)을 제(齊)에 봉하고 동생 주공(周公)을 노(魯)에 봉하고 소공(召公)을 연(燕)에 봉했다. 한편 주(紂)의 아들 녹보(祿父)를 은나라의 수도였던 조야(朝野)에 봉하고 은의 조상의 제사를 받들게 했다.

무왕은 감금되었던 기자(箕子) 및 기타의 현명한 사람들을 풀어주고 또 비참하게 죽은 비간(比干)의 묘도 만들었다. 곡식이나 재물을 털어 백성들을 구제해 주었다. 한편 무왕은 도읍을 풍(豊)에서 호경(鎬京)으로 옮겼다.

비간(比干)의 묘

(5) 백이(伯夷)와 숙제(叔齊)

 백이(伯夷)·숙제(叔齊)는 고죽군(孤竹君)의 두 왕자다. 백이는 큰 왕자고 숙제는 셋째 왕자다. 아버지는 생존 시에 자리를 총명한 셋째에게 물려주려고 생각했다. 고죽군이 사망하자, 아버지의 뜻을 잘 아는 백이가 숙제에게 말했다. 「아버지의 뜻에 따라 네가 자리에 올라라.」 그러자 셋째 숙제는 말했다. 「그럴 수 없습니다. 인륜에 따라 큰 형이 오르셔야 합니다.」

 서로 임금 자리를 양보하던 끝에, 백이가 홀연히 행방을 감추었다. 동생에게 자리를 주기 위해서였다. 그러자 셋째 숙제도 뒤따라 집을 나섰다. 이렇게 하여 결국 둘째 왕자 중자(仲子)가 자리에 올랐다.

 객지를 떠돌던 백이와 숙제는 늙은 나이에 서로 만났다. 그리고 주(周)나라의 영주(領主) 서백(西伯)이 덕이 높고 특히 노인들을 잘 돌봐준다는 소문을 듣고 함께 주나라 수도 풍읍(豊邑)으로 갔다. 그러나 서백은 이마

백이(伯夷)

죽고 그의 아들 무왕이 뒤를 이었다. 더욱이 주나라는 대군을 동원하고 은나라를 치려고 출동하고 있었다. 무왕이 아버지의 위패를 정중히 들고 앞서고 있었다. 이를 본 백이와 숙제는 용감하게 달려가 말고삐를 잡고 큰 소리로 질타하듯이 말했다.

「부친의 삼 년 상도 지키지 않고 군사행동을 일으키는 것은 효도(孝道)에 어긋납니다. 신하의 신분으로써 천자를 시해하려는 것은 인도(仁道)에 어긋납니다.」

거룩한 성전(聖戰)의 앞길을 가로막는 무법자를 가만둘 수가 있겠는가. 호위병이 칼을 뽑아들고 달려가 그들의 목을 치려고 하자, 총사령관인 여상이 침착하게 말렸다.「칼을 거두어라. 그들은 고결한 의사(義士)다.」 무사들은 그들을 길가로 밀어내고 행군을 계속했다.

무왕이 은나라를 멸하자 천하의 모든 제후나 백성은 주(周)나라를 종주국(宗主國)으로 받들고 무왕을 성천자(聖天子)로 높이고 따랐다.

그러나 백이·숙제는「불의(不義)한 주나라에 머물러 사는 것을 수치로 여기고 또 주나라의 곡식을 먹는 것을 창피하게 여겼다.」그래서 수양산(首陽山)에 들어가 몸을 숨기고 고사리를 따먹다가 굶어 죽었다. 그들은 임종에 앞서 다음과 같은 노래를 지었다.

『저 서산에 올라가 고사리를 따서 먹노라

폭력으로 폭력을 대신하고도 그 잘못을 모르노라.

옛날의 신농, 순임금, 우임금 때의 세계가 아득하게 사라졌으니, 우리는 어디로 돌아가나?

갈 곳이 없으니, 아아 죽으리라!

참으로 운세가 쇠퇴했구나!』[22]

(6) 사마천(司馬遷)의 평어(評語)

사마천(司馬遷)은 열전(列傳)의 첫 권, 「백이열전(伯夷列傳)」에서 다음과 같이 의문을 제시했다. 『천도는 항상 착한 사람에게 편든다고 하거늘, 왜 백이·숙제가 불행하게 굶어 죽었는가? 공자의 수제자 안연(顔淵)은 왜 가난하고 또 일찍 죽었으며, 반대로 도척(盜跖)은 잘살고 또 수를 누렸을까?』

이와 같은 물음은 오늘에도 명쾌하게 대답할 수 없는 의문이다. 이에 대하여 사마천은 다음과 같이 공자의 말을 인용

---

22) 登彼西山兮 采其薇矣 以暴易暴兮 不知其非矣 神農虞夏 忽焉沒兮 我安適歸矣 于嗟徂兮 命之衰矣.

했다.『도가 같지 않으면, 서로 비교하고 논할 수 없다. 저마다의 뜻과 신념을 따르면 된다.』[23]

　사람들은 각자 자기의 길을 따라 살게 마련이다. 저마다 주의 주장이 틀리거늘 같은 기준으로 선악시비를 평할 수 없다.」

사마천(司馬遷)

---

23) 子曰 道不同 不相謀 亦各從其志也.

4. 그 후의 임금들

(1) 주공(周公)의 동정(東征)

무공은 천하를 통일하고 즉시 무기를 거두어 농기구로 만들고 싸움에 동원했던 말을 화산(華山 : 陝西省) 남쪽에 돌려보내고, 소를 도림(桃林 : 陝西省) 구릉에 풀어서 농업생산에 이용하게 했다. 다시는 전쟁을 하지 않겠다는 뜻이 담겨져 있었다.

또 무왕은 도성(都城)을 동쪽 낙양(洛陽)으로 옮겨 중원지대를 통제하려고 했다.

주공(周公)

무왕의 동생 주공은 해박한 학문지식을 바탕으로 예악(禮樂)과 의례(儀禮) 등의 탁월한 문물제도를 제정하여 왕도덕치(王道德治)의 기틀을 세웠다.

그러나 애석하게도 무왕은 대업을 완성하지 못하고 병들어 자리에 누웠다. 이에 동생 주공이 하늘과 선조에게 제사를 드리고 자신을 대신 죽게 해달라고 빌기도 했다.

그러나 결국 무왕이 운명하고 뒤를 어린 성왕(成王)이 이었으며 주공이 섭정(攝政)으로 보좌했다. 당시는 아직도 형제상속의 제도가 남아 있었다. 그래서 혹시나 주공이 자리를 가로채는 것이 아닐까하고 의심하는 사람도 있었다.

원래 무왕에게는 15명의 동생이 있었다. 그러므로 다른 동생이 주공을 시기하고 모함했던 것이다. 즉 주공이 장차는 성왕을 제쳐놓고 국권을 차지할거라고 중상했던 것이다. 그 중에도 특히 관숙선(管叔鮮)과 채숙도(蔡叔度) 두 동생이 은나라의 무경(武庚=祿父)을 업고 반란을 일으켰다.

이에 총명하고 또 과감한 주공이 단호하게 대처했던 것이다. 그는 손수 토벌군을 지휘하고 출전하여 무경과 관숙을 토벌하고 채숙을 멀리 추방했다.

원래 무왕은 관대하게 은나라 주왕(紂王)의 아들 무경(武庚) 즉 녹보(祿父)로 하여금 자기네 조상의 제사를 지내라고 봉지도 주고 유민(遺民)도 다스리게 했던 것이다. 한편 무왕은 동생 관숙과 채숙을 감시 역으로 파견했다. 그런데 관숙과 채숙이 무경과 결탁하고 반란을 일으켰으니, 이때가 주나라의 위기였다.

이를 주공단(周公旦)이 어린 임금 성왕(成王)의 허락을 받고 무력으로 동정(東征)하여 단호하게 토벌하고 위기를 극복했던 것이다. 반란을 진정한 다음, 주공은 미자(微子)를 은나라의 후계자로 세우고, 송(宋：河南省)에 봉했다. 또 은나라 옛 땅을 거두어 새로 위(衛)나라를 세우고 은나라 유민을 살게 했다.

(2) 성왕(成王)·강왕(康王)

주공은 7년에 걸친 섭정(攝政)을 끝내고, 대권을 성왕에게 반환하고 신하로써 임금을 받들었다.

주공은 계속해서 제반 예악(禮樂)이나 문물제도를 개혁하고 발전시켰다. 동시에 주공은 삼황오제 이후의 성왕(聖王)의 정신과 전통을 계승하고 더욱 발전시켜 주나라 초기의 인정(仁政)과 덕치(德治)의 기틀을 확립했다.

혁혁한 공을 세운 주공이 풍읍(豊邑)에서 조용히 숨을 거두었다. 성왕은 그의 죽음을 애도하고 그를 문왕의 무덤이 있는 필(畢)에 매장했다.

한편 성왕도 덕정(德政)을 베풀다가 붕어하고 뒤를 강왕(康王)이 이었다. 성왕은 붕어에 앞서 원로(元老) 소공(召公)과

필공(畢公)에게 정성껏 강왕을 보필해주라고 부탁했다.

이에 두 원로는 종묘에 제사를 드리고 문왕(文王)과 무왕(武王)의 유지를 받들어 강왕을 정성으로 타일렀다.

『천자의 요체는 근검절약해야 합니다. 사사로운 욕심을 억제하고 오직 백성을 위하고 또 신의를 지켜야 합니다.』

강왕은 원로의 교훈을 잘 따르고 지켰다. 그래서 성왕과 강왕 치세에는 40년 간이나 형벌을 집행한 일이 없었다.

(3) 백치(白雉)를 바치다

사략(史略)에 대략 다음과 같이 있다.

「교지 남쪽에 월상씨라는 나라가 있었다. 〈그 나라의 사신이〉 이중 삼중으로 통역을 바꿔가면서 주나라를 찾아와서 흰 꿩을 바쳐 올리며 아뢰었다. 『저는 우리나라의 늙은 임금으로부터 명을 받고 왔습니다. 하늘에는 열풍과 폭우도 없고 바다에는 높은 파도가 일지 않은지 삼 년이나 되었습니다. 중국에 성인이 나타나 다스리기 때문에 천하가 태평할 거라고 생각하고 계십니다.』

주공이 성왕의 덕으로 돌리고 흰 꿩을 선조를 모신 종묘에 바치고 제사를 지냈다. 사신이 돌아갈 길을 잃고 헤매자 주공이 〈사신에게〉 포장을 두른 수레 다섯 량을 내려주었다. 스스로 방향을 탐지하는 지남차(指南車)였다. 사자는 그 수레를 타고 부남과 임읍의 해안을 따라서 일 년 만에 자기나라에 도달했다. 그러므로 후세에도 임금 행차에 지남차를 항상 선도로 내세운다. 그 이유는 먼 나라사람들을 귀순하게 하고 또 사방을 바르게 다스린다는 뜻을 나타내기 위해서다.

(4) 소왕(昭王)·목왕(穆王)

강왕(康王)의 뒤를 소왕(昭王)이 이었고, 소왕의 뒤를 목왕(穆王)이 이었다. 이들은 덕치(德治)보다, 사냥이나 무력으로 세력을 확장하는 데 힘을 기울였다. 그래서 인애(仁愛)를 바탕으로 한 주나라의 덕치(德治)의 전통이 무너지고 아울러 명성도 실추되었다.

이들이 무력으로 남들을 정복하려고 한 가장 큰 원인은 그만큼 주나라의 전투력이 커졌다는 것을 뜻한다. 예를 들면, 무왕이 은(殷)의 주(紂)를 칠 때에 동원했던 전차는 고작 350대에 불과했다. 그러나 이제는 수천 대의 전차와 수십만의 군대로 증강되었다. 또한 재물이나 경제도 부풀었다.

그래서 그들은 넘치는 힘을 밖으로 나가 발산하려고 했던 것이다.

그 결과 소왕은 객지에서 다른 민족에게 피살되고 돌아오지 못했다. 한편 목왕의 경우는 곤륜산에서 서왕모와 술잔치를 했다고 낭만적으로 그리기도 했다.

주왕(紂王)사황비호처도

5. 서주(西周)의 종말

(1) 백성에게 쫓겨난 여왕(厲王)

목왕(穆王) 다음의 5대 왕이 악명 높은 여왕(厲王)이다. 여왕은 욕심 많고 거만했다. 그래서 나라와 백성을 생각하지 않고, 무자비하게 백성으로부터 제물을 거둬서 사치하고 낭비하고 유흥에 골몰했다. 악한 임금은 현명한 신하를 멀리하고 간신(奸臣)을 가까이 하는 법이다. 그는 영이공(榮夷公)을 등용하고 가혹하게 재물을 거두어 들였다. 착한 신하가 「악덕한 정치를 펴고 가렴주구하면, 백성들이 등을 돌립니다.」 하고 간했으나 듣지 않았다. 반대로 전국에 무당을 파견하여 백성을 감시하고, 불평하는 자를 색출하고 무참하게 처형했다. 이에 사람들은 벙어리가 되어 인사말도 제대로 나누지 못했다. 길을 갈 때에도 서로 눈인사만을 나누었다. 마침내 소공(召公)이 한마디 했다. 「백성의 입을 막으면 홍수에 둑이 터지듯이 반드시 폭발할 것입니다.」 그래도 여왕은 듣지 않고 백성을 괴롭혔다. 마침내 백성들이 반란했다. 이에 여왕은 자리에서 쫓겨나 체(彘)라는 곳으로 도망가 숨었다.

(2) 공화(共和)와 선왕(宣王)의 중흥

소공은 도망간 임금의 뒤를 여왕의 아들 정(靜)으로 하여금 잇게 했다. 그러나 실질적인 정치는 주로 소공과 다른 신하가 공동으로 담당했다. 공화는 약 14년 간 지속되었다. 그 간에 도망가서 숨어있던 여왕(厲王)이 죽었다. 그래서 소공은 태자 정을 정식으로 임금으로 모셨다. 그가 바로 선왕(宣王)이다. 선왕은 여러 충신들의 말을 잘 따르고, 선정(善政)을 펴, 주나라를 중흥케 했다.

서주(西周)의 금궤(金櫃)

선왕(宣王)은 자리에 오르자, 중산보(仲山甫)를 재상에 임명하고 동시에 남중(南仲), 소호(召虎) 등의 장군을 앞세우고 반란을 진압하고 또 복종하지 않는 제후들을 토벌했으며, 일시나마 주의 위세를 과시했다. 시경(詩經)에는 그의 토벌을 칭송하는 시가 보인다. 그러나 두백(杜伯) 같은 무고한 충신을 죽이는 등의 잘못도 있었으며, 서융(西戎)에게 크게 패하기도 했다.

(3) 유왕(幽王)과 포사(褒姒)

옛날이나 지금이나 같다. 백성이나 임금도 같다. 하늘이 생명을 줌으로써 사람은 살고 활동하고 일한다. 생명은 곧 활동하고 일하는 기능이다. 잘 생각해 보자. 하늘이 왜 사람에게 「일하는 기능, 생명」을 주었을까? 하늘은 절대선(絶對善)의 실재(實在), 실체(實體)이다. 그 하늘이 왜 사람에게 「일하는 기능인 생명」을 주었는가?

『하늘의 뜻과 도리에 맞게 착한 일을 하라고 생명을 준 것이다. 그런데, 하늘로부터 생명을 내려 받고 하늘의 뜻과 도리에 어긋나는 나쁜 짓을 하면 하늘은 그의 생명을 거두고 결국에 가서는 멸한다. 악인은 절대로 살아남을 수 없다. 그

것이 하늘의 도리다.」

그러므로 모든 사람은 하늘의 도리에 맞는 착한 일을 해야 한다. 착한 일은 곧 인류의 역사와 문화를 창조적으로 발전케 하는 데 공헌하는 일이다. 이와 반대가 되는 나쁜 일은 곧 「동물적, 육체적, 개인적, 이기적, 관능적 욕심과 쾌락을 채우기 위하여 남을 해치고 남의 재물을 폭력으로 탈취하는 모든 행위다.」

(4) 요녀(妖女) 포사(褒姒)의 출생

하(夏)나라가 망하기 직전의 일이었다. 왕궁 뜰 위에 두 마리의 용이 나타나 교미를 하면서 말했다.

「우리는 포(褒)나라의 임금과 황후다. 우리가 흘리는 침을 정중히 받아 나무 함 속에 간직해 두어라.」

하나라 왕은 태사(太師)를 불러 점을 치게 했다. 태사가 점괘를 보고 말했다.

「신룡(神龍)의 말대로 그들의 침을 받아 목독(木櫝 : 나무 궤짝)에 간직하십시오. 그 침은 바로 신룡의 정기(精氣)입니다.」

왕은 내시에게 명하여, 용이 흘리는 침을 받아서 목독 속에 간직하게 했다. 그러자 용이 홀연히 자취를 감추고 보이지 않게 되었다. 얼마 후, 하나라가 망하고 은나라가 섰다.

은나라에서는 그 목독을 창고에 간직했다. 다시 은나라가 망하고, 주나라가 그 목독을 창고 깊이 간직했다.

그 후, 수백 년의 세월이 흘렀으며,

포사(褒姒)

주나라 여왕(厲王)이 낡은 나무궤짝을 뜰에 내다가 열어 보았다.

그 순간 궤짝 속에서 진한 액체가 넘쳐흘러, 풀밭에 떨어지자, 즉시 도마뱀으로 변했다. 이를 본 주술사(呪術師)가 왕에게 아뢰었다.

「저것은 신룡(神龍)의 정기입니다. 젊은 궁녀로 하여금 받도록 하십시오.」

이에 여왕(厲王)이 마당에 있던 모든 궁녀로 하여금 옷을 벗고 알몸으로 도마뱀을 둘러싸게 했다. 그러자, 그 도마뱀은 일곱 살짜리 소녀 발밑으로 들어가더니 보이지 않게 되었다.

그런 일이 있은 지, 다시 사십 년이 지나, 선왕(宣王) 때가 되었다. 오십 살 된 늙은 궁녀가 여자아이를 분만했다. 물론 그 궁녀는 남자와 접한 일이 없었다. 그래서 그녀는 소문나지 않게 어린아이를 산속에 몰래 내다버렸다. 그 궁녀가 사십 년 전에, 용의 정기를 받은 처녀였다.

당시 아이들이 이상한 노래를 부르기 시작했다.

『산뽕나무 활과 대나무 화살 통이,

장차 나라를 망치게 하리라.』

그러던 어느 날, 도성을 감시하던 병사가 임금에게 달려와 고했다.

「낯설은 남녀가, 산뽕나무 활과 대나무 화살 통을 지고 다니면서 팔고 있습니다.」

선왕은 그 자리에서 명을 내렸다.

「그들을 당장에 잡아서 처형해라.」

활 장수는 이웃나라에 사는 행상꾼으로 부부였다. 난데없이 병사가 창칼을 뽑아들고 달려오는 것을 본 그들은 등짐을 벗어 던지고 필사적으로 산속으로 도망갔다. 어느덧 날이 저물었다. 그들은 도성으로 들어가기를 단념하고, 어둠에 산을 타고 포(褒)나라로 도망을 갔다.

그 때였다. 숲 속에서 어린 아이 울음소리가 났다. 다가가 허리를 숙이고 보니, 토실토실한 아기가 울고 있었다. 그들 부부는 아이가 없었다. 그래서 그 아이를 업고 그 길로 포나라에 도망가서 살면서 그 아이를 키웠다. 그 아이가 바로 성장하여 절색미인이 된 포사(襃姒)였다.

전에 포(襃)나라의 영주(領主)가 죄를 범했으며, 그 보상으로 막대한 재물과 여자 노예들을 유왕에게 바쳤으며, 그 속에 포사가 있었다. 원래가 여자 종이라 즉시 임금 눈에 띄지 않았다. 우연한 기회에 포사를 발견하고 반했으며 밤낮으로 그녀와 놀아났던 것이다. 뿐만 아니라, 그녀는 폭군 유왕을 한눈에 사로잡고 마침내 주나라를 멸망케 했던 것이다.

(5) 신후(申后)와 포사(襃姒)

선왕(宣王)이 죽자, 유왕(幽王)이 자리에 올랐다. 은(殷)을 망친「걸(桀)이나 말희(末喜)」, 하(夏)를 망친「주(紂)와 달기(妲己)」처럼, 유왕은「포사(襃姒)」라는 요녀(妖女)에 매혹되어 마침내 나라를 망치고 자신도 죽어야 했다.

유왕도 황음무도(荒淫無道)한 폭군이었다. 여색(女色)과 유흥(遊興)에 빠져 나라의 재물을 탕진했으며, 재물을 보충하기 위해 혹독하게 백성들로부터 가렴주구(苛斂誅求)했다. 그는 충신을 멀리하고, 아첨 잘하는 간신만을 등용하고, 악덕정치를 자행했다.

이에 하늘도 그를 버렸고, 제후들도 등을 돌렸고, 백성들은 그를 저주했으며, 원성이 높았다. 그런데도 그는 반성할 줄 몰랐다.

원래 유왕의 원비(元妃)는 신후(申后)이다. 그리고 그의 소생 의구(宜臼)가 태자였다. 그런데, 포사(褒姒)에게 홀린 유왕은 신후를 폐하고, 태자를 내쫓았다. 그리고 포사(褒姒)를 황후로, 그녀의 아들 백복(伯服)을 태자로 삼았다.

이에 신후가 아들 의구를 데리고 친정으로 돌아갔다. 이에 유왕은 사람을 풀어, 의구(宜臼)를 죽이려고 했다. 그러자 신국(申國)의 임금인 그녀의 아버지 신후(申侯)가 노발대발하고, 견융(犬戎)과 연합하여, 국경을 넘어 쳐 들어와 유왕을 여산(驪山 : 陝西省 臨潼縣)에서 주살(誅殺)했다. 그리고 그들 오랑캐들은 주나라의 창고를 털고, 태산처럼 쌓아둔 금은보화를 약탈해 갔다.

이로써 무왕(武王)이 나라를 세운 주(周)나라는 12대 임금을 거치고 마침내 유왕에 의해, 이른바 주나라의 전반 서주(西周)가 멸망했던 것이다. 그 후는 평왕(平王)이 동쪽으로 도읍을 옮겼음으로 동주(東周)라고 한다.

서주는 문왕(文王) 무왕(武王) 및 주공(周公)의 인덕과 무력 및 슬기로 인해, 천명을 내려 받고 나라를 세웠다. 그러나 후대에 와서 임금들이 덕을 쌓지 않고, 독부정책(瀆武政策)을 썼고, 특히 유왕의 황음무도로 인해 결정적으로 망했던 것이다.

유왕 말기에는 주나라에 천재지변이 자주 발생했다고 한다. 하늘은 선에는 상을 내리지만, 악에는 벌을 내린다.

주공의 성왕 보필을 나타내는 화상석

⑹ 포사의 웃음과 신후(申后)의 반격

 요녀 포사에게는 이상한 버릇이 있었다. 그녀는 좀처럼 웃지를 않았다. 유왕은 그녀를 웃기려고 백방으로 애를 썼다. 호화찬란한 궁전을 신축해 주고 또 진귀한 금은보화를 거두어 주었다. 그래도 소용이 없었다.

 마침내, 유왕은 원비(元妃)인 신후(申后)와, 태자인 의구(宜臼)를 폐하고 내쫓았다. 그리고 포사를 정비로 앉히고 백복(伯服)을 태자로 삼았다. 그래도 포사는 웃지 않았다.

 그러자 치졸한 유왕은 마침내 엉뚱한 수작을 부렸다. 우매한 유왕은 비록 타락하고 덕을 잃었다 해도 명목상으로는 천하를 다스리는 천자다. 그러므로 서북방에서 오랑캐가 쳐들어오면 전국의 제후들이 달려와서 그를 지켜야 했다. 이를 악용해서 포사를 웃기게 하자는 어처구니없는 불장난을 한 것이다. 유왕은 포사를 데리고 새로 지은 별궁에 행차하고 술잔치를 벌였다. 그 별궁은 서울 근교 높은 산에 있었다. 진종일 마시고 질탕하게 놀던 유왕은 어두워지자, 엉뚱한 명령을 내렸다. 『봉화대에 긴급을 알리는 봉화를 올리게 하라.』

 주위에서 함께 마시고 놀던 대신들이 어리둥절하고 임금을 쳐다보자, 임금은 큰 소리로 질타하듯 말했다.『무엇을 꾸물대는가. 짐이 방금 긴급을 알리는 첩보를 접했다. 즉각 봉화를 올려 전국에 알리고, 전국의 제후들을 소집해라.』

먼저 서울 근교에 있는 봉화대에서 봉화가 피어올랐다. 그리고 차츰 지방으로 줄줄이 이어져, 마침내 전국에 긴급을 알리는 봉화가 피어올랐다. 이에 전국의 제후들이 기겁을 하고 휘하 군대를 대동하고 다급히 달려왔다. 그들 제후들은 밤길을 달려 새벽녘에 서울 근교에 도달했다. 그러나 서울은 평온하고 전란의 흔적도 보이지 않았다. 달려온 제후들과 군졸들은 우두망찰하고 의아한 눈으로 하늘을 쳐다보았다. 어찌 된 영문인가? 높은 산에 새로 지은 별궁에서는 임금과 신하들이 불을 밝히고 풍악을 울리고 술잔치를 벌리고 있는 것이 아닌가?『우리가 속았구나.』『이 무슨 해괴한 짓인가.』

제후들과 군졸들은 땅을 치며 분통을 터뜨렸다. 그러자 궁전에서 이들을 내려다보고 있던 포사가 깔깔대고 웃었던 것이다. 그 웃음 속에는 독기가 서려 있었다. 그녀의 독살스런 웃음을 유왕은 기쁘게 들었을 것이다. 그러나 그 웃음은 제후의 가슴속에 증오와 절망감을 심어주었다. 한편 쫓겨난 황후와 태자는 친정집으로 몸을 피했다. 친정아버지는 신(申)나라의 임금이었다. 그는 노발대발했다. 포사에게 홀려, 거짓 봉화로 제후들을 농락한 유왕을 용서할 수 없었다. 마침내 견융(犬戎)과 합세해서 공격해 와서 유왕과 포사 및 아들 백복을 여산(驪山) 밑에서 살해했다. 이에 쫓겨났던 태자 의구(宜臼)를 자리에 앉히니, 그가 곧 평왕(平王)이다.

(7) 평왕(平王)의 동천(東遷)

유왕(幽王)이 피살되자, 신후(申后)의 아들 의구(宜臼)가 뒤를 이었으니, 그가 평왕(平王)이다. 평왕은 도읍을 호경(鎬京)에서 낙읍(洛邑)으로 옮겼다. 그 이유는 자기를 도와 왕위를 되찾아준 견융(犬戎)이 주(周)나라의 「서도(西都) 호경(鎬京)」을 점령하고 만행(蠻行)을 자행했기 때문이다. 그래서 그들 견융을 피해 「동도(東都) 낙양(洛陽)」으로 옮긴 것이다. 말하자면, 힘이 약해서 서도를 오랑캐에게 내준 것이다. 이때부터를 동주(東周) 시대라 한다. 주 왕실의 힘이 쇠약하고 권위가 무너졌음으로 제후(諸侯)들이 서로 나뉘어 세력을 다투기 시작했다. 그래서 「동주 시대」를 다시 춘추(春秋 : BC. 722-481)와 전국(戰國 : BC. 480-221)의 두 시대로 나눈다.

부록 : 중국 신화의 역사발전관

(1) 서론

신화는 고대인의 우주 해석을 바탕으로 한 소박한 옛날의 이야기다. 그러나 역사적 실증을 높이고 또 실천적 도덕을 강조하는 유가사상 때문에 고대의 신화 전설이 어느덧 역사 기록 속에 편입되고 또 신화의 주인공이 역사적 실재인물로 기술되기도 했다.

고대인들은 천지 자연 만물을 창조하고 동시에 모든 현상 변화를 주재하는 실재를 다신론적 서물신(庶物神) 혹은 일신론적 절대신(絕對神)으로 파악하고 높였다. 중국민족도 옛날에는 유일무이한 인격신을 믿고, 그를 상제(上帝)라고 부르고 높였다.

그러나 주(周)왕조 이후에는 신보다 예(禮)를 높이는 인문주의에 기울고 특히 유교는 천지개벽과 인류탄생을 인간적으로 해석했다. 그래서 신화의 주인공이 성왕(聖王)으로 둔갑하게 되었다.

물론 상고대의 성왕들은 자기 위에 하늘과 하늘을 다스리는 절대신 상제가 있다고 믿었다. 그러므로 그들은 하늘[天]

에 제사를 올리고 복을 빌고 동시에 천명(天命)과 천도(天道)를 높이고 따르려고 했다.

그러나 후세에는 우주를 이성적으로 해석하고 시간과 공간을 통합한 절대를 「하늘 천(天)」, 하늘의 도리를 「천도(天道)」라고 일컬었다. 결국 우주 천지 만물을 창조하고 아울러 만물의 「생성(生成) 변화(變化) 번식(繁殖) 발전(發展)」을 주재하는 절대 천, 그 도리를 천도라고 불렀던 것이다.

중국 신화의 주인공들이 역사적 인물로 둔갑하고 역사에 기록된 대표적인 예가 「삼황오제(三皇五帝)」다. 「삼황(三皇)」과 「오제(五帝)」를 역사의 발전관을 바탕으로 다음과 같이 추릴 수 있다.

삼황은 다음과 같다.

① 복희(伏羲)와 여와(女媧) : 인류의 시조. 〈媧는 '왜'로도 읽음〉
② 신농(神農) : 자연을 활용한 생활의 지혜를 전수.
③ 수인(燧人) : 인류에게 불의 사용을 알게 함.

고대 복희 전신화상

복희와 여와에 의해서 인류가 지상에 출현했고, 신농씨의 가르침을 받아 인류가 자연을 활용해서 삶을 영위하게 되었으며, 다시 수인씨에 의해 불을 발견하고 이용함으로써 문화적 삶을 살게 되었다.

다음에 나타난 오제(五帝)는 곧 원시 공동체를 형성하고 무위자연(無爲自然)의 덕치(德治)를 편 성군들이다.

① 황제(黃帝) : 부족을 통합하여 공동체를 창건한 민족의 시조다.
② 전욱(顓頊) : 황제의 손자로 천지를 나누고 달력을 만들었다.
③ 제곡(帝嚳) : 황제의 증손이며 은(殷) 왕조의 조상.

황제 헌원씨(黃帝 軒轅氏)

④ 제요(帝堯) : 무위자연의 덕치를 펴고 또 선양(禪讓)으로 천하위공(天下爲公)의 대동이상(大同理想)을 실천했다.
⑤ 제순(帝舜) : 대효(大孝)로 알려져 요임금에게 등용되어 많은 공을 세웠고 마침내 요임금으로부터 천하를 물려받았다. 순도 치수(治水)의 공을 세운 우(禹)에게 천하를 선양했다.

유가는 왕도덕치(王道德治)와 대동이상(大同理想)을 높이고 패도(覇道)의 무력통치를 배척한다. 그러므로 「삼황오제」를 실재했던 태고의 성제(聖帝)로 숭앙했다.

그 후 인간과 나라가 타락하고 왕조의 흥망성쇠(興亡盛衰)와 역성혁명(易姓革命)이 반복되었다. 그러한 역사적 사실을 「하·은·주(夏·殷·周)」 삼대(三代)에서 볼 수 있다. 오제 다음의 왕조가 곧 「하·은·주」 삼대다. 순임금 다음에 하(夏)가 나타났고, 하 다음에 은(殷)이 나타났고, 은 다음에 주(周)가 나타났다.

순(舜)이 우(禹)에게 선양함으로써 하왕조가 세워졌다. 그러나 우의 뒤를 그의 아들이 계승함으로써 나라를 사유화(私有化) 하는 폐습이 생겼고 급기야는 다른 사람이 무력으로 왕조를 타도하고 나라를 찬탈하는 역성혁명(易姓革命)의 악순환이 청조(淸朝) 말기까지 되풀이 되었다.

하왕조의 마지막 폭군 걸왕(桀王)은 은(殷)나라를 건국한 탕왕(湯王)에게 멸망되었다. 또 은나라의 마지막 임금 주(紂)는 주(周)나라의 무왕(武王)에게 멸망되었다. 그러나 주(周)도 차츰 쇠퇴하고 춘추(春秋) 및 전국(戰國) 시대를 거쳐 결국은 진(秦)에게 멸망되었다.

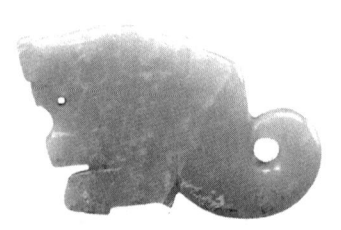

황옥 호랑이 장식

청옥 올빼미패

(2) 신화는 고대인의 우주해석

 인류는 동물과 다르다. 하늘에 의해 만물의 영장으로 태어난 인간 및 인류는 수십 만 년 전부터 동물과는 차원이 다른 정신을 바탕으로 여러 가지 문화생활을 영위했다. 그러므로 태고 때의 인간들은 위협적인 자연 앞에서 벌벌 떨고 거의 무력하게 일방적으로 눌려 살면서도 자연 및 현상을 여러 각도에서 해석하려고 애를 썼다.

 그리하여 미처 자연법칙을 깨닫기 전의 옛사람들은 우주 천지 자연 만물이 저마다 살아있는 신령이나 귀신이라고 막연하게 믿었다. 한편 사람들은 자기네가 인식하거나 해석한 우주의 근원이나 도리를 저마다의 언어를 통해서 서로 전달하고 교환했으며 동시에 대를 이어가면서 역사적으로 발전시켰다.

 우선 고대인들은 절대적인 힘을 지니고 천지 자연 만물을 창조하고 동시에 변화무쌍한 현상을 발생케 하는 보이지 않는 근원적인 실재를 종교적 혹은 미신적으로 해석하고 따르고자 했다. 이에 옛사람들은「다신론적(多神論的) 서물신앙(庶物信仰)」단계를 거쳐 마침내「유일무이한 천제(天帝)」를 믿는 일신론적(一神論的) 종교를 수립하고 또 그 사상을 발전 시켰다. 이와 같이 수십 만 년에 걸친 인류의 우주에 대한 인식을 다음과 같이 추릴 수 있다.

① 경위와 공포의 시기.
② 천신만귀(千神萬鬼)의 서물(庶物) 및 잡신(雜神) 신앙 시기.
③ 유일무이한 천신(天神) 신앙 시기.
④ 자연 법칙의 발견과 활용 시기.

이상의 단계에서 신화는 「잡신 시기」에서 「천신 시기」로 넘어오는 단계의 우주에 대한 해석이라고 할 수 있다. 중국 민족은 오랜 신화시대를 거쳐 차츰 정신적 이성적으로 「우주의 법칙」을 인식하고 파악하게 되었다.

한문의 「우주(宇宙)」는 공간과 시간을 합친 뜻이다. 우(宇)는 공간을 말하고 주(宙)는 시간을 말한다. 「공간과 시간」은 개념상으로는 다르지만 실제로는 나눌 수 없다.

공간의 이동이 시간의 흐름이고, 시간의 흐름이 곧 공간적 이동이다. 공간을 떠난 시간의 흐름이 없고, 시간의 흐름은 공간적 이동과 변화를 동반한다. 그러므로 공간과 시간의 통합인 우주를 한마디로 하늘 「천(天)」이라고 한다.

만물은 공간과 시간을 통합한 절대인 하늘에 의해서 창조되고 아울러 「우주의 법칙」 즉 「천도(天道)」를 따라 「생성(生成) 변화(變化) 번식(繁殖) 발전(發展)」한다.

그러므로 중국민족은 은(殷) 다음의 주(周)왕조를 기점으로 천신(天神) 혹은 천제(天帝)를 「천도의 주재자(主宰者)」로 파악하고 제사를 드리고 강복(降福)을 기구했으며 동시에 절대선의 천도를 깨닫고 행하는 윤리 도덕 및 예의를 중시하게 되었다. 그러므로 중국의 신화도 차츰 인간적 도덕적 특색을 지니게 되었다.

(3) 인간승리의 예술적 표현

오늘의 인류가 찬란한 문화를 누리게 되기까지는 오랜 세월이 걸렸으며 수만 년에 걸친 인류의 총체적 역사의 발전과정에서 많은 선인(先人)들이 노력하고 정성을 바친 결과임을 알고 감사해야 한다.

특히 태고의 원시인들은 거의 알몸과 맨주먹으로 홀로 외롭게 맹위를 떨치는 자연 만물과 싸워야 했다. 외형적 육체적 차원에서 인간은 허약하고 미미하기 짝이 없다. 그러나 본성적으로 탁월한 지혜와 정신을 바탕으로 서로 협동하고 역사적으로 이어오면서 자연과의 투쟁에서 살아남았으며 동시에 문화를 창조하고 계승하면서 더욱 발전해 왔던 것이다.

이와 같은 태고 때부터의 역사적 발전과정에서 남달리 뛰어난 영웅적 힘을 발휘하여 공을 세우고 동시에 모든 사람의 힘을 하나로 묶어 함께 잘사는 공동체를 형성하는데 크게 기여한 탁월한 지도자를 칭송하고 그들의 행적을 구두로 전하거나 기록으로 남긴 것이 바로 신화나 전설이다.

장구한 세월에 걸쳐 많은 사람에게 계승 전달된 신화 전설은 차츰 「진선미(眞善美)」를 통합한 문학으로 승화되었다. 즉 신화를 바탕으로 인간의 본성인 「지정의(知情意)」가 「진선미(眞善美)」의 응결체(凝結體)로 높아진 것이다. 결국 신화는 문학의 맹아(萌芽)이기도 하다.

한편 사람은 현실을 있는 그대로 보고 알려고 하는 동시에 보다 아름답고 착한 미래를 추구하는 발전적 본성이 있다. 그러므로 신화 속에는 예술적 선가치적 이상(理想)이 투영되어 있다. 그러므로 신화에는 상상력과 예술미 및 이상이 함께 융화되어 있는 것이다.

(4) 성제(聖帝)의 출현

신화는 상고대의 삶의 반영이다. 특히 중국의 신화 속에는 중국민족의 이상적 역사적 발전관이 짙게 내포되어 있다. 바로 그것이 중국신화의 특색이기도 하다.

한편 중국의 전통사상의 핵심인 유교(儒敎)는 덕치(德治)를 바탕으로 대동세계(大同世界)의 실현을 이상으로 하고 또 그 「대동의 이상세계」를 인간들이 대를 이어가면서 점진적으로 역사적으로 실현할 것이라고 낙관한다.

동시에 유교는 우주 천지 만물을 창조하고 섭리하는 절대를 「천(天)」, 그 절대선의 진리를 「천도(天道)」라고 믿고 또 높인다.

그러므로 유교사상은 겉으로 나타난 현상보다, 근원적인 실재를 「하늘과 천도」에서 찾으려 한다. 따라서 자연히 「근원적인 옛날」을 기준으로 하게 마련이다.

유교는 인문주의(人文主義), 실증주의(實證主義), 역사주의(歷史主義) 및 덕치주의(德治主義)를 높인다.

그 결과 상고대의 신화 전설을 역사적 사실로 기록화하고 특히 「덕이 높은 신화의 주인공」을 실재했던 성제(聖帝)나 성왕(聖王)으로 높였던 것이다. 그 대표적인 예가 바로 삼황오제(三皇五帝)다. 〈다른 항목에서 자세히 서술함.〉

이들은 바로 공동체의 영도자로 덕을 갖추고 아울러 모든 사람을 하나로 묶어 공동선(共同善)을 구현(具顯)하는 「대동이상(大同理想)」을 실천한 성군이기도 했다. 이러한 점이 인간의 외형적 힘이나 아름다움만을 내세우는 서양의 신화와 다른 특색이기도 하다.

후기

역사 학습을 통해서 국가 정치의 바른 길을 알아야 한다. 또 역사 속에 나타난 인간상을 통해서 삶의 목적과 가치를 높여야 한다. 우리는 절대로 오늘의 타락한 세계를 기준으로 하면 안 된다. 예기(禮記)에 다음과 같은 말이 있다.

「인간이 동물이나 물질적 존재로 전락하는 이유는 하늘의 도리를 무시하고 인간적 차원의 욕심만을 끝없이 추궁하기 때문이다.(人化物者 滅天理 而窮人欲者也)」

이 말은 바로 오늘의 인류 세계에게 주는 경고다. 하늘의 도리를 무시하고 동물적 탐욕을 채우기 위해 서로 쟁탈하면 미구에 인류사회는 괴멸한다.

유교에서 말하는 도덕(道德)은 천도(天道)를 따라 지덕(地德)을 세운다는 뜻이다. 개인생활에서도 윤리 도덕의 실천을 중시하고 그것을 인도(人道) 즉 사람이 지킬 도리라고

한다. 국가정치에서도 「왕도(王道)의 도덕정치」를 중시하고 「패도(覇道)의 무력통치」를 배척한다.

그러나 역사적 현장에서는 「왕도의 도덕정치」보다 「패도의 무력통치」가 활개를 쳤다. 그럼에도 불구하고 총체적으로 역사를 관조하면 점진적이나마 도덕적으로 발전해 왔음을 부인할 수 없다. 역사의 주체는 바로 인간이다. 중국의 역사 무대에는 많은 사람들이 등장하고 저마다의 인간상을 그려내고 있다. 그러므로 우리는 그들을 통해서 삶의 바른 길과 높은 가치를 터득할 수 있다. 다시 한 번 강조한다. 이 책을 학습함으로써 정치의 바른 도리와 삶의 높은 가치를 터득하기를 바란다.

2006년 7월 12일
현옥련재에서 장기근 씀

圖書出版 明文堂 版權所有印

| 명문 동양문고 ❶ |

고대 중국의 제왕학

초판 인쇄 : 2006年 9月 25日
초판 발행 : 2006年 9月 30日
저　자 : 장기근
발행자 : 김동구
발행처 : **명문당**(1926. 10. 1 창립)
서울특별시 종로구 안국동 17~8
대체 010041-31-001194
Tel　(영) 733-3039, 734-4798
　　　(편) 733-4748　Fax 734-9209
Homepage : www.myungmundang.net
E-mail : mmdbook1@myungmundang.net
등록 1977.11. 19. 제1~148호
• 낙장 및 파본은 교환해 드립니다.
• 불허복제
값 10,000원
ISBN 89-7270-833-X　04150
ISBN 89-7270-060-6　04150